读客®文化

← 由此翻开

“牛津欧洲史”
系列丛书阅读说明

丁堡陷落，拜占庭帝国灭亡
德·维加去世，西班牙文艺复兴黄金期结束
争爆发
民攻陷巴士底狱，法国大革命爆发
成为法兰西共和国终身执政
大公夫妇遇刺，第一次世界大战爆发
战败，魏玛共和国建立
国战败，第二次世界大战结束
”生效，欧盟正式成立

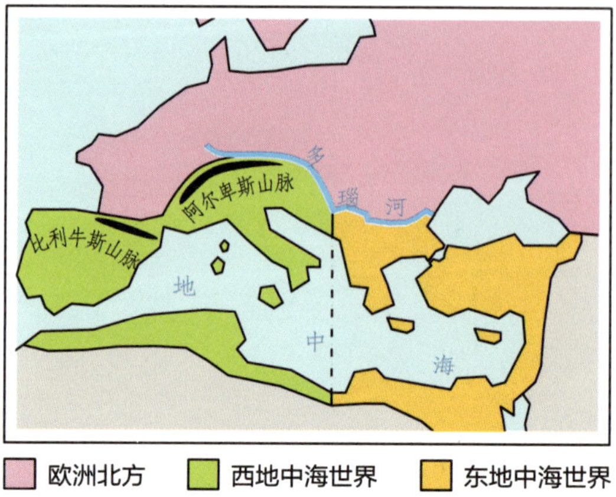

欧洲地域辽阔，民族众多，国家林立。以往的欧洲史，大多将“欧洲”视作不言自明的概念，从而忽略了欧洲自身的多元性，使读者误以为历史的演进是单线程的。

因此，“牛津欧洲史”系列丛书务求打破这一窠臼，将欧洲划分为欧洲北方、西地中海世界、东地中海世界三大历史分区。如上图所示，北非、小亚细亚等历史上与欧洲联系紧密的地区同样囊括其中。

三大分区在历史上有着各自的文化底色，不同的族群穿梭其间，带来战争与交流。罗马人征服了地中海世界，哥特人跨过了多瑙河；维京人在斯堪的纳维亚半岛扬帆起航，奥斯曼人进入君士坦丁堡；法兰西人带着大革命的信念翻越阿尔卑斯山，德意志人点燃的狼烟从欧洲蔓延至全球……当枪炮声停息，多元的欧洲开始思考同一性，“欧洲人的欧洲”成了新的追求，但一体化的理想又能否挣脱分裂的现实？

“牛津欧洲史”系列丛书致力于使读者在时空双维度中领略欧洲历史。如左图所示，本系列以空间为横坐标，以时间为纵坐标，覆盖了70万年前至21世纪的欧洲历史，希望能给您今后的阅读提供些许参考。

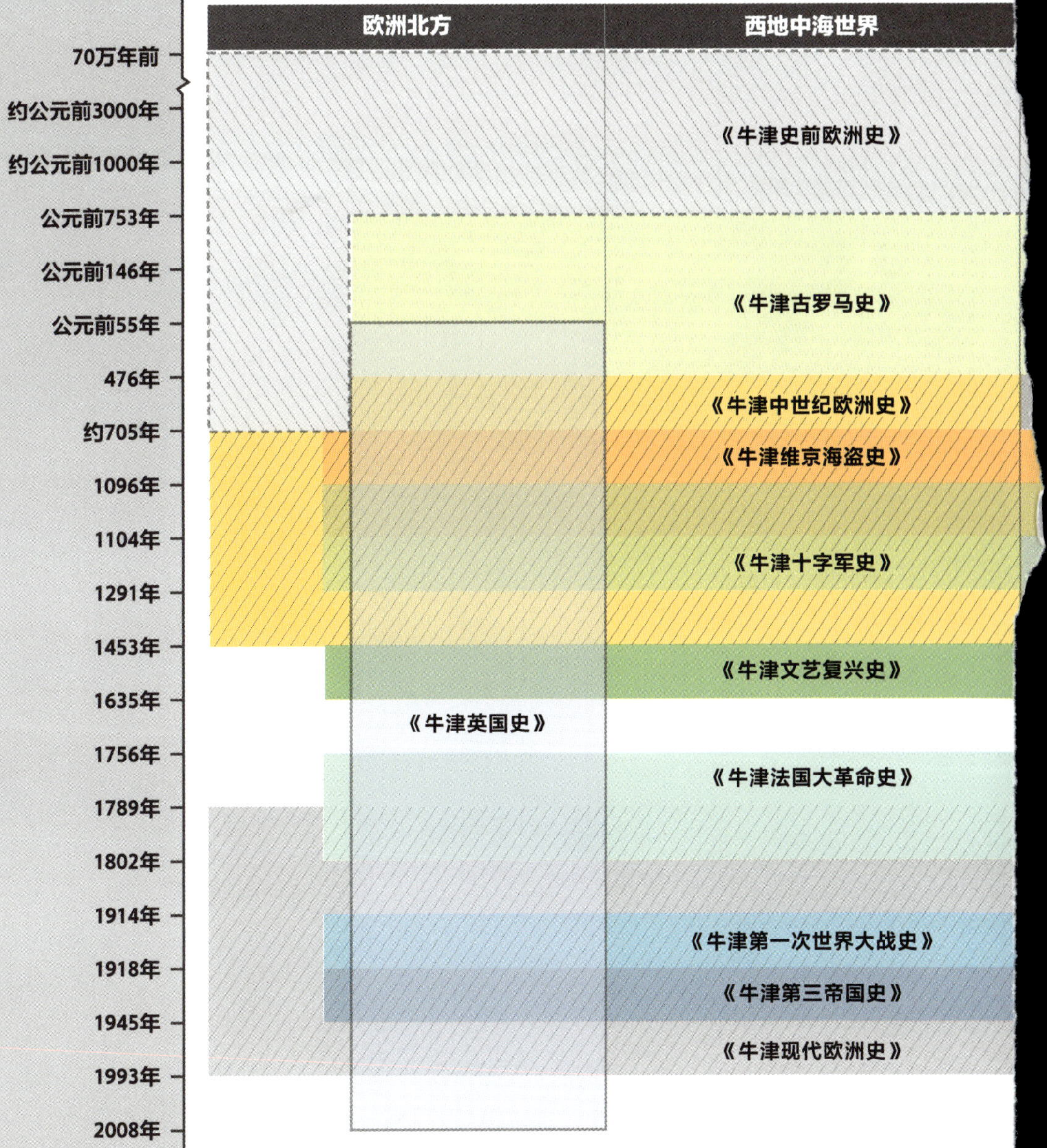

- 约公元前3000年　米诺斯文明于克里特岛萌芽
- 约公元前1000年　爱琴文明崩溃
- 公元前753年　传说中罗马建城，王政时代开始
- 公元前146年　第四次马其顿战争结束，罗马征服希腊
- 公元前55年　恺撒远征不列颠
- 476年　罗慕路斯被废黜，罗马帝国在西部的统治崩溃
- 约705年　里伯建城，斯堪的纳维亚半岛贸易兴起
- 1096年　第一次十字军东征开始
- 1104年　隆德被确立为全北欧的大主教区
- 1291年　马穆鲁克攻陷阿卡，耶路撒冷王国灭亡

- 1453年　君士坦
- 1635年　洛佩・
- 1756年　七年战
- 1789年　巴黎市
- 1802年　拿破仑
- 1914年　斐迪南
- 1918年　同盟国
- 1945年　第三帝
- 1993年　“马约

牛津
欧洲史

牛津中世纪欧洲史

THE OXFORD HISTORY OF MEDIEVAL EUROPE

[英] 乔治·霍尔姆斯 主编

苏圣捷 韩亚威 译

北京日报出版社

图书在版编目（CIP）数据

牛津中世纪欧洲史 /（英）乔治 · 霍尔姆斯主编；苏圣捷，韩亚威译 . -- 北京：北京日报出版社，2021.9

ISBN 978-7-5477-4021-7

Ⅰ . ①牛… Ⅱ . ①乔… ②苏… ③韩… Ⅲ . ①欧洲－中世纪史 Ⅳ . ① K503

中国版本图书馆 CIP 数据核字 (2021) 第 146448 号

牛津中世纪欧洲史

作　　者：［英］乔治 · 霍尔姆斯
译　　者：苏圣捷　　韩亚威
责任编辑：王　莹
特邀编辑：王智杰　　赵芳葳
封面设计：温海英
出版发行：北京日报出版社
地　　址：北京市东城区东单三条8-16号东方广场东配楼四层
邮　　编：100005
电　　话：发行部：（010）65255876
　　　　　总编室：（010）65252135
印　　刷：河北中科印刷科技发展有限公司
经　　销：各地新华书店
版　　次：2021年9月第1版
　　　　　2021年12月第1次印刷
开　　本：710毫米×1000毫米　1/16
印　　张：18.5
字　　数：224千字
定　　价：79.90元

目　录

编者前言

西方文明创生于中世纪欧洲。对置身于现代欧洲和美洲的我们来说，那些习以为常的、已被输出到全世界大部分地区，以至于我们无可摆脱的思想和行为方式，在中世纪便已被注入我们祖先的心智之中。400年到900年之间，那个黑暗时代的人口迁徙和新制创设引发了崩溃与重生。自1500年以来，我们的文明再也没有经历过任何足以与之相比拟的巨变。因而，我们的文明再也没有出现类似在900年到1500年间成长起来的那样一种簇新的生活方式和心态，那是一种围绕着大教堂和大学、国王宫廷和商业城市发展起来的新文明。

在托马斯·阿奎那的时代，大多数欧洲人今天所生活的城镇和乡村就已经存在了，这些地方大多位于13世纪建设的教堂附近。这些城镇和乡村的存在，尽管只是历史演进的一种简单的外在标志，却显示了历史在更深层面上的延续。欧洲近代民族国家是由法兰西的腓力二世和英格兰的约翰这些国王建立的君主国家所衍变而来的，民主的政府形式是以代表制度和同意原则为基础的，起源于13世纪的等级会议。人民主权的观念最早出现在14世纪学者帕多瓦的马西利乌斯的著述里，他了解当时意大利公社的情况。我们经营商业和银行的方法则来自佛罗伦萨的佩鲁齐家族和美第奇家族。现代的学生所获得的学位在中世纪的巴黎大学和牛津大学就已经存在了，他们所学习的课程也是由中世纪大学的学科发展而来的。我们的历史著作和小说直接由莱奥纳尔多·布鲁尼和乔瓦尼·薄迦丘的作品发展而来。困扰我们的、在自然界的物质世界与宗教和道德的精神世界之间的界限，源自阿奎那的二元论。在他生活的13世纪，教宗与大学同国王与议会对抗，而经院神学家则在努力调和亚里士多德与《圣经》这两种权威。

如果我们想要理解自己的传统，那么西方文明自中世纪以来的新生和延续，就使得那个时代显得对我们极其重要。历史学家的任务是描写过去和现在有何不同，这比描写古今的相似之处要更加困难一些，不过不了解那些差异，我们就不可能理解往昔社会的形态和变动。大卫·惠顿在本书的章节是从介绍12世纪德意志大贵族“狮子”亨利所处的世界开始的。在这位贵族的世界里，政治制度的特点是重视家族关系和借助宗教获取合法性，与我们今天的情况完全不同。爱德华·詹姆斯在本书更靠前的一章里谈论了东盎格利亚的雷德沃尔德和高卢的达戈贝尔，他们的王权与现代政府的差异就更加巨大了。在其他的章节里，我们会读到卡塔尔派和胡斯派的历史，这些中世纪的非正统派与我们今天见到的一些宗教虔敬人士有相似之处，不过他们也有一些对我们来说神秘难解的特征。为了把握一个遥远时代的特点，在古今之间，我们既需要注意到由于人性相通而导致的共同点，也需要注意到不同的社会结构和思想传统所造就的明显差异。比起古代的中国和印度，中世纪欧洲对我们来说不是那么难于了解，不过要解释那个时代还是相当困难的。中世纪骑士热衷于骑马征战的生活和宫廷的社交，中世纪的隐修士则热衷于整日的祈祷和追求与世隔绝。他们呈现的各种理想的生活方式，在我们看来并不是那么容易理解的。

我们现在能够重建的中世纪世界的情景主要是以过去一百年中的研究和重新思考为基础的。我们完全不再认同吉本或者司各特对中世纪的看法，前者轻蔑地把它说成是迷信的时代，后者醉心于赞颂哥特式文化的浪漫。我们现在对那个时代的看法一部分来自大量印刷出版的中世纪文献，包括记述历史事件的编年史。它们的编辑工作是由《德意志历史文献集成》的编者们开拓的。这些文献还包括英国古文献学会和其他机构出版的系列丛书，譬如其中的诗歌，以及英国公共档案署和类似机构公布的政府和法庭文件。现在我们能够轻易找到大量已经出版的中世纪文献，一个学者即使花费几辈子的精力也无法读完这些材料。

同样重要甚至也许更重要的是，审美观和研究角度的变化让我们更透彻地了解了中世纪。梅特兰等学者的著作采用了一种类似人类学的方法，试图勇敢地把握对不发达社会的种种假设。他们的研究工作帮助我们拓展了对中世纪的村庄和它的领主、对中世纪的法庭和土地关系的理解。在亨利·德尼夫勒和弗兰茨·埃尔勒的影响下，对宗教富有热情的学者们做了大量的工作，改变了我们对中世纪大学里神学和哲学的认识。就民族迁徙的情况而言，我们所能展示的情景不仅出自几部记事简单的编年史，也依据无数考古发掘的成果，我们因为这些考古发现得以整理出大量文物和居民遗址。晚近的经济史学者让我们了解了中世纪人口史的新进展，不仅让我们知道了1000年到1300年间人口的极大膨胀——这不仅使农村地区人口充足，而且促进了工业和商业的发展；也让我们了解了1315年饥荒、1348年黑死病以后人口的持续减少。过去我们对中世纪世界许多方面的认识是模糊的，而现在因为学者们在研究上做出的巨大努力而变得十分清楚了，譬如拜占庭帝国、十字军运动、早期的方济各修会、意大利的商业、胡斯派。我们现在对中世纪欧洲的了解可以算得上是有深度且相当精确的，这在19世纪是完全不可能的。

这部著作所描写的欧洲史是按照以下原则来组织章节的：我们试图区分地中海地区和阿尔卑斯山、比利牛斯山以北的欧洲北方。这当然不是一个理想的区分。在400年，高卢的罗马化要比北方其他地区更加彻底。而在800年，查理曼帝国不仅包括高卢，也包括意大利的部分地区。前往圣地耶路撒冷的十字军征伐主要在法兰西和诺曼底得到支持。西方的基督教共同体形成于12世纪以及此后的时期，包括欧洲的北方和南方。各地区的同一性体现在它们都接受教宗的权威，并因为下列因素而得到加强：法兰西和意大利的大学之间的相互交流、法兰西对那不勒斯和圣地耶路撒冷附近地区的征服、意大利的国际贸易网络，以及作为学术和外交通用语言的拉丁语。在某种意义上，中世纪的历史就是欧洲文明的重心由阿尔卑斯山以南地区转向以北地区的过程。如果我们寻找400年时文明的中心，我们也许会选择罗马或者君士坦丁堡；至于稍后的文明中心，我们会选择巴格达或者科尔多瓦。而到了1300年，欧洲西北部、法兰西的北部、低地国家、莱茵兰地区已经成为当时世界上最发达的地区。这里经济富庶，有着繁荣的农业和纺织工业；这里有大学、教堂、方言文学、诸多领主和城市权力中心的存在，因此思想和艺术丰富而深邃。

但这样一种南北的分界还是很有用的。地中海地区在某种意义上始终是一个自成体系的区域，在中世纪早期尤其如此，当时的拜占庭帝国和阿拉伯帝国的势力范围基本不触及阿尔卑斯山和比利牛斯山以北的地方。文艺复兴时期，意大利城市的思想和艺术的高度发展对北方地区有很大的影响，但是其根基之一还是意大利的独立城市，而北方是没有这种城市的。组成其根基的其他元素是地中海区域的贸易以及意大利人在记忆中对罗马的热爱。地中海区域与北方的差异把逐渐形成的西欧分割成两个部分，同时又为我们安排中世纪的讲述提供了方便。

托马斯·布朗在本书第一章里说明了，尽管查士丁尼曾经努力振兴罗马帝国，蛮族和穆斯林的入侵还是急剧地促成了罗马的衰落，而社会和经济的变化以及基督教的发展则较为缓慢地推进了同一进程。爱德华·詹姆斯讲述了蛮族迁徙、基督教传播和查理曼恢复西方帝国的努力，讲述了维京人入侵对这一努力的打击，以及在这些事件造成的迷茫混乱中阿尔卑斯山以北诸王国的形成。大卫·惠顿的章节涉及公元900年以后北方世界的新扩展。他谈到骑士阶层中出现的新生活方式、新的修道团体，以及主导当时社会的德意志国王和王公、法兰西的国王、英格兰的诺曼统治者和安茹统治者。在这一章里，我们注意到我们今天看到的欧洲开始出现了。

罗斯玛丽·莫里斯描写了中世纪盛期拜占庭和阿拉伯帝国的衰落、北方欧洲人在十字军运动中向南的扩张、诺曼人在意大利的征服活动，以及西班牙的再征服运动。彼得·登利概述了中世纪最后几个世纪里地中海周边地区国家和民族的复杂变动，此时在意大利北部城市中出现了思想和文化的辉煌成就，即我们现在所说的文艺复兴。最后，马尔科姆·韦尔把我们带到英法百年战争期间的欧洲北部，这场战争还涉及了勃艮第的瓦罗亚公爵和佛兰德斯城市。他令人信服地指出，尽管这一时期人口暂时下降，世俗文化依然获得了进一步的发展，被称作北方的文艺复兴。如果我们试图发现当下欧洲文明一些最明显的特征，我们可以寻找的地点是这个时期的巴黎和布鲁塞尔的宫廷，以及佛兰德斯和托斯卡纳的城市。

文明中心在中世纪由南方转移到北方、由东方转移到西方的过程涉及罗马、拜占庭和阿拉伯帝国的变迁。这些帝国虽然拥有广阔的疆域和强大的军事力量，但是仅仅具备相对薄弱的控制能力。而在西欧，我们见到的是一些组织更加严密、特点更加鲜明的小国。现代欧洲人在思考古代世界的时候倾向于注意公元前5世纪的希腊城市，忽略比较大的国家，因为前者所代表的古代社会与中世纪在意大利和低地国家出现的最为接近。罗马、拜占庭和巴格达的“世界帝国”衰退了，接着出现的是西欧的多种政治力量，它们的复杂性是很难描述的。皇帝和教宗的政治诉求和成就令人印象深刻，他们试图在中世纪盛期主宰西方的基督教社会，重新建立一个“世界帝国”，但是欧洲从来没有真正地向他们臣服，也没有真正地向任何一个专制的权力中心屈服。在欧洲，即便是一个范围有限的地区也从来没有这样做过。

也就是说，中世纪历史给我们最突出的印象，是权力和财富分散到无数的中心，它们互相竞争，扩展到多个不同的、预想不到的方向，让人感到异常地具有活力和创新能力。政治权力分散得最彻底的地区，譬如托斯卡纳、低地国家和莱茵兰地区，也许是最有创新力的。政治权力的分散部分是因为政治单位本身微小，部分是因为国王、独立城市、强大领主以及教会组织的互相制衡。教会在各处都与世俗权威进行竞争。权力的多样性导致了中世纪欧洲人多样的创新精神。

中世纪欧洲经济和文化的多样性预示了现代世界的状况。当然，在历史中去寻找当代社会的观念是有风险的。一条生命或一场运动的独特性是任何时候都不应该被忘记的：历史学家的目的正是强调这些个体性。我们希望本书展示的丰富多样的古代生活方式能够帮助读者避免落入简单化的陷阱，帮助他们意识到中世纪社会的遥远和复杂性，尽管他们往往会有理解上的困难。我们同时也不得不承认，我们研究历史是因为历史在今天还是能够引发我们的关注。如果我们不是在某种程度上与阿贝拉尔、圣方济各有着同样的希望和忧虑，他们对我们就毫无意义。我们希望，伦敦和加利福尼亚的当代居民能够在本书里认出他们的祖先。我们希望，本书能够帮助他们理解他们当下所生活的世界的起源。

乔治·霍尔姆斯

| 第一章 |

罗马帝国地中海地区的变迁，400—900年

托马斯·布朗

古代地中海世界的式微

在4世纪的晚期，处于地中海地区的罗马帝国核心部位尚无任何发生剧变的迹象。3世纪的动乱被军队出身的皇帝制止，他们的改革护卫了帝国的边界，造就了稳定的政治局面。在君士坦丁大帝皈依之后，基督教的地位已经十分稳固。他对艺术和建筑项目的慷慨支持显示了帝国在重新振兴以后拥有的财富和自信。

不过，在395年皇帝狄奥多西一世去世以后，帝国拉丁化和希腊化部分之间的分裂变得更加明显了。在文化成就、经济繁盛程度、城市的数量和规模等方面，东方要远远超出西方。高卢和不列颠只能举出114座城镇，而东方则拥有900多座作为政治和经济中心的繁荣城市。在东方，由于希腊化传统加强了帝王崇拜和对专制权力的美化，无论是帝国可调用的资源，还是在意识形态上对帝国的支持，都要比西方强大得多。埃及的纸草文献和叙利亚村落的出土遗址都说明了当时东方农业的繁荣，这与意

大利使用奴隶的大庄园和高卢的农民小屋形成鲜明对照。东方社会相对来说更重视个人能力，忠诚和有能力的官员选拔自地方城市的精英；而在西方，即便是皇帝在4世纪任命的那些所谓“新人”也迅速地接受了元老院贵族的权力、传统和傲慢。在东方，那些有学识的主教和传教者强化了人们对基督教帝国理想的忠诚，这一帝国被认为是出自上帝的恩赐；而在西方，基督教的地位还没有那么牢固，而且教会还削弱了人们对帝国的依恋，为教会服务成为人们在侍奉皇帝之外的另一种选择。东方人拥有君士坦丁堡这个大都会，这个战略位置优越的首都在规模和辉煌程度上都超过罗马和其他位于西方的皇帝驻地。

在395年，最急迫的问题是又开始严重起来的蛮族入侵。早在376年，以西哥特人为主的大批日耳曼人越过多瑙河，其目的是逃避匈人这伙可怕的草原游牧民。378年，这些外来者和罗马原住民之间因为紧张的关系发生了亚得里亚堡之战，罗马军队在战争中被消灭，皇帝瓦林斯被杀。虽然来自蛮族的威胁被暂时遏制了，但是哥特人得以在罗马领土上居住下来。他们在国王阿拉里克的指挥下袭击了希腊，造成了巨大破坏，而后又北上进入现在的南斯拉夫。401年，阿拉里克入侵意大利，肆虐十年，抢劫勒索。罗马人既没有可靠的军队来击败哥特人，也没有足够的经费收买阿拉里克。由于没有得到索要的金钱和土地，阿拉里克恼羞成怒，在410年包围并洗劫了罗马。这场破坏造成的损害是有限的，但是对罗马人的士气却形成了巨大的心理冲击，毕竟这是罗马在公元前390年被高卢人袭击以后第一次落入敌手。闻听这一消息后，圣杰罗姆在伯利恒的隐修地黯然落泪。基督徒和异教徒就这一事件爆发了尖锐的争论。为了反驳异教徒的攻击，基督徒写出了表述自己社会观和历史观的著作，譬如奥古斯丁的《上帝之城》。

西哥特人在410年阿拉里克去世后撤到了高卢，意大利因此没有遭受他们长期的蹂躏。更具持久性和破坏力的，则是帝国力量在高卢地区的虚弱所造成的后果。汪达尔人、苏维汇人、阿兰人在406或407年的冬季突破了罗马人在莱茵河的防卫，君士坦提乌斯这位来自不列颠的篡位者在阿尔勒建立了一个短命的帝国。到418年，虽然帝国政府终于控制住了来自叛乱和入侵的双重威胁，但是却越来越依赖借助盗窃者捕捉盗窃者的权宜之计：罗马人用赐予土地和补助金的许诺，以及用罗马海军阻断粮食供应的威胁，迫使西哥特人驱逐了阿兰人和汪达尔人，并同意他们作为罗马的盟友在阿基坦安顿下来。

在5世纪的前五十年，日耳曼各民族在地中海西部众多地区定居下来，这基本上是一个安稳与和平的过程。在高卢地区，西哥特人和勃艮第人先是在莱茵河畔、之后在萨伏依地区定居下来，成为抵御农民起义和其他蛮族的一道壁垒。他们从当地的罗马人那里只拿走了一部分土地，允许罗马人保留原有的制度，继续在名义上做皇帝的臣民。西班牙在汪达尔人及其盟友苏维汇人和阿兰人入侵后，进入了一个混乱且黑暗的时期。汪达尔人在429年转移到阿非利加，西哥特人最终在西班牙大部分地区建立了统治。

阿非利加是罗马帝国在地中海西部地区的一个行省，它的命运大约最为接近民间关于灾难性入侵的看法。在他们非凡的头领盖瑟里克的指挥下，汪达尔人很快就卸掉了自己罗马盟友的外衣，占领了迦太基和阿非利加其他的城市。阿非利加曾经是罗马帝国最富有的行省，现在汪达尔人向被征服的罗马人毫不客气地征收高额赋税，迫害基督教的主教，并从这里派遣船只进攻地中海周边地区其他罗马统治下的土地。

对意大利和皇帝驻扎的拉韦纳来说，罗马对蛮族入侵的抵抗看起来像是一场虚假的战争，它们所受到的影响微不足道。这样的安全感来自两位有才干的司令官的战绩。他们是君士坦提乌斯和埃提乌斯，后者被称作“最后的罗马人”。他们设法挑动入侵的蛮族互相对抗，希望以此巩固处于分崩离析之中的帝国。埃提乌斯平衡各派力量的努力最终失败，与他结盟的匈人翻脸不认账，入侵了意大利北部。帝国在此时成了各位独裁者所控制的势力之间的玩物。年幼的皇帝罗慕路斯有一个富有讽刺意义的绰号“小皇帝”，他在476年被意大利日耳曼雇佣兵的首领奥多亚克废黜，后者为自己的手下分配土地，并直接统治了意大利。

诺里克姆行省在奥地利的西部。在这里，罗马政治生活在日耳曼蛮族的压力下被破坏了，相关记载生动传神，留存至今。首先发生的是来自罗马的供应和款项被切断了，于是过去习惯于接受罗马保护的居民只能依赖一位有号召力的圣人的领导，而在这位领袖去世以后，行省的罗马居民只好撤离。不过在意大利，一个复杂的文官统治的局面被保留了下来。元老院贵族们保持了他们的特权地位。他们拥有庞大的地产，垄断了有利可图的行省总督职位，在他们的庭院里继续着典雅的文学活动。

在高卢，当地的元老仍然是罗马统治合法性的主要象征，却不再有帝国统治的沉重负担。不过他们逐渐意识到自己的政治和社会地位被边缘化，因为他们的官职和头衔变得空洞无意义。身边的日耳曼"客人"开始炫耀实力，西哥特人以图卢兹为中心建立了王国，而勃艮第人则在高卢的东南部建立了一个模仿罗马传统的国家，以里昂和日内瓦为首都。元老们适应新现实的过程是艰难的，这可以从贵族学者西多尼乌斯·阿波利纳里斯的书信和诗篇中窥见。他对日耳曼人的态度有时表现为对一位有教养的西哥特国王的敬仰，后者会玩十五子棋。他也对借住在他的地产上的日耳曼人的贪吃表示厌恶，他们"竟然把臭奶油涂抹在自己的头发上"。阿波利纳里斯先是隐居在自己的乡间住处，借助文学来逃避现实，后来则以克勒芒主教的身份从事有良知的活动。这一变化反映了时人普遍加入教士队伍的情况。被现实困扰的贵族们通过选举成为主教，以此在地方上维持自己传统的领导地位，并保留罗马的习惯和文化。

罗马人对蛮族的消极抵抗逐渐削弱了西哥特国王的权力，尽管后者拼命希望获得罗马人的支持，并为此颁布罗马法的法典。然而在507年，罗马人还是帮助新近皈依基督教的法兰克人国王克洛维在图尔附近的武耶击败了西哥特人。此后的西哥特王国仅局限于西班牙，除去比利牛斯山北边、塞普提曼尼亚（今法国朗格多克-鲁西永地区）附近一小片突出地带。西哥特人能够平稳地撤退到西班牙得益于东哥特国王西奥多里克的干预，他在从奥多亚克那里夺取意大利以后成为地中海西部最强大的蛮族君主。他也是蛮族国王中最有趣的。他富有军事领袖的才干，懂得保持他的子民的东哥特认同；同时，又由于他在君士坦丁堡做过人质的经历，对罗马文明的优点有适度的欣赏。

这种对罗马文明的态度导致了西奥多里克对公共工程的大方赞助、对经济活动的大力推动以及对罗马习惯的维护，尤其是对元老院表示尊重。为了加强自己统治的合法性，西奥多里克刻意地争取元老们的支持。东哥特人集中居住在意大利的北部和中部，处于他们各自首领的管理下，与罗马人是隔离开来的。中央和地方的行政则由那些与东哥特人合作的罗马人负责，譬如卡西奥多鲁斯这位来自卡拉布里亚新贵族家庭的元老。不过作为一个皈依非正统信仰的小民族的领袖，西奥多里克的地位始终是脆弱的。在他统治的最后阶段，他用异常严厉的手段来对付罗马人。这一变化来自他对王位继承问题的担忧，来自拜占庭在外交上对东哥特王国日益加大的压力。罗马教会与东方拜占庭皇帝的关系此时得到改善，后者毫无保留地支持正统信仰，而元老院的保守成员也在同时表露出对罗马统治的怀念。这一形势使得西奥多里克怀疑罗马人在为举行叛乱而和君士坦丁堡进行谈判，于是有了逮捕和处死哲学家波伊提乌斯这一恶名昭彰的事件。

在5世纪的大部分时间里，拜占庭帝国似乎进入了一个与西部帝国同样的衰落过程。该世纪最后几位来自狄奥多西家族的统治者也十分无能。巴尔干半岛遭到匈人和东哥特人的蹂躏，而君士坦丁堡也不时受到直接的威胁。就如何理解基督而发生的宗教纷争在叙利亚和埃及这些东部行省造成了巨大的破坏。对基督徒来说，该纷争涉及灵魂的生死和能否得到拯救，也与能否维护让上帝喜悦的正统教义有关。不过东方拥有的一些内在优势后来逐渐地帮助拜占庭克服了困难，促使其成为一个生命力顽强并且具有凝聚力的社会。人们对此的印象是，拜占庭人普遍认为自己的国家是上帝建立的基督教帝国，它的繁荣反映在小亚细亚和在富有活力的首都君士坦丁堡到处进行着的建筑活动，它的政治稳定由那些训练有素、忠心耿耿的新官吏们维护着。这些官吏中一位叫阿那斯塔西乌斯的，后来成为皇帝，他通过谨慎和大度的政策降低税收和减少开支，进一步巩固了帝国。由此形成的政治和财政稳定的益处被他的继任者查士丁一世以及查士丁的侄子查士丁尼完全享用了。

查士丁尼是拜占庭最杰出的皇帝，不过他被一位出言不逊的同时代人指责为“毁灭了罗马帝国”“造成了巨大的混乱”。事实上，他努力把国家带回到罗马大帝国的鼎盛时期，并且在开始的时候获得了令人叹为观止的成功。北非汪达尔王国是君士坦丁堡最恼火的眼中钉，皇帝向那里派遣的军队规模不大，不过由才干卓越的将军贝利撒留指挥，很快就打败了这个在5世纪的地中海地区散播恐惧的民族。在历史学家普罗柯比看来，汪达尔人已经变成所有民族里面最淫荡的，他们的军事力量被他们的财富腐蚀了。皇帝旋风般的胜利在534年颁布的大部头《罗马法典》的前言里得到了过分的渲染。查士丁尼的立法活动，与他捍卫宗教正统的坚定立场一样，来自他对世界帝国的高度评价，他把这一帝国看作天国在人世间投射的形象。他的专制倾向因为532年一场野蛮的暴动得到加强，也得到了他那位曾经当过演员的、令人生畏的皇后狄奥多拉的支持。那场暴动的矛头指向他所依赖的、不得人心的官员。

在整个6世纪30年代，查士丁尼进行了大规模的建筑活动，包括建造君士坦丁堡的圣索菲亚大教堂。这个教堂带有尺寸空前巨大的圆顶。他的军队把胜利推进到西西里和意大利，并在540年夺取了罗马和拉韦纳这两个东哥特人的主要政治中心。在宣传中，查士丁尼强调自己的用意是恢复罗马的伟大，而他的实际活动的结果却是废弃东部帝国以往令人舒适的宽松的官僚体制，代之以集权的统治体制。这一变化的基础是他的妄自尊大和精力充沛，他对臣民无情的政治和财政压迫，他对人民忌恨的谄媚官员的依赖，以及他对正统教义的严厉捍卫。

查士丁尼的好运在6世纪40年代终结了。波斯的入侵给帝国东部造成很大破坏；斯拉夫人渗透到巴尔干半岛；东哥特人在他们能干的新国王托提拉的率领下把帝国在意大利的立足地压缩到几个海岸据点；大批人死于542年的鼠疫，城市生活和经济发展受到了灾难性的打击。548年，查士丁尼的帮手、皇后狄奥多拉去世了。他剩下的统治岁月带有无情和严厉的色彩。但局势的变迁并没有打垮皇帝，他反击入侵的敌人，派遣纳尔西斯带领军队去意大利，在553年给了东哥特人致命的一击。查士丁尼还不知疲倦地敦促帝国东部信奉异端的臣民回归正统信仰。

查士丁尼在565年去世，此时他似乎已经成功地恢复了罗马的荣耀。非洲和意大利信奉阿里乌异端的王国都回到了帝国的统治下，甚至勃艮第王国也在5世纪30年代被他的盟友法兰克人征服。只有西哥特人统治的西班牙还保持着独立，但是它因为内部的纷争而受到削弱，并因为拜占庭在卡塔赫纳附近所占领的突出地带而受到威胁。在其他方面，查士丁尼的统治标志着罗马帝国的一个新开端。他的专制倾向以及关于罗马-基督教世界的理想成为后来所有的拜占庭皇帝奉行的纲领。5世纪的动乱并没有毁灭地中海周边地区大体一致的罗马生活方式。

遭受更多入侵的年代

查士丁尼的好大喜功和铺张浪费被认为是帝国财政破产的原因，并使得帝国后来遭遇的挫折难以避免。事实上，帝国在他去世后仍然富裕和强大。如果把意大利作为例外来考虑，帝国的衰落似乎是瘟疫和长时段的经济因素所造成的，而不是因为战争和过度的税收。拜占庭仍然可以有效地保障财政收入，不过帝国的文官统治性质使得它难以组织数量充足的优质军队来抵御众多强悍的入侵者。

这些入侵者中的第一批是斯拉夫人。后来游牧的阿瓦尔人把斯拉夫人组织成松散而有效的帝国，以索取贡品和劫掠为生，对拜占庭形成更大且暴力色彩更明显的压力，并从570年开始对拜占庭不断发起毁灭性的攻击。皇帝莫里斯在多瑙河前线的一次兵变中被杀死以后，继承皇位的福卡斯十分无能，他未能制止阿瓦尔人及其盟友斯拉夫人占领巴尔干半岛和希腊，只在那里保留了一些沿海据点。阿瓦尔人的一支军队在626年包围了君士坦丁堡，而塞萨洛尼基这座帝国欧洲部分最伟大的城市遭受了多次攻击，并将自己能够生存下来的原因归功于圣德米特里这位主保圣人的帮助。

伦巴德人至此还没有引人注目的行动，但是阿瓦尔人对潘诺尼亚形成的压力迫使他们在地中海地区发起了日耳曼蛮族有史以来最具破坏性的进攻。在6世纪，伦巴德人与罗马人已经有过接触，担任他们的雇佣兵，有些甚至皈依了阿里乌派的基督教。这些经历帮助他们改善了政治和军事组织能力。在他们能干的领袖阿尔博因的率领下，伦巴德人在568年进入意大利，占领了波河以北的大部分地区。当地人民对帝国的税收和宗教政策十分不满，而那些薪饷微薄的日耳曼雇佣兵以及被击败的东哥特人的残余势力也暗中协助入侵者。伦巴德人的进攻从这一形势中得益不少。在6世纪80年代，拜占庭人把该地区重新组织在一位军事总督的管理下，并在法兰克人的支持下发起了反攻。伦巴德人在他们有才干的国王阿吉鲁尔夫的领导下收复了丢失的领土，最后在605年与拜占庭达成了停战协议，把意大利永久地分割为两个部分，即他们的新王国和拜占庭帝国控制的地区。北方的伦巴德王国包括皮埃蒙特、伦巴德、埃米利亚、托斯卡纳，以及威尼托的陆地部分。南方很多地区在半独立的公爵领斯波莱托和贝内文托的控制下，帝国能够统治的只有罗马和拉韦纳以及连接两地的脆弱的走廊地带，以及威尼斯、热那亚和南方港口附近的沿海据点。逐渐稳定下来的局面并没有带来相应的内部和平与繁荣。教宗格里高利一世曾经以悲伤的心情描述过“不可言状”的伦巴德人所带来的破坏：“城市人口消失，教堂被焚烧，土地荒芜、无人耕种。”

实际的情况比起这位罗马教会人士在感慨中提及的要更加复杂一些。不同地区的情况迥异：边境地区的确是荒凉且无人居住的，而在帝国控制地区进行的社会和行政调整也带来巨大的动荡，其程度不亚于伦巴德人直接进攻引起的混乱。形成鲜明对比的是，在伦巴德人控制地区的内部，那些新来的武士精英迅速地掌控了局势，对普通罗马农民和城市居民的生活几乎没有造成任何扰乱。

拜占庭之所以没有在意大利和巴尔干半岛重建统治权威，原因是帝国人口最多、最有价值的东部省份遭遇了重新崛起的对手波斯的威胁。皇帝莫里斯好不容易在591年恢复了和平，但是在福卡斯于602年篡位以后，波斯人又发起进攻，蹂躏了安纳托利亚，征服了叙利亚、巴勒斯坦和埃及。波斯人在614年把耶稣受难的十字架这件神圣的纪念物带回到泰西封，在626年又把军队开到了博斯普鲁斯海峡。这两件事让拜占庭人深刻感觉到危机的严重性。若不是拜占庭人和他们的皇帝希拉克略具有很强的应对困难和灾祸的能力，波斯人本来也许可以实现大流士和薛西斯的野心。希拉克略调动和集中了备受打击的帝国的全部力量，从高加索地区对波斯人发起了反攻，迫使波斯帝国就范。

希拉克略的惊人胜利仅仅带给拜占庭人短暂的欣喜。到630年，在耶稣受难十字架于凯旋中被接回耶路撒冷仅仅两年以后，一个曾经经商的人带领着他的贝都因追随者组成的军队进入了阿拉伯半岛上的城市麦加，他就是先知穆罕默德。穆罕默德在632年去世，此时的阿拉伯半岛已经统一在他所传布的新信仰之下。此后十年之内，波斯和拜占庭的东部行省都为伊斯兰教所征服。

这一新宗教运动的惊人成功来源于阿拉伯半岛多变的政治、社会和宗教氛围。在此前的历史时期里，贝都因部落与富裕的城市商人之间的关系变得越来越紧张，古老的多神教信仰受到犹太教和基督教一神论确定信念的冲击。阿拉伯人习惯性的袭扰和政治动乱一度受到拜占庭和波斯外交活动的制约，但两大强国之间的斗争导致这一制约的失效。穆罕默德的天才在于，他控制这一局面的办法不仅有赖于他作为政治家的气度，还有他对伊斯兰教强有力却又兼收并蓄的理解，即对真主的彻底服从。他将民众的好战传统与新近出现的宗教狂热引导向一场不可抵御的征服运动。

伊斯兰教非凡的胜利不仅来自它自己的各种优势，也来自它对手的虚弱。下列因素都有助于它的成功：伊斯兰武士的英勇和忠诚、早期哈里发的统治才能、简明教义的吸引力、因为承诺具体的奖赏而得到加强的传教力度。与以前的侵略者不同，阿拉伯人对他们所遭遇的各种文化进行了创造性的吸收和改造，其成就是持久的。他们从其他宗教信仰那里拿来更有效和更具吸引力的元素，保留了希腊–罗马行政体制和城市文化中切实可行的成分，同时又维护了他们自己文化的特点和生命力。许多拜占庭臣民在政治和宗教上与帝国的疏远也是伊斯兰教胜利的重要原因。埃及和叙利亚说科普特语和亚拉姆语的基督一性论者把和他们一样说闪米特语的阿拉伯人看作解放者，认为后者帮助他们摆脱了说希腊语的收税人和以正统的名义进行宗教迫害的人。基督徒和犹太教徒在支付人头税之后都得到了宽大的待遇。值得深思的是，在拜占庭帝国正统信仰的腹地安纳托利亚，阿拉伯人进行过持续不断的进攻，但是却未能永久地征服这一地区。

从661年到750年，快速扩张的伊斯兰世界由倭马亚王朝的哈里发统治。他们的首都建立在大马士革。倭马亚王朝的统治者强调他们是来自沙漠的武士，是与众不同的精英分子。不过他们展示了务实的包容态度，接受了自己的臣民的艺术和文化，利用被征服地区的财富来支持他们的享乐和战争。自由贸易的区域相当广阔，各地的民众得以保存他们自己的文化，维持了经济的繁荣。统治他们的政权与其说是一个帝国，不如说是仁慈的保护者。

与此同时，拜占庭发现自己无法逃避一场生死之战。在一场残酷的消耗战之后，小亚细亚内地竟是一片荒凉无人的景象。不过帝国借助一系列重大举措逐渐地稳定了形势。在敌人的突然袭击面前撤退下来的军队被布置在各个军区，而传统的军政分治被完全放弃了。地方政权完全由军区指挥官掌控，国家完全不理会驻扎在各地的军队搜刮和积累地产的行为。拜占庭实行了焦土政策，让军队撤退或者在堡垒里面固守，等待敌人的战线拉长，并且避免决战，以游击战来袭扰阿拉伯人的力量薄弱处。另外，严寒的冬天也打击了敌人。有编年史作者记载说，在791年，来侵犯的敌人“遭遇到极寒冷的天气，以至于他们的手脚都冻掉了”。

阿拉伯人的侵略对安纳托利亚高原的打击是灾难性的。因为侵略者不断的袭击造成了巨大破坏，城市生活和乡村生产变得极其困难。敌人来临之际，拜占庭的民兵护卫并引导农民以及他们的牲口进入到要塞里面。内地的城市变成了要塞化的军事基地，甚至西部的大城市也经历了突如其来的衰落。尽管阿拉伯人的侵略势头被逐渐削弱，尤其是在军事才干出众的伊苏里亚王朝诸皇帝当政以后，但是拜占庭还是为和平付出了巨大的代价，国家因此被改造成一个贫穷的军事化社会，与中世纪早期的西欧情形相似。

伊斯兰教徒的征服活动这时仍在继续。阿拉伯军队深入到中亚，接近印度和中国边疆，向西则横扫了北非。他们在698年[1]占领了拜占庭帝国在该行省的首府迦太基。在此之前，由于摩尔人的袭击、内部的宗教纷争，以及沙漠的逼近，迦太基已经陷入困境。阿拉伯人在711年把他们的注意力转向西班牙，并且仅仅打了一仗就击败了西哥特王国。

具有讽刺意味的是，其他的日耳曼王国反而因为伊斯兰教徒在东方的攻击而得到加强。拜占庭被迫集中力量来保卫自己，放弃了在西方重新建立自己权威的希望。这一变化最大的得益者是伦巴德王国。具有强烈民族意识的国王罗塔里通过颁布《伦巴德法典》号召自己的人民，攻下了拜占庭在利古里亚和威尼托的据点。到680年前后，拜占庭帝国被迫与伦巴德人订立条约，承认他们的王国。此后伦巴德人接受了基督教正统信仰，因此与他们统治下的罗马人民的关系也得到改善。

拜占庭人遭遇的磨难只是让西哥特王国在一个短时期内在西班牙减轻了压力。西哥特人始终坚持反拜占庭的立场，尽管他们模仿帝国的礼仪和

[1] 英文原版误作695年。——编者注（本书注释如无特别说明，均为编者注）

铸币，并且在587年[1]皈依了基督教正统信仰。他们允许西班牙教会经常举行会议，就各种世俗和宗教问题颁布法令，并在会议上刻意地把国王统治权当作神授君权来支持。促成教会与国家这一合作的人士之一是塞维利亚的伊西多尔这位伟大的学者和主教。他的历史著作流露出热爱西班牙的自豪感以及对狡诈和懦弱的“罗马人”的敌对情绪。让人疑惑的是，西哥特王国拥有完备的政府，是日耳曼人诸王国里面唯一能够征收土地税的，但是却在阿拉伯人的入侵面前迅速崩溃。各种因素都有一定的作用，譬如王位继承问题没有得到妥善处理，犹太人这一少数族群受到排斥和歧视。不过这一“历经暗杀磨炼的独裁政权”走向崩溃的根本原因还是在于日耳曼蛮族所建立王国共有的一个弱点：哥特人的军事精英试图保留他们敬仰的罗马社会结构和生活方式，却不允许罗马人获得真正的权力和财富。

西哥特王国顷刻瓦解，许多基督教贵族很快改宗伊斯兰教。不过西班牙留给中世纪西欧的遗产是不容小觑的。穆斯林西班牙的基督徒发展出一种富有活力的“莫扎拉布”（Mozarab）文化。在北部山区还出现了一些基督徒的小国，十分活跃地抵抗着异教徒。大批由西班牙流散出来的学者和典籍为此时还处在少年阶段的西方文化提供了大量养分。不过伊斯兰教徒的进攻起初还是势如破竹地越过了比利牛斯山，阿基坦和普罗旺斯的高卢–罗马贵族遭到阿拉伯军队致命的打击。这些贵族在7世纪摆脱了墨洛温王朝的直接控制，就像他们在5世纪的状态那样，穷困局促，却享受着自治的地位。直到法兰克王国宫相查理·马特于732年在普瓦提埃的著名胜利阻遏了伊斯兰教徒的挺进。法兰克人接着收复了法国南部，在那里构筑了抵御阿拉伯人扩张的强有力的陆上屏障。

伊斯兰教地区统治王朝的变化给了备受其困扰的基督教世界一个重要的解脱压力的机会。倭马亚王朝的哈里发在750年被阿拔斯王朝推翻，后者把首都转移到了巴格达，把权力中心挪向东方。贝都因人原初的生命力

---

[1] 英文原版误作586年。

此时已经消失了很多，而被征服地区的文化和政治传统开始抬头，尤其是在波斯地区。当各地的分离主义倾向与巴格达王朝日益繁复的经营和官僚化发生冲突的时候，这个东起印度河、西至大西洋海岸的巨大帝国分裂为较小的单位。西班牙由倭马亚王朝的流亡者统治，北非由阿格拉布王朝统治，而埃及则落入了图伦王朝之手。

对拜占庭人更加紧迫的威胁来自西面出现的阿拉伯国家的海上力量，以及再次由北方而来的攻击。由西班牙来的阿拉伯海盗在828年攻占了克里特岛。在整个9世纪，帝国的西部海岸都处于阿格拉布王朝的攻击之下。繁荣的西西里岛在827年遭到入侵，878年其首府叙拉古被攻占，此后该岛只有东部几个小据点还留在希腊人的手里。来自保加尔人的威胁更加靠近帝国的中心地区。他们利用阿瓦尔人力量垮台的机会建立了一个强大的国家，在那里保加尔人的贵族统治着斯拉夫人的农民。证实保加尔人威胁的证据出现在811年，让人毛骨悚然。这一年，克鲁姆可汗击败了皇帝尼基弗鲁斯一世，并用他的头骨制成了饮酒的杯子。具有讽刺意味的是，在9世纪，当保加尔人的威胁变得十分严重的时候，拜占庭传教士们已经开始进行让他们皈依东正教的工作。保加尔人此时有了比较复杂的行政制度，引进了斯拉夫人的字母，其文化也因此得到了发展。他们的沙皇西蒙对拜占庭国家的普世性提出挑战，把自己的国家当作能够与之竞争的一个合法的帝国。拜占庭还面临着它的另一个北方邻居罗斯人的攻击。他们是来自斯堪的纳维亚的冒险者，在俄罗斯的斯拉夫人中间确立了自己的统治地位。他们与在西面的维京人一样，把有利可图的贸易活动与破坏力极大的暴力攻击结合起来。

不过，当拜占庭度过自己的英雄时代再度逐渐崛起的时候，其荣誉、力量和财富都大大增加了。拜占庭的海军实力使得它能够在达尔马提亚和威尼斯重新施展权威。在876年，阿拉伯人的袭击导致意大利南部的伦巴德王公们地位虚弱，马其顿王朝的第一个皇帝巴西尔一世利用这一时机占领了巴里，并在卡拉布里亚和伦巴德亚（现代的阿普里亚）建立军区。

在9世纪早些时候，拜占庭的将军还征服了斯拉夫人占有的伯罗奔尼撒半岛，让希腊修士在那里进行基督教化和希腊化的工作。在帝国的内部，拜占庭也由圣像破坏争议所造成的创伤中恢复过来，在马其顿王朝的统治下经历了一个相对平静的时期。同样重要的变化是，帝国对北方诸邻国开始采取更加务实和灵活的政策。查士丁尼征服世界的雄心此时不再是皇帝的计划了，他们更倾向于借助说斯拉夫语的传教士的力量来扩大拜占庭文化的影响。

在地中海世界的西部，我们看到的却是一个局势动荡和充满不确定性的9世纪。在8世纪后期，北方出现的新侵略者在强硬地捍卫基督教信仰的同时，也充满自信地代表着拉丁西方的扩张主义，尽管在过去的几个世纪里西方一直是遭受外部侵略的一方。法兰克国王查理曼，即查理大帝，从他的父亲丕平三世那里继承了新近征服的地中海地区阿基坦和普罗旺斯，也继承了为支持教宗而干预意大利事务的传统。伦巴德人在751年攻下拉韦纳之后曾经试图占领拜占庭总督统治的地区和罗马公爵地，这引起了教宗极大的恐慌。教宗不仅一直把伦巴德人看作外来的蛮族，而且相当成功地借助伪造的文件《君士坦丁的赠礼》来支持自己在这些地区的统治权威。这份文件声称记录了第一个基督教皇帝把“意大利和西方”赠送给圣彼得的决定。教宗利用法兰克人对圣彼得的崇敬培育了与他们特别友善的关系。查理后来回应了教宗的请求，带领远征军进入意大利，在774年接管了伦巴德王国。

这一发展带来了令人震惊的后果，包括创建了一直到1870年仍然在意大利具有重要影响力的教宗国。查理和教宗之间得以加强的同盟关系导致许多罗马的典籍手稿和圣徒遗物被带到法兰克王国。教宗在800年的圣诞节为查理加冕，希望以此加强他对自己的保护者的掌握。拜占庭人万分恼怒，在经过了长期的谈判以后也只是在812年勉强且有条件地承认了这一皇帝头衔。对教宗来说，恢复西部帝国标志着疏远拜占庭的关键一步，意味着他们在西方获得了伸张自己的政治和宗教权威的大好机会。以长时段的眼光来看，一个西方帝国的产生促成了一个鲜明的欧洲认同的出现，并且有助于造就一个在整个中世纪主导西方的南北轴心。

法兰克人卷入意大利事务并没有帮助该半岛统一。法兰克官吏和教士成了精英的统治阶层，大量土地被交给教会，不过伦巴德王国的基本结构还是被保留了下来。从罗马向北到博洛尼亚的前拜占庭控制地带，此时的地位仍然模糊。虽然教宗认为这是"圣彼得遗产"的一部分，但是那里的统治权在相当程度上掌控在一些地方人士的手里，譬如拉韦纳的大主教和坎帕尼亚的贵族。法兰克国王实际上拥有广泛的影响力。南面的贝内文托仍然是伦巴德传统政治力量的中心，由原来的王室的后代统治着，以卡普阿和萨莱诺为基地，不过到了9世纪稍后一些时候却分裂成了独立的小王国。伦巴德人的力量因为阿拉伯人的袭扰和拜占庭人的反攻而受到削弱。即使在876年以前，东部帝国在意大利也是一支主要的力量。拜占庭不仅在此拥有直接控制的领土，譬如卡拉布里亚、奥特朗托地区、西西里，而且还拥有那些基本自治的沿海城市，包括威尼斯、盖塔、那不勒斯以及阿马尔菲。在9世纪中叶和后期，阿拉伯海盗的袭击成为一个严重问题，他们甚至在意大利的陆地上建立了基地，在846年甚至洗劫了罗马近郊的梵蒂冈。虽然驻扎在意大利的加洛林王朝的最后一位国王路易二世以及教宗约翰八世领导了对阿拉伯海盗的英勇抵抗，但却未能成功制服敌人。草原游牧民马扎尔人的突然入侵加剧了意大利的苦难，他们一路烧杀劫掠，在899年向南推进至奥特朗托。到900年，意大利的政局一片混乱。帕维亚的王位受到多人的争夺，教宗忙于和各个贵族派别周旋。大贵族家庭在半岛各地兴起，他们在村庄里构筑堡垒，力图以此强化他们对乡村的控制。拜占庭人是唯一从这一混乱局面中得益的基督徒，他们的声誉不仅来自他们在罗马和南方持久的文化和艺术影响，也因为意大利人意识到法兰克人的虚弱和粗野而得到加强。

在普罗旺斯、阿基坦和西班牙北部地区存在着大体相似的混乱局面。查理曼在所谓"西班牙边区"击退阿拉伯人的努力几乎没有牢固的成果，法兰西的地中海沿岸在9世纪一直遭受穆斯林海盗袭扰，受到严重破坏。劫掠的海盗团伙在海岸上建立巢穴，譬如在里维埃拉地区的法拉科西内，以便攻击和抢劫穿越阿尔卑斯山的朝圣者和商人。与加洛林王朝其他地区的情形一样，来自外部的压力以及国王权威的解体造就了地方权力转移的条件，对地方政权的控制开始集中到互相争斗的贵族家庭手中。

残存与破坏：城市生活的个案

拜占庭和伊斯兰教国家通常被认为保存了古典时代的城市生活和复杂的政治机制，而中世纪西方由于日耳曼蛮族的入侵和定居，被认为经历了与以往文明的完全断裂。这一笼统的说法显然难以言之成理。罗马世界的制度早在蛮族进入之前就发生了重大的变化。在有些情况下，与历史保持“连续”带来了负面的效果，而与历史发生“断裂”的结果却是积极的。譬如说，在地中海的大部分地区，精英军事集团的掌控日益加强，不仅造就了更为有效的对外防御体制，也削弱了传统的贵族文官制度，后者在许多方面已经显得僵化和缺乏活力。促成变化的很多因素是人力无法控制的，譬如在542年的大暴发以后继续在各地至少蔓延二百年的瘟疫，又譬如在4世纪和8世纪之间破坏农业生产的恶劣气候。当时的人们急切地把自己与他们所崇尚的过去联系起来。东哥特人试图为他们自己创造出一段经典历史，把亚马孙女战士描绘成哥特妇女，而历史学家拉韦纳的阿涅卢斯很坦然地把查理曼的国家称为“罗马帝国”。

考察与过去连续和断裂的程度固然重要，更重要的是评估留存下来的旧制度有多大影响，各种新的力量对社会有多大的冲击。考察历史传统的复杂性可以很好地透过考察一个关键制度来体会，而这个制度几乎可以等于古代文明：城市。

在一般人的印象中，拜占庭是一座标志着政治和社会恒定不变的纪念碑，而实际情况在许多方面恰恰是相反的。以君士坦丁堡为中心的这个帝国之所以能够生存下来，部分是因为拜占庭人自信地把自己的国家看作罗马世界的代表、上帝之国在人世间投射的影像，不过在成功应对一场又一场的危机的时候，帝国在制度上和财政上依赖的资源却来自它自我更新的能力。旧行政体制里面最实用的因素被保留了下来；而那些昂贵的传统习惯则被抛弃了，譬如在君士坦丁堡发放免费粮食的制度。帝国鼓励斯拉夫人和其他民族在境内定居，以此补充受到消耗的人力资源。僵化的贵族文官制度被按照能力任用官员的制度取代，出身微贱的有才干的军人得到重用。为了鼓励臣民对国家的忠诚，一些具有平民主义色彩的象征物和信念得到推广。大地产被自由的农村公社取代，农民的地位因此得到提高。外敌入侵、人口减少、权力转入地方军事长官之手，这些现象导致社会结构的简单化以及罗马传统的中断，但是却促成了一台灵敏且有效率的军事机器的产生。

在拜占庭所经历的演变中，最引人注目的方面是它的城市。尽管拜占庭城市遭遇了经济上的衰退，其自治权力也被削弱，但是它们在5世纪和6世纪依然构成东部帝国的政治和社会基础，并且维持着活跃的市政生活——正如公共建筑的大量建造以及竞技活动中臭名昭著的派别斗争所反映的那样。不过由于波斯人和阿拉伯人的侵略，安纳托利亚高原的城市不是被遗弃，就是变成了堡垒化的村镇。安纳托利亚西海岸比较繁荣和安全的城市也经历了灾难性的衰退。在以弗所，港口淤积，公共澡堂被废弃，这座曾经繁华的城市变成了一座内陆的设防小居民点。在萨迪斯，传统城市生活的消失可以从7世纪建造的一条道路上看出来，因为这条道路穿越的正是从前的市政建筑的废墟。

在巴尔干地区，城市生活的凋敝更加严重。许多城市在阿瓦尔人和斯拉夫人的入侵中完全消失了。在剩下的城市里，譬如雅典和科林斯，居民退缩到修筑有堡垒的城市中心高地上。考古发掘中出现的铜币证实了各地的商业活动也在急剧地衰落。

给人留下深刻印象的不仅是城市生活本身的衰落，还有人们城市意识的丧失以及城市角色的转换。城市不再具有早些时候作为经济和居住中心的意义，在军事和行政功能之外几乎没有其他作用。意味深长的是，9世纪后期，当帝国在一定程度上恢复繁荣和稳定的时候，绝大多数衰落的城市并没有出现复兴的征兆。

君士坦丁堡当然还维持着大规模的城市生活，规模稍小的塞萨洛尼基情况也是一样。不过即使在首都，人口的减少也是明显的，所以626年瓦林斯没有能够修复引水渠，而君士坦丁五世则试图增加城市的居民人数。到10世纪，君士坦丁堡再度成为一座辉煌的城市，有着70万居民，但是它始终是例外的、具有寄生性质的都市。它的居民主要为宫廷和政府提供物品和服务，它的贸易和工业由帝国官员严密控制，被迫把满足国家的需求当作自己首要的任务。

一位阿拉伯地理学家曾经评论道，9世纪的安纳托利亚只有5个像样的城市。这没有什么值得惊讶的。在同一时期的阿拉伯世界，情况完全不同。在阿拉伯人征服的地区，城市在稳步地向前发展。繁荣的大城市不仅分布在黎凡特和美索不达米亚，包括开罗、大马士革和巴格达，也出现在罗马城市一度衰落的西方，那里的非斯、凯鲁万、科尔多瓦和帕勒莫变成了著名的城市。这些城市复兴的原因包括那里存在广阔的共同市场、黄金再度由非洲和东方流入、商人获得重要的社会地位，以及城市精英拥有一定程度的自治权。

在地中海地区西部，政治动乱以及贸易量和货币流通量的大大缩减使得城市生活遭遇了明显的衰退，不过比起高卢北部和不列颠，这里城市的衰退不是那么明显。城市的外部特征，譬如罗马时期的城墙、引水渠以及其他建筑物，无疑有相当程度的保留，这通常是当地主教努力的结果。罗马的万神殿等神庙被改造成了教堂。在卢卡、巴塞罗那以及其他地区，罗马时期的街区规划被沿用下来。有时候原来并非为公众使用的大建筑物成为中世纪早期城镇的核心，譬如戴克里先在斯普利特的巨大宫殿，在斯拉夫人来袭的时候，就成了附近萨隆纳居民的避难所。

城市发展的连续性在各地的情况是不一样的。在意大利北部，除了少数几个例外，其他所有的罗马城市都被保留下来了。而在南部，到伦巴德人入侵时，大部分城镇已经不再被记载为主教驻扎地，那里只有沿海的一些地方还继续维持着都市生活，其生命力所依靠的是拜占庭的商业活动和拜占庭海军的保护。特定的外部入侵可能是一个城市衰落的因素之一，阿奎莱亚的情况几乎就是如此。不过长时段的因素通常更加重要，譬如港口的淤积、贸易通道的变更，以及安全环境的整体恶化。通常，向一些特定区域进行移民开拓的必要性依然存在。在一些容易受到外敌攻击的罗马城市，居民搬迁到防御更加牢靠的地点，譬如在格拉多和威尼斯泻湖地区，居民们转移到海岛上；而在罗马周围的坎帕尼亚地区，居民则是搬迁到山顶。

那些延续到中世纪早期的古代城市看上去状况十分糟糕。帝国后期的罗马人口有几十万。到6世纪晚期，经历了围攻、饥荒和瘟疫之后，那里大概只有三万左右居民，重要的古典建筑不是荒废了，就是被拆掉，拆卸下来的材料被用于其他建筑。城里的大片地区沦为废墟。虽然古罗马时期慷慨赞助市政建筑的传统早已被基督教会的教堂建造工程替代，但新盖起来的建筑都低矮且寒酸。公元900年前的卢卡城中有记载的57座教堂见证了这一点。

罗马生活方式在数个领域都经历了持续的弱化。虽然在教士和大多数罗马人中间罗马法依然是有效的，但是其主要的用途是在极其简单的公证程序方面，即公证员为见证当事人之间的交易誊写程式化的法律文书。城市的自治在罗马帝国的晚期已经衰落，此时终于完全消失了。在伦巴德人和拜占庭人控制的意大利地区，军事贵族掌握了统治权。罗马元老院这个最伟大的“市政会议”在东哥特时期曾经被授予重要的行政职能，此时它的一些成员移居东方，它的权力则转移到教宗和军事长官的手中。罗马人的各种市政活动，譬如赛马、竞技表演以及去公共澡堂的习惯，都因为教会的反对和经济生活的紊乱而停止。

在许多罗马制度消失或者被教会控制的同时，另一些罗马传统却延续下来。城市依然是政治和行政管理的中心，意大利的拜占庭、伦巴德以及法兰克贵族继续维持着他们的都市生活习惯，而英格兰和大部分高卢地区的情况却正好相反。意大利城市对自己的罗马历史保持着认同感，特别是那些继续受到罗马传统的政治统治方式控制的城市，譬如罗马、拉韦纳、那不勒斯，当地的教会作者赞美往昔的荣耀，而执政官、保民官等罗马的头衔得到沿用。更让人惊讶的是，在伦巴德人控制的地区，这样的情感也相当强烈。一些描述米兰和维罗纳的8世纪的文字留存至今，不仅提到城市里的教堂和圣徒遗迹，也骄傲地列举了那里的城墙、神庙、广场和竞技场，流露出来的那种市民意识在一定程度上是以罗马遗产为基础的。

意大利的城市在一些新领域所显示的活力对未来有特别重要的意义。罗马的城市主要是居住和行政的中心，很少涉足商业，而中世纪早期的一些城市把它们的经济基础建立在贸易活动之上。城镇总是或多或少担任地方市场的角色，而国王颁布的法令总是要涉及对商人的保护和课税，在伦巴德人的统治下情况依然如此。到了8世纪，亚得里亚海北部沿岸出产的海盐成为最早被长途贩运的货物之一，造就了科马基奥以及后来的威尼斯的繁荣。作为拜占庭的臣民，威尼斯人享有进入东方市场的特权。他们很快就把鱼盐贸易扩展到纺织品、香料等奢侈货物，并开始贩卖奴隶。一位威尼斯总督的遗嘱表明，在829年，贵族财富中相当大的一部分来自海外贸易的投资。在10世纪早期，帕维亚的一份档案记载，威尼斯商人为了在这里出售东方的奢侈品，按照惯例缴纳了作为礼物的香料和化妆品。威尼斯人的商业促进了伦巴德城市的繁荣。这些城市为威尼斯提供了食物和布料，又把从那里进口的商品贩运到欧洲北部。在9世纪晚期，意大利南部也存在着类似的奢侈品贸易。一部圣徒传记提到，威尼斯商人赞美了这位圣徒在罗马购买的一件拜占庭斗篷。这类物品被看作高贵身份的标志，有很大的需求量，它们的交易刺激了整个经济的活跃。南方的长途贩运中心主要是加埃塔、阿马尔菲和那不勒斯。它们都臣属于拜占庭，又与阿拉伯人有着兴旺的贸易关系。

米兰和克雷莫纳这样的内地城市在9世纪也有了它们自己的富裕商人，不过这些商人在城市里是次要的群体，他们往往使用自己的财富购买土地，或者与贵族家庭建立婚姻关系。后来出现的比萨和热那亚那种巨型商业中心在此时还只不过是村庄。东部帝国的商人认为他们的利益和野心可以在首都的繁华生活中得到满足，与之不同的是，意大利的商人培养出对自己家乡城市的强烈自豪感，并在对本地主保圣人的礼拜中表达这一自豪感，甚至不惜因为这一自豪感发动对国王官吏的反叛。城市有“可敬人士”组成的法庭。“教堂门前的集会”主要是讨论市场的安排和其他公共事务。这些机构都没有完好的档案留存下来。体现这一市民爱国主义情绪的一个例子是摩德纳。该城市位于拜占庭人和伦巴德人控制地区之间，并曾经因此被废弃。教士对当地的主保圣人、殉教者吉米尼亚诺的崇拜帮助摩德纳生存下来。与大多数意大利北部城市一样，摩德纳的主教逐渐成为日常行政管理的负责人，所以在9世纪80年代主教勒多因重建了城墙，甚至在一座小教堂里面镌刻了一首诗歌，号召市民们像罗马和特洛伊的英雄们那样守卫城市。早些时候的主教的确为地方利益呼吁，表达市民们的情感，然而到了10世纪，主教在市民眼里成为外人和国王代理人，不再受到欢迎。主教手下的教士会议有着重要的影响力，不仅参与各种意见的谋划，也致力于保护他们所在城市的传统。

这种经济和文化的活力在拜占庭内地的城市是完全看不到的，而在意大利也要到11世纪、当城市的政治意识觉醒的时候才充分地展现出来。在这个时期西方基督教世界的大部分其他地区，我们看不到这种水平的经济活动、行业多样性和地方自豪感。达尔马提亚的城市是一个例外。它们与意大利亚得里亚海沿岸地区有经济往来，也得益于名义上与拜占庭的臣服关系。这里不仅有活跃的经济和宗教生活，各城市的市民也在斯拉夫人频繁的骚扰下萌生了强烈的爱国意识。在信奉基督教的西班牙北部地区，经济生活比较落后，城镇主要的功能是充当军事堡垒。不过，即使在这些欠发达地区，人们也普遍在法律活动中使用书面文件，这与欧洲北方的情况完全不同，并且西哥特颁布的各部法典在这里长期有效。在法国南部，马赛这类原先繁荣的沿海城市还维持着一定程度的商贸活动，在法律活动等领域沿用着某些古罗马传统。但是我们拥有的有限证据表明，这些城市在8世纪和9世纪的发展因为内部的长期动乱和阿拉伯人不断的袭扰而受到阻碍。

也就是说，在地中海沿岸，没有任何地区完全丢失了城市的传统。尽管遭受外敌的入侵，除了在边疆容易遭受攻击的地带，城市生活所需要的基本的稳定环境很快就建立起来，有些城市开始扮演商业中心这个新的角色。甚至在经济生活继续停滞的那些地区，城市固有的价值观念和传统也持久存在，并造就了后来能够有力回应新机遇的一种社会氛围。

地中海世界的统一与分裂

“这个海洋分享着共同的命运，……面临着同样的问题和同样的大趋势。”法国历史学家费尔南·布罗代尔对16世纪的地中海地区做过经典的研究，其基础是认同该地区在本质上是同一的。这也是研究古典世界的学者们的观点。然而，在中世纪早期，某些大趋势的相似性并不能掩盖下列事实：地中海不再是罗马能够控制的一个湖泊了，也不再是联结一个统一地区的交通渠道了。许多历史学家认为，中世纪与古代文化发生断裂的原因即在于此。对这一观点的经典表述在20世纪20和30年代由比利时历史学家亨利·皮朗提出。他论证说，阿拉伯人在7世纪破坏了地中海世界的统一，并以此为独具特色的西欧文明的出现铺垫了道路。对皮朗的方法和材料，学者们已经做出有力的批评，他们尤其不赞同皮朗夸大贸易发展的程度以及他的亲罗马偏见。皮朗命题具有煽动性，也混淆了原因和结果。地中海地区在文化、政治和经济上不再是一个统一体，这一历史的断裂其实在许多方面是其他新动向的征兆。

这是一个重大的变化，但是我们不仅很难确定其后果，也难以确定其时间和原因。我们必须记住的是，地中海地区是由数个海洋组成的，罗马海军的控制能力，以及依赖罗马保护的正常贸易和交通，在不同海域的情况是不一样的。在最东边（即爱琴海），在进入7世纪以后的很长时间，罗马的海上力量和贸易还在按照传统的方式进行。海洋是重要的货运通道：国家掌控的谷物供应依赖由埃及到君士坦丁堡的船运；在西南土耳其海岸边发现有623年前后沉没的一条船，里面有装葡萄酒的双耳细颈陶瓶和其他大批生产用具。在西边的第勒尼安海，虽然短途的沿海航行还在继续，因为这要比陆地交通更加廉价和安全，但是海盗和汪达尔人的舰队在5世纪严重打击了长途贩运，使之再也无法复苏。非洲的食品贸易不再有重要意义。查士丁尼打败了汪达尔人和哥特人，但是并没有完全恢复罗马的海军力量。即便在爱琴海区域，拜占庭海军的压倒性优势也被倭马亚王朝建立的舰队打破，后者由大批背弃基督教的人组成，他们攻占了塞浦路斯岛和罗得岛等基督徒的基地，并且曾经两度封锁了君士坦丁堡。

拜占庭人很快就意识到，为了防卫沿海的行省和保障那里的供给，他们必须拥有海上优势。他们为此重建了由特定地区提供的新的军区舰队。海军的这一复兴得益于以巴格达为据点的阿拔斯王朝的兴起，他们不像之前的倭马亚王朝那样重视海洋。但在9世纪，拜占庭海军的霸权被军区舰队的一系列叛乱削弱，也受到好战的穆斯林国家的挑战，尤其是北非的阿格拉布王朝。其结果是西西里岛在827年遭受入侵，克里特岛则在828年陷落，帝国的西部行省遭受了毁灭性攻击。虽然拜占庭的海上优势在650年左右遭受了严重的挑战，但是帝国在对自己的生存具有战略意义的海域还是保持了强大的力量。这是因为与阿拉伯人相比，拜占庭的船只更加先进，水手更加专业，木材和海军补给品的供应更加充沛。说到与西方的联络，阿拉伯人要到9世纪才严重威胁到拜占庭对地中海中部亚得里亚海区域的控制，而此时臣属拜占庭的威尼斯和阿马尔菲等城市正在建设自己强大的海军力量。

拜占庭海军实力的强弱变动仅仅是妨碍它与西方交通的诸多因素中的一个，陆上交通被阿瓦尔人和斯拉夫人的入侵隔断也是同样重要的原因。到9和10世纪，陆地通道才因为巴尔干地区的基督教化而重新开放。帝国与西方的疏远还有多种心理原因。在罗马帝国后期，东西方之间已经存在语言隔阂，希腊语在西方成为少数像波伊提乌斯这样的知识分子才掌握的语言。在与查士丁尼的战争中，东哥特人刻意利用了意大利人对“怯懦的”希腊人的疑心。当局很清楚东西方之间的对立在政治上是危险的，所以在7世纪君士坦丁堡的一次公开审判中，一位持不同意见的神学家被指控“喜欢罗马人、仇恨希腊人”。拉丁语在东方不再是行政事务中使用的官方语言。通过文化的融合，也因为皇帝福卡斯的屠戮，拉丁语原来在首都享有的重要性逐渐减弱。6世纪中叶的历史学家还能够细致地描写在西方发生的战事以及日耳曼人的风俗习惯，而在之后的历史著作里，关于西方的内容只是偶尔的旁白。到了9世纪，重要的年代记作者对西方的兴趣局限于记载教宗对支持圣像破坏的拜占庭皇帝的厌恶和敌意。虽然帝国政府展示了更加宽广的眼界，试图继续履行自己在西方的责任，继续向法兰克人和叛逆的伦巴德人派遣使节和送去金钱，但是由于在东方面临更加急迫的压力，因此没有能力为西方动用足够的人力和金钱。到了7世纪30年代，根据记载，在帝国与阿拉伯人殊死格斗的关头，部署到意大利的拜占庭军队人数减少了，在出土的法兰克人钱币窖藏中也不再见到有来自拜占庭的礼物。

阿拉伯人的进攻意味着迫在眉睫的危险和经济需求，而处在解体之中的西部帝国变得日益遥远和无关大体，因此在整个地中海地区，人们的视野逐渐变得狭窄。拜占庭意大利是一个很能说明问题的例子。在这里，本地人和外来士兵的融合造就了一个军事上高效率的社会，培养了强烈的地方认同，而他们对拜占庭的态度仅仅是因为惰性留存下来的名义上的忠诚。与世界帝国的联系被削弱并非没有益处：摆脱了统一的精英文化的压制，摆脱了单一的大都市中心那迷人且强烈的吸引力，地方文化和地方社团得以逐渐繁盛。有时候这一形势也伴随有地方族群意识的觉醒，譬如西班牙巴斯克人和非洲摩尔人的情况；在其他地方，譬如在意大利，地方文化体现为老城市重新恢复的活力和自我认同。

在罗马世界，大宗的货物和产品通过官方的渠道进行运输，尤其是国家赞助的运货人，不过长途贩运只具备有限的重要性。国家机器崩溃之后，特别是在西方，如此的大规模货物运输就受到种种限制。长途运输越来越依靠犹太商人和叙利亚商人，他们的专长是从东方贩运奢侈品。关于这些长途贩运商人的记载到7世纪就不多见了，不过东方的货物还是继续通过其他途径流向西方，很多是拜占庭送给西方盟友和重要教会人士的礼物或者外交礼品。它们的意义远远大于它们的数量和价值，因为这些礼物不仅是社会身份的标志，而且也成为本地手工业者参考的样品。即便是日常用品的流通也从来没有完全停止。尽管潮流是使用各地自己生产的牛羊皮纸，在敬重传统的罗马和拉韦纳，特别重要的文件仍然书写在纸草上。

也就是说，7世纪发生的变动局限于当时已经相当有限的商业交流，而且这一变动不涉及西方非基督教地区。西班牙和北非进入了伊斯兰教的自由贸易区，由此与黎凡特发展起有利可图的贸易联系。从8世纪开始，其他地区的长途贩运也有相当规模的成长，反映出社会日益安定、人口增长、气候得到改善。在伦巴德人控制的意大利和其他地方，我们看到有更多的文献提及富有的商人，而到了9世纪，阿马尔菲、威尼斯这些名义上接受拜占庭控制的城市变成了积极与东方贸易的商业中心。具有讽刺意味的是，就在国际贸易开始蓬勃兴起的时候，阿拉伯海军开始在地中海中部和西部展示其实力，在政治现实的压力下，那不勒斯等城市此时不得不与伊斯兰世界建立密切的联系，包括向阿拉伯人缴纳保护金和参与奴隶贸易。到了10世纪，在阿拉伯地理学者对南意大利港口的描述中，通过观察“塔里”这一伊斯兰教徒所使用铸币在半岛南部的流通程度，我们可以判断贸易联系的广泛程度。

其他非商业的渠道对于货物流通也依然是重要的。教宗的文献经常会提及东方的圣徒遗物、服装和装饰品，其中许多是作为官方礼品来到罗马的。大量昂贵的纺织品经由正式或者非正式的外交途径到达西方。西方来的使节、克雷莫纳的利乌特普兰德试图把一件丝织衣物偷偷带出君士坦丁堡，被当场抓获。其实这种行为在当时十分流行，拜占庭人试图限制西方人这样做，以便维持这些奢侈品的昂贵价格。

所以，简单地相信皮朗的观点不足以解释地中海地区极其复杂的统一性问题。虽然东西方之间的联系在性质和程度上都经历了变化，但却从来没有彻底中断。西方人始终知道存在着一个富裕且强大的东方，他们对东方的知识与其说是通过商人取得的，不如说是来自外交家和朝圣者的口头传述，而东方人在当时却没有太多理由对贫穷的西方产生同等程度的兴趣。来自东方的艺术品和奢侈品对西方产生了重要的冲击，尤其是让那些从事贸易的城市有了存在的理由，从而使其稳定发展起来，给予欧洲的经济和文化惊人的影响，但是涉及的人群仍然只是少数精英。与罗马帝国的情况一样，无论是在东部还是西部，经济的基本性质还是农业的，人口的绝大多数是艰辛贫苦、自给自足的农民，他们在西部饱受地方领主的压迫，在东部则处在包税人的淫威之下。地中海地区的地图此刻由繁多的地方社团拼接而成，这既是这一地区脆弱的原因，也是它的力量之所在。

统治方式和政府

在统一的地中海世界作为现实消失以后很久，罗马帝国不朽的观念依然存在着。无论是在东方还是在西方，神圣的世界帝国都在意识形态上被利用来作为一种思想源泉，其发端可以追溯到伟大的基督教皇帝君士坦丁和狄奥多西统治的时代。拜占庭人称自己为“罗马人”，习惯于声称自己拥有普世的统治权，即查士丁尼曾经积极追求的对整个罗马世界的统治权。西方人也依据罗马帝国晚期的传统来建立王权的意识形态基础，不过他们不得不调整世界帝国的观念，以便适应变化了的政治条件和占据优势地位的教会思想。希波的圣奥古斯丁意识到帝国已经衰落了，在他看来，帝国的重要性不如作为上帝拯救工具的教会以及由义人们组成的真信团体（“上帝之城”）。而在西哥特人统治的西班牙，一些作者认为，上帝青睐的世俗统治者已经不再是虚弱和持异端教条的罗马人，而是在日耳曼人所统治的西方，是那里强大的基督教国王。不过总的来说，西方人还是满足于模糊地承认遥远的君士坦丁堡皇帝的普世权威，因为在意识形态上他们没有更加言之成理的说法取而代之，也因为当时人们普遍认为《但以理书》里面的“第四王国”就是罗马帝国，一直要存在到敌基督来临的时候。西方蛮族王国的这种矛盾心理可以由伦巴德国王罗塔里643年编纂的法律中看出来。这是一部不加掩饰的传统的日耳曼法典，不过却用拉丁文写成，其作者应该是一位担任官职的罗马人。该法典的开头是一部关于伦巴德人的简明历史以及一篇阐述立法动机的声明，言辞恳切，系借鉴查士丁尼的“新法”写成。

查理曼在800年举行了自己的加冕礼，此时的西方对自己和对拜占庭开始有着一种新的更加清晰明确的态度，而教宗也已经不再对君士坦丁堡抱有幻想。此后在西方，尽管加洛林王朝很快就垮掉了，尽管在罗马和南意大利仍然有势利的人羡慕拜占庭的国力和财富，保有对拜占庭帝国的依恋情结，但西欧的皇帝还是成了意识形态的焦点以及合法统治者。在加洛林皇帝路易二世于871年写给拜占庭皇帝的信里，两个帝国之间的竞争变得十分清楚。路易在信里声称自己拥有皇帝头衔的依据是他的品德、他的继承权、他领受的涂圣油礼，同时谴责希腊人违背正统的信仰。西欧和拜占庭之间的猜忌和敌意此时还有所克制，所以不至于发生后来十字军运动时期的那种冲突。此时双方都能够意识到彼此有着共同的基督教信仰，也面临着共同的外部威胁。拜占庭皇帝狄奥菲鲁斯在遭受阿拉伯人攻击时曾经写信给“虔诚者”路易，请求他的援助。而路易二世在写这封争辩性的书信时正试图与拜占庭在地中海中部建立抗击阿拉伯人威胁的联盟。

西方中世纪的行政结构完全没有拜占庭制度的那些优点。拜占庭从罗马帝国那里继承了一个完备的首都城市和一支领取薪俸的官僚队伍，并且有一整套中央政府的法律和财政体系。相对来说，西方政府的权力基础要脆弱得多，他们不得不依赖军事力量和教会的支持，不得不时常哄骗那些桀骜不驯的贵族对国王保持忠诚。拜占庭国力强盛，能够有效控制和动用自己的资源。虽然它的大多数行省很难说比西方要富裕，但是国家有办法来获得一切可以榨取的物资，以便为辉煌的宫廷和无所不包的行政部门提供财政支持。官僚体制和教育水平保证了拜占庭税收文书档案的维护，也保证了有一支领取俸禄的官吏队伍来征收帝国的赋税。国家维持着可靠的金币供应，主要目的不是刺激经济活动，而是为了让征税更加顺畅，以及发放金钱给军队和官吏更加方便。这样一个复杂严密的行政制度有很大的优势，但我们不宜过度强调高度一体化的东方与结构松散的西方之间的差异。

西欧诸王国的征税能力是有限的，只有贸易关税和各种司法收入，唯有西哥特王国得以按照罗马人的办法征收土地税。不过国王控制着大量的土地资源。伦巴德人占有着大片的地产，据统计，在经过长达两个世纪的流失和对教会的赠予之后，伦巴德王室在11世纪仍然拥有意大利北部超过10%的土地。国王收入的其他重要来源包括战利品、进贡的礼品、罚没的财产、铸造货币的垄断权，以及某些法律业务和营造活动的批准权。罗马和拜占庭主要的财政支出是维持军队的耗费。日耳曼人诸王国没有这项财政负担，因为所有自由的武士都有义务在他们各自地方的公爵的率领下为国王服兵役，这也是他们得到其定居所在地土地的条件。推行这一制度需要伦巴德国王以及他们之后的加洛林国王随时对大土地所有者保持警惕，因为后者总是倾向于无情地把农民变成他们的依附民。

拜占庭国家另一个主要支撑是它在司法领域的控制力。国家不仅任命各种法庭的法官，而且罗马法的属地原则依然有效，其前提是所有的权威都来自皇帝。《查士丁尼法典》具有拉丁特色，作为其补充，皇帝利奥三世在739年或谓726年颁布简要的法典《选编》，皇帝利奥六世后来又发布具有权威性的《帝国法典》。在西方，法律从来没有像在拜占庭那样系统和规整。西方法律此时是属人的，而不是属地的，教士和本地人遵守罗马法，使用简化了的本地（“通俗”）法典，而征服他们的日耳曼人则分别遵守哥特法、法兰克法或者伦巴德法。尽管如此，这些国王还是比欧洲北方的国王更好地掌握了法律和法庭。以意大利为例，国王的官员主管着法庭，国王颁布的法典越来越受到罗马人习俗的影响。国王权威的加强得益于“叛国”和“国王的和平”这样一些概念的发展。新的法律条文使得财产的自由处理成为可能，从而阻止争斗，便利商贸活动以及城市生活的其他方面。

君士坦丁堡的景象给来访的西方人留下深刻印象，特别是奢华的宫廷和复杂严密的中央政府官僚体系。在西方，伦巴德国王以及其他国王的宫廷保留着日耳曼人的特点。出于政治上的必要，国王必须随身带着武士和侍从。不过拜占庭式的服装和礼仪逐渐在西方得到模仿，许多官员的职能显然传承自罗马官制，譬如内务大臣和公证人。对罗马传统的继承有一个生动的展示：在米兰的竞技场，国王阿吉卢尔夫宣布在场的儿子阿达洛尔德为国王。在帕维亚发生的事情具有特殊的意义：620年，国王的宫廷被固定在这里，城市各处出现了王室的寓所、教堂，甚至还有公共澡堂，其风格来自君士坦丁堡、拉韦纳和西哥特王国的首都托莱多。在伦巴德人皈依基督教后，其宫廷的罗马特色得到了进一步的强调。在伦巴德人统治时期和加洛林王朝时期，帕维亚始终是国王政府精巧的神经中枢，其权力触角伸展到王国的每一个角落。

地方政府是所有中世纪早期国王实现其权力的薄弱环节，而拜占庭国家在这方面的优越性其实不如人们想象的那么突出。由于来自外敌入侵的压力，东部帝国在7世纪不得不精简罗马帝国后期主要由文官组成的行政体制，并给予军区长官相当程度的自主权。帝国面临着外敌威胁造成的危机，因此变成一个更加军事化的社会。军事长官在地方上掌控主要的政治和土地资源，享有极高的社会地位。也就是说，拜占庭出现的情况与同时期日耳曼人诸王国面对的形势相似。凭借向地方下达复杂的书面指令和派遣监军，尤其是掌控财政权，拜占庭皇帝能够更好地控制局面。意大利历史学家利乌特普兰德曾经惊讶地看到，在君士坦丁堡，军区长官在领取薪俸时可以拿到成袋的金币。即便如此，当时制度中的地方化倾向仍然成为政治和宗教冲突的一个根源，怂恿着野心勃勃的军阀发动政变和叛乱。不过在大多数情况下，在国家统治者与地方强人之间，权力的天平还是向前者倾斜，能干的军人皇帝建立了一连串强有力的王朝，使得拜占庭避免了西哥特西班牙和伦巴德意大利的那种命运。

拜占庭强盛的另一个关键原因在于，地方官员起初是按照他们的能力任命的，富有责任心，他们的职位还没有被某些家族或者大地主垄断。不过到了9世纪，地方官已经在当地植根很深，变成了西方那种世袭贵族。一些业已形成的大家族有了显赫的姓氏，其中最有权力的成员聚敛了大量的地产，把拜占庭军事和财政体制所依赖的军区士兵和农民变成了他们的依附者。一位帕夫拉戈尼亚的地主在8世纪晚期拥有48处地产，1.2万只羊；而在9世纪的这一地区，伯罗奔尼撒的一位女继承人遗赠给皇帝80处地产和3000个奴隶。封建社会雏形产生的条件此时已经在拜占庭出现，其情况与西方贵族的统治相似，即地主凭借对土地的占有，压迫当地的民众。在伦巴德人和加洛林王朝控制的意大利，国王使用一些特定的办法有效地钳制贵族。伦巴德国王的军事声誉比他形式上的地位更加重要，而加洛林统治者则依靠忠诚的法兰克贵族，任命他们担任官员，并派遣国王的巡检官监督他们。路易二世在879年[1]去世，加洛林王朝从此进入了动荡且脆弱的阶段，豪强开始篡夺国王的权力和土地，在地方上扩大自己的权势和财富。虽然意大利的国王政府相对要复杂一些，但是仍然没有东部帝国拥有的那些有效的政治手段。拜占庭的贵族利益与帝国体制唇齿相依，

[1] 英文原版误作875年。大事年表亦误，不再出注。

他们的野心在皇帝的宫廷能够得到最好的满足，他们能够在那里获得合法的、有利可图的官职，以及对他们的地位至关重要的高贵身份。

相比之下，可以说意大利的中央政府在长时间内就像一根折断的芦苇，地方政治有条件地维持着生机勃勃的状态。7世纪时，在罗马人统治地区存在的政治地方化问题开始扩展到日耳曼人统治的地区。与司法私人化或者封建化的法兰克完全不同，意大利生活的复杂性有助于保存法庭的公共特性、成文法以及正规的法律程序。对法律程序和书面文件的依赖在一定程度上反映出意大利百姓的文化水平远远高出西方其他地区的人民：在9世纪90年代的卢卡，法律文书上77%的证人能够签署他们自己的姓名；在900年前后，大多数意大利城镇处在地方领主和主教的权威之下，不过由来自不同地区的居民组成的复杂团体以及政治意识形态的继续存在，为后来独立公社的发展提供了必要的基础。我们有证据相信，政治生活和公共权威发达的意大利模式比拜占庭模式更有活力，后者所维持的专制统治是以牺牲地方社团为代价的，并把政治积极性由地方转移至首都。奇怪的是，与意大利的形势明显相似的情况发生在伊斯兰世界，那里大量的财富和高水平的文化教养创造了一个复杂的社会，形式上专制的政府实际上只满足于收税和维持国防，而让地方精英去管理各自城市里的市场和日常生活。

宗教与精神生活

罗马帝国晚期是基督教在地中海地区广泛传播的时代。基督教在东部的影响要大于西部，而在农村，人们大多还信奉罗马传统的宗教（基督徒所谓“异教徒”在字面上的意思就是“乡巴佬”）。基督教传播之成功有很多原因，其中之一就是教会拥有有效力的组织，以主教为首，以城市为基地，再就是这一信仰对各种各样的人都具有吸引力。基督教借用了希腊哲学的词汇及其对精神生活和道德问题的见解，因此基督教的道德说教和毫不含糊的一神论对知识分子颇有吸引力。与此同时，基督教还成功地与多种神秘宗教竞争，赢得了大批的皈依者，他们不仅得到了获得永恒拯救的慰藉，而且在这个成员关系紧密的团体中找到了归属感。君士坦丁的皈依以及此后罗马国家之接受基督教在当时就像是晴天霹雳，而且这对教会的影响也不完全是正面的。许多皈依者接受新信仰的理由不是宗教信念，而是他们的野心，希望借此从政府那里获得政治和金钱上的好处。主教逐渐被看作帝国的官员，而教会的会议经常不得不听命于皇帝的指令。

教会新获得的财富和权力加重了教徒之间的矛盾。在非洲，既存在保守的亲罗马派，他们认可教会新的地位，也存在顽固的“多纳特派”，他们激烈地贬低现世生活，排斥那些早年在遭受迫害时曾经叛教的教徒。另外一些争论涉及“三位一体”教义，其影响持续了几个世纪。教会一度屈从于皇帝的压力，接受了亚历山大里亚神父阿里乌的异端观点，即认为基督作为圣子要低于圣父。虽然这一教条在4世纪就受到教会的谴责，但是在此之前，阿里乌派神父就已经说服巴尔干地区的西哥特人接受了他们这派的基督教信仰。大多数定居在帝国境内的日耳曼蛮族在5世纪皈依了阿里乌派，并在一定程度上通过这一“民族”信仰来展示他们与文化上占优势的罗马人的区别。

在东部帝国，关于基督论的争执造成了严重的分裂。正统的意见在451年的卡尔西顿大公会议上得到认可，但是反对的声音在埃及和叙利亚一直很强烈，尤其是在基督一性论的信奉者中间，他们相信基督的人性已经消失在他纯粹的神性之中。虽然这些异端活动并不单纯是政治或者社会运动伪装的形式，但它们无疑受到人们不满情绪的推动。在这些地区，希腊文化精英在政治和文化上的主导地位招致当地人的怨恨。这种抵触情绪具有政治的含义，因为在那个时代正统信仰被认为是个人获得拯救之必要，是上帝所护佑帝国成功的保证，而皇帝则急迫地希望恢复其臣民的团结，为此不得不在迫害异端派别和寻求最大限度的妥协之间来回摇摆。帝国政府寻求妥协的政策遭到了罗马教宗的强烈反对。作为西方的宗主教，教宗坚决抵制对正统信仰纯洁性的任何破坏。让局势更为糟糕的是，东部帝国和西部帝国就谁是教会首席主教的问题有着分歧，两地的关系因此日趋紧张，这是381年新首都君士坦丁堡被给予宗主教区的地位以后一直存在的麻烦。

到6世纪，尽管查士丁尼所珍惜的普世教会理想依然继续存在着，但在现实中，帝国东部和西部的分离已不可避免。西方基督徒仍然保持着早年他们对帝国的疑虑，认为自己的信仰应当与世俗生活分离，而且比世俗生活更加重要，并且把教会看成富有战斗精神的宗教军队。这些观念因为西部帝国的崩溃而愈发得到加强，主教在此时不仅是宗教领袖，甚至还负担起世俗社会的领导责任。在东部帝国，古代世界多样和复杂的形态得到保留，教会完全不可能采纳这种把宗教与世俗生活对立起来的态度。东部教会从来没有想过要把自己与世俗社会分离或者凌驾于尘世之上，因为它认为帝国是上帝计划的一个组成部分，给予物质世界更大程度的神圣性。西部的教会人士，如教宗格里高利一世，被迫调整思路，以便接受变化了的社会现实。他知道蛮族入侵者将会长久地居住下来，于是放弃了把基督教与罗马等同的传统思路，试图通过精心策划的传教工作，将伦巴德和盎格鲁–撒克逊入侵者整合到基督教世界里面来。

东部和西部基督教逐渐扩大的差异不应该让我们忽视二者之间继续存在的联系和相同之处。正如法兰克朝圣者能够到耶路撒冷去旅行一样，东部的教会人士和艺术家也可以在西方定居下来。譬如来自圣保罗家乡塔尔苏斯的西奥多，他先是在罗马当修士，后来被派往坎特伯雷担任大主教。在整个7世纪和8世纪初，主导罗马宗教和知识生活的是希腊人和叙利亚人。在中世纪早期，整个地中海地区都出现了圣徒传等多种类型的基督教文学，通俗基督教文化还以宗教游行、圣像和圣徒遗物等形式表现出来。在那个简朴的时代，人们对神圣的渴望需要有可触摸的记号。无论在东部还是西部，主保圣人都被尊崇为城市的庇佑者。宗教礼仪日趋完美，令人印象深刻，教堂等宗教场所为人们所精心布置，成为集体虔敬的表现形式。

无论在东部还是西部，教会显然都争取更大的同一性。由于阿拉伯人攻占了安条克、亚历山大里亚和耶路撒冷，东部教会的君士坦丁堡牧首因此获得了更大的权威。在4世纪和9世纪之间，一系列大公会议决定和颁布了东部教会的教义和纪律。由于大公会议的立法、教宗权威以及教会法的发展，西部各地传统的差异逐渐缩小，各地教会的大主教和都主教都获得了更加完整界定的治权。

类似的趋势在修道制度中也可以清楚地看到，而修道院原本是最激进和多元化的宗教生活领域。最早的修士（“隐修者”）不过是虔诚的平信徒，他们的意图是通过远离尘世诱惑来履行基督关于清贫、克己的命令。修道运动始于埃及，早年的旷野教父，譬如圣安东尼，拥有数以千计的追随者。多种多样的修道团体很快出现了，有的坚持原来的个人隐修生活方式，有的组织成修道集体，由一位长老来领导。在4世纪和5世纪，修道制度迅速由埃及向北扩散到巴勒斯坦、叙利亚和安纳托利亚，向西扩散到高卢、意大利和西班牙。在试验修道方式的活跃气氛中出现了各种各样的圣人，其中有些人因其简朴的生活或所提出的朴实可信的建议而获得很大的社会影响力。譬如柱头修士西蒙，他在大马士革附近一根石柱上待了三十七年。总的来说，修道生活逐渐重视更加温和的方式。学者、卡帕多西亚的圣巴西尔提倡修道纪律，他提出的修道规则后来成为东正教修道传统的标准模式。

修道制度很快就被西部教会接受，不过在此过程中也经历了一些变化。元老院成员在罗马的住处和他们的地产上设立修道院，离家修道成为时尚的贵族运动。一些主教为自己教堂的教士建立修道院，他们认为修道是值得提倡的基督教理想，有助于抗衡世俗风气对教会的侵蚀。图尔的圣马丁曾经是一个军人，他和其他一些修士在传教活动中扩大了修道运动在西方的影响。然而许多建在汝拉山中以及里维埃拉海岸边的修道院，在具有个人魅力的创立者去世以后，并没有留下永久的影响。高卢地区的修道传统以严苛的纪律为其理想，这一传统后来成为爱尔兰和凯尔特不列颠教会组织的基础，在那里结出丰硕的果实。人们一直在探寻将秩序、安定与灵修热情相结合的方法。在这方面，约翰·卡西安的著作为努西亚的本笃所借鉴，他设计出了具有建设性和想象力的修道规章。这部规章对西方教会的影响并没有立刻显现出来。但是从长远来看，本笃为组织严谨的修道团体设计的蓝图成为拉丁西方修道制度的范式，要求修士遵守一套井然有序的祈祷、劳作和学习的日常规程。本笃在卡西诺山建立的修道院于577年遭到伦巴德人的洗劫。虽然这位圣徒的名声因为教宗格里高利一世所写的传记而广为传播，但是他的规章并没有在此时为罗马的修道院所采纳。格里高利自己也是一位修士，他大大扩展了修士的职能，任命他们担任教宗手下关键的行政官员，并派遣他们执行重要的任务，譬如由奥古斯丁领导的在英格兰的传教工作。这位奥古斯丁是教宗自己的修道院里的成员。

在整个西欧，堂区教士需要面对传教和教会改革这些艰难的工作，而罗马帝国城市生活的崩坏使得他们在道德和物质资源上都难以胜任，因此教会开始越来越倚重修士。这一形势也削弱了修道文化中的贵族色彩。出身名门的卡西奥多鲁斯在维瓦里乌姆创办的富有学术和教育特性的修道院出现得比较晚，是贵族修道传统的代表。修道运动这一变化的主要推动力来自简朴、大胆和积极进取的爱尔兰修士。在伦巴德人控制的意大利地区，修道院的发展起先遭受了阻碍，因为伦巴德人认为基督教会是政治上不能信任的“第五纵队”。到8世纪，修道院才在这里迅速成长起来。国王和公爵的捐赠支持了一些伟大的本笃修道院的建造，包括法尔法、阿米亚塔山、诺南托拉、卡西诺山的修道院，它们都成了重要的文化和经济中心。

拜占庭的修道制度始终要更加接近最早在埃及形成的模式，即平信徒的虔敬运动，其中出现的圣徒赢得了广大乡村居民的支持。不过到了6世纪，这里也有一些与西部情况类似的发展：修道院开始在城市地区建立起来，帝国和大公会议的立法试图让修道院更有秩序和接受更加一致的制度，慷慨的捐助造就了一些富有的修道院——譬如查士丁尼在西奈山上建立的巨大的圣凯瑟琳修道院。拜占庭的修道传统具有简朴的特色和草根魅力，这使得它在国家遭受阿拉伯人入侵之后能够存活下来，其力量甚至有所加强，尤其在主教的权威因为城市的衰落受到削弱的情况下。修士是虔诚民众的代言人，在抵制伊苏里亚王朝圣像破坏政策的运动中，他们很快就冲到最前沿。他们坚决地保护圣像，为此遭到残酷的迫害。843年，拜占庭帝国最终对圣像破坏政策进行了谴责，修士的声誉随着保护圣像运动的成功而更加显赫。对修道院的捐赠有了惊人的增加，尤其是对那些新近流行的、包含个人隐修小屋的修道院。到10世纪，国家开始警觉修道院财富导致的弊端以及修士众多所招致的人力和税收流失，因此开始对修道院的发展进行限制。900年前后，拜占庭修道院的发展有了两个新的变化：一是更加注重学问和书籍抄写，以君士坦丁堡的斯图迪昂修道院为典型代表；二是修道院在整个拜占庭教会领导层中的影响增加。9世纪以后，修士担任牧首的情况越来越多，他们成为教会内部“激进派”的中坚力量，毫不妥协地反对帝国政府对教义和教会纪律的干预。

9世纪后期，教会在西欧和拜占庭已基本奠定了其在未来数百年中的角色基础。在西欧，教会的财产有了很大的增加，以至于意大利有三分之一的土地被认为是在教会的手里。平信徒之保护人对教会也是一种危险，这些贵族篡夺教产，将主教区和修道院置于自己家族的控制之下。尽管如此，教会也有几项值得一提的成就，包括确立了基督教的王权观念，建设了永久的教育和学术中心，逐渐规范了宗教用语。最重要的是，教会把自己塑造成了特色鲜明的精英组织，其制度和礼仪的用意是引导人们获得拯救。

在拜占庭，虽然战胜圣像破坏运动以及在巴尔干地区的传教使得教会的声誉得到了巨大的提升，但教会在政治、经济和文化生活中的影响仍然有限。拜占庭人一般都有虔敬的信仰，不过平信徒和教士之间的界限却不是那么清晰，君权神授的说法并未遭到质疑。个人与上帝的直接交流仍然被认为是得救的可能途径，恰如神秘主义传统所表述的。也就是说，个人获得拯救并不被认为是只有教会才有资格关注的问题。

西欧和拜占庭教会的观念差异在9世纪以后加剧了二者之间的紧张关系。导致两个教会分裂的直接原因包括：罗马要求得到普世教会的首席权；双方争夺对东欧新近皈依基督教地区的管辖权；对宗教礼仪有不同意见；西欧教会坚持要在信经中加上“及圣子”这一内容；以及个人之间的误解。双方的冲突有时候得以化解，通常是因为教宗需要得到拜占庭的政治支持。然而教义和纪律问题上的分歧一旦引起公开的争吵，对抗的氛围就会出现，并最终导致了1054年的分裂。

基督教是促成中世纪早期那些重要变化的原因之一。古典理想强调的是理性的自满和自信，而中世纪却改而强调个人在他无法掌控的超自然力量面前的无助。奥古斯丁在《忏悔录》里把他的朋友阿利比乌斯描写成古典理想的化身，谈及在观看了一场角斗士表演以后这位朋友如何屈从于卑劣的嗜血冲动，并以这种“倒退向邪恶的反向皈依”证实了谦卑和神恩的必要性。中世纪出现的上述变化反映了在罗马帝国后期已经开始的一种趋势，即比较科学理性的观念让位于日益为民众接受的对彼岸和非理想力量的向往。一位具备那种完全古典风格的历史学家，譬如普罗柯比，很难真的相信查士丁尼和狄奥多拉是魔鬼。虽然古典的宇宙观，譬如托勒密的学说，在中世纪继续为人所知，但是没有基督教的宇宙理论那么受人欢迎，后者在平直写实的同时还富含寓意。6世纪时，亚历山大里亚有一位名叫“印度的科斯马斯”的商人，他写过一部《基督徒的地理学》，把世界描画为摩西的帐幕，地球是其基础，而天国则被包围在其拱状的顶端。

中世纪早期的世界观把人看作神意的工具，认为人类可以被划分为含、闪、雅弗的子孙。“异教徒”的胜利，不论他们是穆斯林还是日耳曼蛮族，都被解释为上帝对基督徒罪过的处罚。历史被解释为上帝意图通过人的行动在世界上的展开。与基督之道成肉身以及最后审判的终极目标相比，人的行动被认为只具有次要的意义。

大约在250年，圣西普里安写道：“受审判的那一天就在眼前。”中世纪早期的人们仍然急切关注着即将来临的世界末日。《圣经》里面的预言让他们相信，基督的再临是即刻就要发生的事情，而6世纪和7世纪加深的危机又巩固了这样的看法。教宗格里高利一世认为伦巴德人的到来预示着世界的末日，而当哈里发欧麦尔在638年进入耶路撒冷的时候，当地的牧首宣布，先知但以理预言的可怕破坏已经来临了。这样的威胁来来去去，让人们始终意识到末世的存在。在10世纪，即使在拜占庭帝国处在其巅峰的时候，人们仍然普遍地认为世界的末日并不遥远，对尘世前景如此牢固的悲观看法无疑会延缓发展。重要的是，这种世界末日论还没有发展为千禧年的观念，即中世纪后期人们预言和期盼千年和平与繁荣的到来。在中世纪的社会关系等级结构中，人人都有自己应得的地位。这种社会关系被认为是上帝的安排，而对权威的服从则被看作《圣经》教导人们接受的义务。

教会的作者是中世纪舆论的主要塑造者，也是我们了解当时人们的价值观的唯一途径。他们蔑视物质世界，肯定修道院所代表的克己忘我。他们使用《圣经》和教父的文献来证明妇女是诱惑和内心冲突的来源，古罗马社会和日耳曼社会根深蒂固的妇女歧视传统因此得到了加强。9世纪历史学家阿涅卢斯谴责结婚教士的理由是妻子变得好争吵和专横霸道，“她们因为罪过变成耶洗别，因为背叛变成大利拉”。其实真正握有权力的只是少数贵族妇女、女王和修女院院长。古罗马社会对妇女个人权利和财产权利的认可要高于日耳曼人。后者认为，在法律上，妇女从出生到去世都从属于自己的家族。教会对家庭法的影响对妇女有更明显的益处。教会法禁止纳妾和离婚，并把婚姻抬升为一个更加严格规范的制度。

和所有传统社会一样，中世纪早期的西欧十分强调家庭成员之间的团结。在受日耳曼影响较深的地方，譬如伦巴德人控制的意大利地区，远亲关系也得到充分的重视，因为家庭成员在战争、司法纠纷（包括家族间争斗）和经济活动中有相互支持的实际需要。当中世纪社会变得更加稳定和复杂之后，封君封臣关系等新的社会关系逐渐出现，核心家庭的地位更加突出。在高度个人主义的拜占庭社会，小家庭历来是基本的生活单位。

虽然崇尚物质和享乐的行为与基督教价值观是完全矛盾的，但是这些情况的确出现在我们掌握的史料里面。尽管受到教会的约束，皇帝和国王，譬如拜占庭的利奥六世，还是会豢养情妇。修士，譬如历史学家“执事”保罗，也会得意地讲述自己平信徒祖先出众的武艺。许多基督教作者对淫乱故事和妓女表现出好色的兴趣。最引人注目的，是人们处处流露的对宝物和财富的迷恋。这在那个贫困和饥荒主宰着人们生活的年代，也是可以理解的。

学问、文学和艺术

在整个中世纪早期，无论是在拜占庭还是在西欧，学者和作家都把仿效古代文学精品和教育模式作为自己的目标。虽然单纯从古典传统之脆弱存在这个角度去看中世纪早期的文化史，可以帮助我们了解当时知识分子所优先关注的是什么，但这在一定程度上也有误导作用，因为这很容易忽略这一时期具有重要意义的原创性成就，尽管那还仅仅是有限度的成就。而且我们因此还容易忽略现在已经几乎完全丢失的、庞大的口述文化传统。

在这一时期的初期，文化生活具有惊人的包容性和活力。地中海大多数地区此时还保留有一定程度的安定和繁荣，元老院贵族还继续在追求理想化的闲暇生活，其内容包括创作和抄写传统的世俗文学作品。与此同时，帝国的基督教化意味着新文学种类的产生，譬如神学、圣徒传以及教会史，而其中具有最持久生命力的成果是礼拜中使用的情感丰沛的对话，无论是在拜占庭还是在西欧，宗教礼仪中的对话此时逐渐开始具备中世纪丰富多样的形式。在4世纪，教会对待古典文化应该采取什么样的政策曾经是人们激烈争论的问题，不过随着时间的推移，奥古斯丁提出的比较温和的观点占了上风。他的看法是，异教徒文化如果受制于《圣经》权威，并为基督教信仰服务，那么就可以得到容忍。在东部，该争论没有那么大的重要性，因为这里在此前已经经历了更加彻底的基督教化。查士丁尼在529年关闭了雅典的柏拉图学院。他的意图不是为了清除某种威胁，而是以此推进他建立更纯洁的基督教社会的理想，把已经是少数的异教徒学者排除出去。新柏拉图主义是罗马帝国后期哲学的主流，早已被吸收到基督教思想里，譬如6世纪出现的那些以伪狄奥尼西为作者的著作就认为，宇宙是一个等级结构，源自上帝。这些著作在东西部都有很广泛的影响。在教育方面，古代常见的课程安排由拉丁文学家马尔提亚努斯·卡佩拉在他的一篇作品中进行了系统的介绍，并借助该文传播到中世纪西欧，即卡西奥多鲁斯提倡的“七艺”。

西欧文化在5世纪经历了一些挫折，也有一些进展。通过西多尼乌斯·阿波利纳里斯的书信和诗歌，人们可以看到他对身边缺乏欢乐的世界采取鸵鸟式的拒绝态度，将自己深埋在本阶级传统的乐趣和优雅之中，也就是专注于刻意雕琢的文学风格。西多尼乌斯在去世的时候（489年）已经成为一名主教，而直到6世纪，在高卢地区从事文学和教育活动的人也仅仅局限于几位贵族出身的主教和少数修道院里的修士。意大利社会在比较长的时间里避免了军事化，但是其文化活动仍然变得日益狭隘和缺乏原创性。波伊提乌斯的重要哲学和科学作品不是那个时代的典型代表，更具有代表性的是神父阿拉托尔改编的韵律化的《使徒行传》，以及作为官吏的卡西奥多鲁斯所写的风格华丽、内容空泛的书信。意大利的高雅文学在哥特战争以后就几乎完全消失了，由此可见其脆弱单薄。

在拜占庭，古典文化传承的断裂要来得更晚一些。我们可以看到，在6世纪的中期和后期仍然有按照古典传统写作的历史和其他著作，大批帝国的官僚仍然凭借所受的教育获得职位。文学创作还扩展到平民中间，出现了更加通俗的历史和宗教作品，譬如更多谈论地震和其他吉凶征兆的马拉拉斯的编年史，以及那首必须站立咏唱的奉献给童贞圣母的赞美诗。但6世纪后期和7世纪的外敌入侵也导致了文学作品种类大大减少、质量明显下降。在意大利，世俗教育和赞助文学活动的制度崩溃了，除了教宗格里高利一世的各类著述，我们几乎见不到别的作品流传下来。格里高利曾经担任过城市的行政长官，完全有能力使用古典修辞学家的风格写作，但是他的神学著作和《圣经》评注与他所处的时代更加匹配，促成了奥古斯丁宗教思想的通俗化。他的《对话录》记录了圣徒的言行事迹，将意大利的圣徒和殉道者描绘成简朴的上帝信徒，直接以乡土气十足的语言来吸引未受过良好教育的听众。本笃倡导的修道制度对欧洲北方文化活动的持续和振兴贡献巨大，不过令人奇怪的是，对8世纪以前的意大利却影响甚微。意大利–希腊修士在罗马和南意大利推广希腊语知识的贡献也同样重要。总的来说，这个时期的文化生活似乎是在平凡的、不幸为人们所忽略的人群中间维持着。一些学校应该还继续存在着，否则很难理解平信徒在实际事务中表现出来的读写能力，以及一定数量的公证员和其他法律人士的存在。主教座堂的教士会议有十分重要的作用，它致力于维护本城市和本教区的传统。大多数流传下来的著作是由这些教士写作的，他们中间出现了一些杰出的学者。9世纪的意大利看起来在逐渐地复兴，北部的米兰和维罗纳等主教城市成了活跃的文化中心，而在南部则出现了欣欣向荣的求知氛围。

基督教西欧文化地图上最明亮的板块是西班牙，其教会得益于大量涌入的非洲修士和学者，以及国王在皈依基督教信仰后与之密切合作。主教在教会会议的立法活动中发挥了更大的作用，成为国家意识形态的守护者。这些主教中最活跃、著述最多的是塞维利亚的伊西多尔。在他众多的历史、神学以及其他作品中，最重要的是他编写的百科全书《语源》（*Etymologies*，二十卷）。该著作对古典学问做了简要的概括，在中世纪广受欢迎。伊西多尔和其他学者的成就创造了一个活跃、有特色的文化传统，它在阿拉伯人数百年的统治后仍然存活着，并且对整个欧洲都有着深远的影响。

最具活力的文化生活出现在黎凡特和西班牙那些被阿拉伯人征服的

地区。那里保持着高水准的希腊科学、哲学和医学研究，古叙利亚语文献在其中扮演着尤其重要的角色。伊斯兰教文明的丰富多样和国际化色彩来源于其接纳的希腊文化和波斯文化传统，也归功于穆斯林社会的繁荣和秩序。在巴格达的阿拔斯王朝宫廷，艺术和文学的成就辉煌耀眼。伊斯兰教文化也有自己原创性的因素，譬如大量阿拉伯语诗歌。作为《古兰经》的语言，阿拉伯语拥有令人尊敬的地位。

处境困难的拜占庭帝国在文化发展上也道路坎坷。与西欧相比，这里的世俗教育还有相当的规模，仍然是人们获取官僚职位必需的关键步骤。古典希腊文的作品继续在这里被人们学习和抄写。另一方面的情况是，在7世纪和8世纪，能够读写的民众有明显的减少，文学作品的产量也下降很多，特别是古人青睐的许多世俗文学品种。尽管更加便宜的书写材料逐渐得到推广，即纸在逐渐代替牛羊皮，而且书写的字体也变得细小精致，但书籍仍然是珍贵稀少的东西，只有最富裕的读者才买得起。一部四百页手抄本的价格大致相当于一位高级官员半年的薪俸。拜占庭文化生活的发展受到了两个特殊因素的影响。一是行省文化生活的崩溃，君士坦丁堡不仅是帝国的文化中心，而且吸引了各地有抱负的知识分子。另一个因素是教会积极地参与教育活动，譬如君士坦丁堡斯图迪昂修道院在教育上的作用，不过此时兴办牧首学院的计划已经被放弃了。世俗文化和教会文化的交融促成了新文化的产生，在9世纪以两位杰出学者为代表，他们见证了这一时期文化和研究活动的恢复。其一是哲学家利奥，他在哲学和数学领域有许多著作，并设计和建造了一套光学的信号系统把首都与帝国东部边境地区联系起来；他在担任君士坦丁堡哲学学院的院长之前，是塞萨洛尼基的大主教。另一位代表人物是伟大的古典学者佛提乌，他在成为君士坦丁堡牧首之前，是帝国的文官。

无论是在使用拉丁文的西部还是在使用希腊文的东部，文化的衍变都经历了一个相似的过程，学术的受众在两地都有急剧的减少，两地的文学创作在6世纪晚期和8世纪早期之间都遭受了一场危机。不过基本的学校教育延续下来了，重要的文献也得到了保护。与欧洲北部的修道院相比较的话，其世俗文化内容仍然是相当卓著的。

与文学一样，艺术也试图坚持古典的模式，但是实际情况是，艺术品的质量在衰败，数量在减少。尽管如此，艺术品外表的质朴往往掩盖了其复杂的象征意义，而且与自然主义的脱离甚至在今天也让我们感到了亲切的吸引力。创作意图和艺术风格的变化在罗马帝国后期就已经发生了。由于经济困难，旧建筑上的柱头和其他材料被拆下来用于其他建筑之上。国家大笔的工程开支意味着私人赞助不再那么重要，而国家支持的纪念碑式建筑艺术则试图向臣民展示统治者的伟大。基督教的传播推动了宗教礼仪所需要的精美服饰和器具的制作，也促进了辉煌的教堂建设。在等级日益严密的社会氛围里，古典时代体现人物个性的现实主义风格逐渐让位于呆板饱满的面部形象，艺术家开始理想化地强调所刻画人物的尊贵和地位，譬如元老院成员委托制作的双连雕刻画，以象牙为材料，在上流社会用作拜访时用的名片。其他形式的艺术在同一时期也获得了广泛的认可：壁画、镶嵌画、圣像都日渐普遍，成为向各阶层信徒传递基督教教义的手段。到500年前后，圣像的品种已经齐全，形成专门的圣像系列。

在西方新的、富有的日耳曼统治者那里，艺术也达到了新的高度。通过对墓葬和隐藏财宝的洞穴的发掘，我们发现了奢华的珠宝、武器和体现军事贵族生活方式的装饰品。在蛮族的北方流行的是抽象的几何图案，而欧洲南部则更多带有古典风格的人物和动物形象，许多奢华器物都是罗马工匠制造的。

相对繁荣和安定的东部在5世纪和6世纪出现了十分丰富的艺术风格，它将平民化了的古典传统艺术与流行的地方性格调相融合，表现为更加浓重的装饰性。最具有鲜明的原创特色的作品来自查士丁尼时代的都市艺术，譬如圣波利克多教堂的柱头，圣索菲亚、圣塞尔吉乌斯、圣巴克斯教堂的圆顶建筑。与此同时，高水准的自然主义传统也延续着，譬如君士坦丁堡皇宫中覆盖地面的镶嵌画，以及在古典风格场景中描画大卫形象的餐具等。

6世纪的经济和政治动乱使得西部的艺术创作陷入了危机。在拉韦纳这样的重要中心，建造豪华大教堂的活动在查士丁尼的统治结束后就停止了，此时珠宝和雕塑的制作也变得土气和简陋不堪，教堂则大多盖得又小又简单。即便在罗马也是如此，尽管来自东部的艺术原创性影响十分强烈，而且教宗也努力赞助宗教建筑以维护这一朝圣和教会管理的中心。这个时期建造的绝大多数教堂是由世俗建筑物改造而成的，譬如圣安德里亚诺教堂（原来的元老院）、圣马利亚古教堂（原来的卫队兵营）、圣马利亚圆顶教堂（原来的万神殿）。

动乱在东部出现得要更晚，不过程度也更加严重，由外敌入侵所造成的伤害又因为毁坏基督和圣徒圣像的运动而加剧。圣像破坏运动的迫害之风在君士坦丁堡和安纳托利亚远比在帝国的西部省份要厉害。不过即便在首都，一些关于世俗人物且格调轻快的画像还是被保留了下来。843年，圣像破坏运动最终被挫败，此时大规模的宗教艺术活动才得以恢复。在9世纪的后半期，重新装饰圣索菲亚教堂等宗教建筑成为一场盛大的活动，紧接着又出现了手抄书籍出版和仿古典象牙雕塑制作的振兴。随着这场马其顿王朝的“文艺复兴”的到来，拜占庭艺术终于发展出自己的体系，包括特定的装饰图案、设计程式、圣像学说。这一特定艺术传统的渊源可以追溯到后期罗马帝国，但是在本质上构成了后来日益僵化的拜占庭艺术的基石。

在地中海西部地区此时也出现了艺术生活复苏的迹象。来自东部地区的影响在罗马及周边地区起到了刺激这一复苏的作用，譬如希腊工匠的贡献就可以在教宗约翰七世（705—707年在位）委托制作的艺术品上看到。这方面另一个突出例子是在米兰以北的塞普里奥堡，那里的“城外”圣马利亚教堂的壁画具有鲜明的拜占庭艺术风格。虽然其制作时间很难确定，不过很多学者认为，其中一些圣像的场景透露出它们可能是拜占庭艺术家绘制的，在伦巴德王国皈依基督教之后，他们被派遣到了那里。

对艺术的主要影响还有本土的因素，即来自本地持久的传统。明显的例子就是人们在意大利北部和高卢南部继续制作古典风格的雕花石棺，以及常见的罗马建筑技术继续为人们所用。伦巴德王国的艺术风格与拜占庭地区有着密切的联系，国王利乌特普兰德以及其后诸国王统治时期成规模的建筑工程体现了这一点。这一时期的经典之作包括布雷西亚宏伟的神圣救世主教堂，而在奇维达莱的山谷圣马利亚教堂墙上，人们能够看到精美的粉饰画。在卡西诺山和诺南托拉的修道院会，因其重要地位能够给予艺术品制作更多的赞助，尤其是带有装饰的手稿文本。罗马传统在延续，而且富有的修道院和愿意赞助艺术的主教数量是有限的，这就使得“加洛林文艺复兴”所造成的创作冲动只在意大利有显著影响。不过在加洛林王朝统治下的边远地区，譬如在蒂罗尔的一些教堂，包括纳图恩斯的圣普罗克洛斯教堂，也有漂亮的壁画。在罗马，加洛林王朝的经济和政治支持促成了教宗在9世纪初大规模地赞助艺术和建筑项目，而圣普拉塞德大教堂里的圣芝诺小圣堂是这些赞助活动的最完美体现。在初期罗马式建筑的最早范例里，意大利艺术振兴的本地因素十分明显，但是拜占庭的影响仍然强烈。纪念圣马可的第一座教堂是830年左右在威尼斯建造的，以君士坦丁堡的圣使徒教堂为样本。

在地中海地区西部的其他地区，艺术活动经历了更大的起伏和波动。西班牙在经过西哥特人的统治后没有留下什么像样的艺术，只有一些个人的珠宝以及像国王雷塞斯温德华丽的许愿王冠那样的作品，后者是1859年在托莱多附近瓜拉萨尔一个埋藏财宝的地方发现的。罗马传统的顽强留存还可以在莱昂王国被发现，如9世纪建造的一些早期罗马式精致教堂，有奥维耶多附近的洛斯普拉杜斯的圣胡利安教堂，以及纳兰科的圣马利亚教堂等。此外在西班牙北部还有一些“莫萨拉布”风格的教堂，其中的一些东方元素是那些逃离伊斯兰教迫害的难民带来的。

基督教西班牙艺术的前景在此时已显端倪，但是与南边倭马亚王朝统治地区产出的精彩艺术品和手工业品相比，依然显得粗糙和土气。科尔多瓦的大清真寺代表着那个地区最伟大的艺术成就，是在785年开始建造的，能够容纳5500个信徒。在中世纪早期的地中海区域，最奢华的艺术出现在繁荣的伊斯兰世界。具有讽刺意味的是，恰恰是在阿拉伯人最早征服的那些地区，古典晚期的传统得到了最完整的保留，恰如大马士革的大清真寺所展现的那样。不过由于《古兰经》对偶像崇拜的禁止，那里的艺术很快就转向与自然主义风格完全不同的方向。

新时代来临前的地中海地区

在某些方面，地中海地区在900年的时候的确降到了罗马帝国后期以来的最低点。海洋在此时不再是巨大的中央集权帝国的联系通道，而是成为分离拜占庭帝国、伊斯兰教地区和西欧地区的屏障，这三个区域相互的关系基本上是不友善的。在西欧，政治、经济和文化的中心向北方移动，那里出现了新开发的疆域和市场，而南方的生态和气候都有恶化。

就地中海地区总体的情势而言，我们也可以观察到积极有利的一面。到900年，新的政治地理已然在这里形成了，而且一直持续到1453年，即分裂倾向一直在增强的伊斯兰世界，和被称为“新罗马”的拜占庭，以及西欧的诸王国。伊斯兰世界此时已经失去了早年向外扩张的冲动，分裂成一些较小的国家，其中许多有着昌盛的经济和文化生活；马其顿王朝统治下的拜占庭帝国恢复了稳定，为经济繁荣创造了条件，并在巴尔干和东方开始重新征服失去的疆域。拜占庭的艺术和文化振兴也反映出帝国重新强调罗马和希腊传统的自信。帝国此刻正要进入其最强盛的时期，不过将在日后瓦解其中央集权结构的力量也在形成，这一力量最终导致了大土地所有者的“封建”割据。

西方这时还没有发展起来，但是已经有一些富有生命力的迹象，并且在后来把濒临地中海的南部重新建设成了欧洲最有活力的地区，使之成为与东方和南方富有成果的接触和交往中心。基督教帝国的理想由加洛林王朝确立，并持久地对人们的心态产生影响；这一理想的基础是受到教宗越来越有力控制的、日益具有西方特色的基督教信仰和教会。西欧南部各地的经济都有所恢复，人口也有所增长，并因为与北方建立了更密切的联系而获益。南部过去曾经遭受过蛮族入侵的打击，不过在这个时期却躲开了蛮族的攻击，并且在商业上扮演重要的角色，成为贸易活动的中转站。南部的朝圣地，如罗马和孔波斯特拉，吸引了大量朝圣者。

当法国南部还停留在动乱和落后状态中的时候，基督教西班牙却已经开始形成有利于发展和社会流动的条件，其动因是大量涌入的难民和冒险者，以及借助袭击穆斯林地区获得的大量金钱和战利品。不过真正显示出巨大发展潜力的地区是意大利：其人口逐渐复苏，同时还对地产进行了效益良好的分割和管理。此外，教会财产被出租给善于经营的人，教会和城市市民积累的资本则被投资于土地。随着土地市场的发展和货币地租越来越普及，需求和货币流通的增加又刺激了商业和城市的进一步发展。米兰此时在其城墙之内已经完全都市化了。在一系列事件，譬如924年克雷莫纳市民反抗其主教的起义中，人们可以窥见城市市民的活力和集体意识。

中世纪早期地中海地区的历史在相当程度上是“地下”的历史。最引人注目的发展是政治解体和社会动荡这些负面的现象。相当一部分古典遗产被保留下来，譬如拜占庭沿用的罗马法和行政体制，伊斯兰世界继承的古代科学和医学，意大利长期坚守的城市生活传统。中世纪早期不仅是勉强生存和痛苦转型的时期，同时也有其创新的成就。地中海地区的三种宗教在各自的结构和信仰的氛围里取得了各自成熟的形式。在虚弱的中央权威造成的分权状态中，地方的贸易和政治、文化活动得到了发展，尤其是在意大利和伊斯兰世界。古代社会的强化结构被打破了，新的制度获得了持续的生命，社会群体获得了更好的适应能力，新的共同体富有活力。这些因素汇聚成的力量有助于人们更好地面对好时机所带来的新挑战。

| 第二章 |

黑暗时代的北方世界，400—900年

爱德华·詹姆斯

对古罗马人来说，至少对今天我们所能看到的大部分文字史料所记载的古罗马统治者和贵族精英分子来说，欧洲北方处在文明的边缘，甚至处在文明之外，几乎是可以被忽略的。罗马帝国的这些部分，即不列颠的中部和南部、高卢的北部，与地中海西部地区的省份相比，只是被微弱地罗马化了。值得注意的是，这些地方留存下来的最古老的拉丁文献属于罗马帝国的末期，而且它们的作者可能是在基督教学校里学习的拉丁文，而不是在世俗的学校。罗马当局一般不会注意到不列颠和高卢北部，除非是在这些地区出现篡位者的时候，或者是在这些地区受到边境外更加野蛮的部族攻击的时候，譬如法兰克人、阿拉曼人、萨克森人、皮克特人以及食人肉的阿特科提人。北部行省实际上不过是用来保护帝国免遭境外蛮族攻击的缓冲地带。

在本章所涉及的五百年里，北部地区在欧洲历史上的角色发生了巨大的变化。到8世纪和9世纪的时候，这里变成了欧洲的政治中心，也可以说是欧洲的精神和思想中心。英吉利海峡和北海的港口使得相邻地区具备了

罗马帝国时期从来没有过的活力。查理曼这位法兰克人成了第一位北方的皇帝，他在800年的加冕礼经常被正确地看作重心由南方转移到北方的象征，而这一重心转移是中世纪早期最重要的发展。另一个发展，对历史学家来说更具重要性，即欧洲北部在这一时期也拥有了自己的发言人。我们对罗马帝国时期北部情况的了解只能通过罗马和希腊的作家，而此时由于基督教的传播，北部开始有人以拉丁文以及日耳曼人和凯尔特人的语言写作了。除了斯堪的纳维亚半岛和易北河以东的地区，欧洲北方的历史开始首次被清楚地记载下来。

部族的迁徙

罗马帝国西部的崩溃伴随着部族的迁徙。究竟是这些迁徙导致了罗马帝国的终结，还是说这些部族利用了帝国的衰落，以及应该如何来描述这些迁徙，仍然是历史学家争论的问题。这些部族的移动究竟应该被称作“迁徙”还是应该被视作“入侵”？在欧洲北部，这些人群的移动被看作“迁徙”是比较合适的。那些说日耳曼语言或凯尔特语言的部族进入的绝大多数地方是罗马军队业已撤离的区域，有时候他们这样做还得到了罗马人的鼓励。与日耳曼人对欧洲南部的入侵相比，这些迁徙的规模和文化影响要大得多。罗马帝国西北部有大片地区接受了日耳曼语言和文化，这种情况在英格兰尤其明显，同样的情况也发生在莱茵河以西和多瑙河以南的地带，包括现代比利时、德国、瑞士和奥地利所在的那些地方。现代欧洲地图上最引人注目的一些地名是与5世纪和6世纪时到来的那些部族有关的，譬如英格兰〔以及那里的萨塞克斯（南撒克逊人居留地）和埃塞克斯（东撒克逊人居留地）等一些郡的名称〕、苏格兰、法兰西、不列颠、阿尔萨斯、巴伐利亚等。当然，这些部族迁入罗马帝国境内，也造成了他们原住地的政治真空，这就为居住在更加偏东地区的居民的迁徙和入侵创造了条件，譬如那些原先住在今德国所在地、斯堪的纳维亚半岛以及斯拉夫人原住地的部族。欧洲北部不同语言和族裔居民的分布要到10世纪才稳定下来，才开始形成其现代状态的雏形。

对文字记载稀缺的时代，历史学家很难把握迁徙这样的活动。当时史料所提及的一般只是首领，而不会就民众的情况留下可靠的信息，而且通信的困难和谣言的盛行也会使得关于首领的记载失去准确性。我们能够确认的仅仅是一些人名，譬如阿瑟王。这些人可能是非常关键的政治人物，在很广大的区域内有影响，也可能是昙花一现的领袖，仅仅在狭小的地方有重要性。借助观察出自这个时期的数以千计的墓葬，考古学家一直在试图勾勒出普通民众迁徙的情况。不过他们做的这项工作本身就具有不确定性。迁徙者和本地居民的遗骨混杂在一起，难以分辨。而与死者埋葬在一起的珠宝和其他物件有时被说成是“萨克森人”风格的或者“法兰克人”风格的，但是它们实际上不单可以标志死者的族裔，也可能是当时一种流行的时尚样式，或者可以说明当时某种器物流通的程度。不过考古学的研究证明了迁徙确实发生过。譬如说，那些由德意志北方地区迁移到英格兰东部的人用来放他们死者骨灰的罐子，在制作和装饰上和他们之前在原住地使用的骨灰罐是完全一样的。考古学也可以帮助我们了解迁徙发生的原因。德意志北部沿海的土地在5世纪和6世纪的下沉引发了频繁和持续的洪涝问题，那里的一些居民因此把他们的居住地建造在高地上，而另一些居民对洪涝灾害的回应显然是渡海前往不列颠。

在公元400年的莱茵河上航行的船只有一些最近在美因茨出土了。莱茵河在当时是隔离罗马人和蛮族的主要分界线。有些法兰克人的确曾经被允许居住在莱茵河口西边的土地上。在战争中被罗马人俘获的其他日耳曼人，包括法兰克人，也有被安置在高卢北部的。他们被分散成小群体，并成为罗马军队招募兵员的对象。法兰克人在这方面尤其典型，他们既是罗马人的盟友，又是他们的敌人。在4世纪后期，有一些法兰克人变成了罗马军队的将领，甚至担任了执政官。高卢的防御体系是在3世纪建立的，日耳曼人此前曾经发动一系列重大攻势。该防御体系在5世纪时仍然有效。罗马人在特里尔控制着高卢，因此高卢的大部分地区在当时仍然是安全的。罗马的军团和海军甚至在不列颠成功地反击了苏格兰人（罗马人叫他们爱尔兰人）、不列颠人、皮克特人从哈德良长城以北发起的多次进攻，也反击了由海路前来的日耳曼人。在每次的蛮族进攻之后，罗马人都进一步加固了他们的堡垒；在399年，统率西方罗马军队的日耳曼将领斯提利科便亲自到不列颠来督察军事行动。

但几年之后形势就发生了剧变。在406—407年的冬季，日耳曼各部族，尤其是汪达尔人、勃艮第人和苏维汇人，越过莱茵河进入高卢，有可能是为了逃避来自亚洲的游牧部族匈人。此时匈人正将他们的控制范围扩展到多瑙河以北的广阔区域。于是有一位叫君士坦丁的将领（与一个世纪以前的君士坦丁大帝同名）带领他在不列颠的大部分军队渡过海峡到高卢，以应对那里的蛮族。当撒克逊人在408年进攻不列颠的时候，那里几乎没有罗马士兵的防卫。皇帝霍诺留不得不授予不列颠人民拿起武器自卫的权利。他无疑认为，就像以前曾经发生过的那样，一旦危机过去，政府可以重新恢复其权威。可是这次的危机和以往的危机有所不同，欧洲大陆不间断的政治麻烦使得帝国不再可能重新关注不列颠。历史学家对此后差不多两个世纪的时间里英吉利海峡的北面发生的事情几乎一无所知。仅有的一些史料都十分模糊，很难解读，充满了因为暧昧而让人头痛不已的暗示。考古材料要相对丰富一些，但是以之来说明历史事件的脉络不仅困难，而且需要特别谨慎。不过有些事实以及许多推想还是浮现出来了。罗马控制下的不列颠，在410年前后，受到来自三个方向的入侵，即来自北方的皮克特人，来自西方的爱尔兰人，以及来自东南方向的各日耳曼部族。皮克特人的进攻在5世纪似乎停止了，他们好像并没有在哈德良长城以南建立居民点；爱尔兰人在威尔士西部有定居点，他们在苏格兰西南部建立的达尔里亚达王国保持其政治影响力达数百年之久；在日耳曼部族中，盎格鲁人和撒克逊人来自德意志西北部，朱特人来自丹麦，弗里西亚人来自尼德兰。他们先是在政治上控制了不列颠的东南部，然后其政治、文化和语言上的影响逐渐向西扩展。到10世纪的时候，他们占领了现代英格兰所在的整个地区。

古罗马作者把由德意志北部移居不列颠的日耳曼人都称作撒克逊人。这些部族在不列颠扮演的角色与四个世纪后的维京人相似。他们袭击高卢和不列颠沿岸地区，在加龙河与卢瓦尔河的河口、巴约的附近以及不列颠建立居民点。起初这些居民点也许不过是海盗的据点。按照不列颠的传说，亨吉斯特和霍萨这两位最早的撒克逊人是被一个不列颠的首领请来做雇佣兵的，而他们后来却叛乱了，在不列颠东部建立了自己的王国。这个故事与欧洲大陆一些日耳曼部族的历史相同，不过是一个简化的版本。日耳曼人在不列颠和大陆有着大致相似的经历。不过海洋的屏障的确会使得前往不列颠的迁徙不同于其他迁徙活动，它们不可能是有组织成规模的，而不得不是零散的，在几代人的时间里逐渐发生。在欧洲大陆，政治权力和机构经常由罗马人平稳地转移到日耳曼人手里，不列颠的大多地区并没有这种情况。在诺森伯兰，对伊夫林的伯尼西亚王宫的考古发掘透露出，盎格鲁人占领并沿用了不列颠原有的政治中心。伯尼西亚（诺森伯兰和达勒姆）和代拉（约克）均为凯尔特语地名，盎格鲁国王在那里所统治的民众应该主要是不列颠人，那里应该有一些不列颠和罗马传统被保留下来。再往南边一点的地方是盎格鲁–撒克逊人定居的主要地区，罗马人的生活方式在那里不可能有太多的遗留。城市如果没有在3世纪或4世纪就已经消失，那么在这时也会消失。罗马帝国新的宗教基督教的命运也和这些城市一样。

不列颠罗马居民的后代有不同的命运。许多人被新来的蛮族奴役，或者至少接受了他们的统治。另一些人生活在西部独立的王国里，盎格鲁–撒克逊人把他们称作“威尔士人”，意思是“外国人”。还有一些不列颠人参加了他们自己的迁徙活动，来到了后来被称为布列塔尼的地方。我们现在已经无法知道，他们是作为难民到了那里，还是被罗马当局请去那里维持秩序，抑或是受到反抗罗马的叛乱者的邀请——后者在5世纪至少发动过两次反罗马的叛乱。布列塔尼在中世纪被称为“小不列颠”，以便与大不列颠相区别；几乎在整个中世纪，这个地区的存在保证了这里说凯尔特语的居民能够顽强坚持自己的独立性。即便这里在名义上受到法兰克人统治的时候，不列颠人也有自己的领袖。法兰克人称他们为“伯爵”，而不列颠人则无疑认为他们就是自己的国王。

在5世纪最初的二十年，欧洲大陆和不列颠的局势十分混乱。在406—407年间的“大入侵”之后，莱茵河防线崩溃了，高卢各行省的首府搬迁到了安全的阿尔勒。在篡位者君士坦丁和他的不列颠军队的协助下，被击退的汪达尔人和苏维汇人转向到了西班牙。但是勃艮第人则留了下来，在莱茵河中游建立了一个王国，而莱茵河的下游地区似乎在很大程度上被放弃给了由不同部族构成的法兰克人。此时的政治动乱看来已经迫使许多罗马贵族离开高卢北部，转移到更加安全的南部地区。罗马军队已经无法防卫北部地区。的确，到了5世纪30年代或者40年代，高卢的罗马军队是由罗马士兵、日耳曼雇佣兵和日耳曼盟友混杂组成的。罗马将军埃提乌斯在那些岁月里是高卢军事事务中举足轻重的人物，他主要依靠的是匈人组成的部队。他使用这些匈人士兵摧毁了莱茵河流域的勃艮第王国，并与他们订立条约，允许他们移居到里昂和日内瓦之间的地方（勃艮第），但是要求他们支持罗马帝国。451年，为了击败阿提拉率领的匈人大军，埃提乌斯组建了“罗马”联军，其中的主力是西哥特人、勃艮第人和法兰克人。瓦伦提尼安三世在454年暗杀了埃提乌斯，而后者的忠实追随者接着在455年又暗杀了瓦伦提尼安。此后在高卢北部，罗马帝国不再有地位确定的领袖人物。

法兰克人之一部拥戴希尔德里克为他们的国王，这个人物的出现使得北高卢的形势有了新的趋势。我们对他的了解很不完整，不过他显然与罗马人或者罗马人中的一部分协同抗击西哥特人以及卢瓦尔河流域的萨克森人。他不是基督徒，却与高卢的基督教会有合作关系，并为他的后代在后来三百年中所统治的王国奠定了基础。帝国西部普遍认可的皇帝在455年被杀，最后一位驻扎西部的皇帝在476年被废，高卢北部的局势因此陷入混乱。对这里的许多人来说，希尔德里克此时肯定显得像是一位理所当然的统治者。他在481或482年去世，被安葬在图尔奈。他的坟墓展示了其权力的一些特征：里面有数百枚在君士坦丁堡铸造的金币，可能是作为津贴赠送给他的；还有一枚罗马将军惯常佩戴的胸饰。

希尔德里克的继承人是他的儿子克洛维，通常被认为是他确立了法兰克人在高卢的统治。在克洛维去世大约七十年之后，图尔的主教格里高利写下了他统治的情况。虽然克洛维统治的一些细节为后人所诟病，但是其成就是显而易见的。通过武力征服和接受正统的基督教，克洛维收服了高卢北部的罗马人。他还收服了法兰克人各部，其手段之一是将所有与他竞争的王侯全部铲除。罗马人和法兰克人一定都叹服他领导的军队在抗击其他日耳曼部族时取得的胜利。克洛维征服了东边的图林根人，以及由现在的西南德国进入现在的阿尔萨斯和北部瑞士的阿拉曼人。507年，克洛维和他的部众向南越过卢瓦尔河，摧毁了阿拉里克二世统治的西哥特王国。当克洛维在511年去世的时候，法兰克王国由他的四个儿子联合统治。他们消灭了勃艮第王国，并以在军事上帮助东哥特人为交换条件，兼并了普罗旺斯。到了6世纪中叶，统治法兰克王国的希尔德里克和克洛维的后代，即墨洛温王朝，业已成为罗马帝国之后最强大的蛮族统治者。几乎整个高卢都在他们的统治之下。他们在意大利也有一个立足点，而且还迫使图林根人、阿拉曼人和巴伐利亚人向他们称臣。他们声称对英格兰的东南部拥有的宗主权也许不像大多数英国历史学家认为的那样虚幻。克洛维去世最晚的儿子克洛塔尔一世在561年的临终遗言因此是可以理解的："哇！竟然把我这样伟大的国王都杀死了，真不知道这个天上的国王是什么样子？"

法兰克人作为罗马权威的继承人在6世纪建立了新的政治稳定。不过在这个时候，部族的迁徙运动仍没有终结。匈人霸权在453年阿提拉死后瓦解了，一些部族移居到西欧，另一些部族则乘机向南或者向西迁徙。巴伐利亚人在6世纪早期到了多瑙河上游地区。在6世纪中叶，来自中亚的游牧民族阿瓦尔人说服伦巴德人转移到意大利，自己则移居到多瑙河中游地区（匈牙利），并在这里建立了一个强大的王国；西至图林根，东抵君士坦丁堡，都是他们的掠夺范围。直至8世纪后期，阿瓦尔人的王国才被查理曼击败。保加尔人在7世纪定居下来的地方在阿瓦尔人的东面。最后，目前考古学家才刚刚开始理出头绪的问题是斯拉夫人各部族的迁徙。他们是东北欧的原住民，约6世纪开始向南越过罗马帝国在多瑙河的防线，进入帝国的巴尔干地区，向西进入波希米亚和摩拉维亚，以及维斯杜拉河与易北河之间原来日耳曼人居住的地区，并威胁到图林根、萨克森和丹麦的日耳曼人。

基督教的传播

400年前后，绝大多数欧洲北部的居民信仰一个或多个非基督教的神灵。而到了900年，基督教却已经传播到西北欧洲的绝大部分地区，并开始向斯堪的纳维亚半岛和东欧延伸。在400年，以立法的手段打击非基督教信仰的活动才刚刚开始，图尔的圣马丁以及其他主教刚刚开始在乡村积极传教，修道院等基督教的制度还几乎不为人知。在900年的高卢、德意志、不列颠和爱尔兰，基督教受到国家的支持，在理论上每一个人都必须接受洗礼，教会的政治和经济地位十分重要，而修道院也成为欧洲最重要的精神和文化力量。欧洲基督教化的缓慢过程往往是从国王和贵族的皈依开始的，这无疑是这个历史时期最重要的特征之一。罗马文明的其他内容伴随着基督教传播到蛮族那里和帝国以外的地方，包括法律和国家的观念、文字的书写、拉丁文化和基督教的丰富知识及其文学。拉丁文以及后来的法文可能只是因为基督教的传播才成为高卢北部乡间居民的语言。我们在这里看到的悖论是，罗马化的进程要到罗马帝国崩溃之后才在西方达到了高峰。

欧洲南部的蛮族在他们定居下来的时候几乎已经都是基督徒了，不过他们信奉的是阿里乌派异端。法兰克人国王克洛维在政治上的成功与他带领自己的人民信奉正统基督教有一定关系，因为这样就使得法兰克人易于被他希望统治的高卢-罗马人接受。当时的高卢教会依旧主要由高卢-罗马人管理，而不受制于法兰克人。教会十分感谢克洛维的皈依，并支持他的统治。高卢的教会人士继续在高卢北部的农民中间进行传教工作，包括已经居住在那里的法兰克人，不过他们很少把目光投射到自己所在的主教区之外。罗马帝国的教会当局并没有针对欧洲北部非基督教蛮族的传教政策。很多人相信，罗马帝国是因为上帝的引导才信仰基督教的，而帝国之外的人没有信仰基督也是上帝的意愿。还有一些人要更加乐观一点，相信蛮族入侵本身也是上帝为传播基督教而安排的。因此，当主教们被派遣到帝国境外的时候，譬如当教宗塞莱斯廷在431年派遣帕拉第乌斯到爱尔兰去的时候，后者的任务不是去收服异教徒，而是以主教身份去领导那里的基督徒，尽管他们生活在帝国的境外。在帕拉第乌斯作为主教管理的爱尔兰基督徒中间，我们的确知道一位教徒的名字，一位在不列颠西海岸被盗匪俘获的罗马-不列颠少年，他的名字叫帕特里克。他是一位杰出的人才，是这些岛屿上第一个有作品流传下来的不列颠作家，是那里引用福音书来支持普世传教活动的第一人，也是那里信念坚定地把针对帝国境外异教徒的传教看作自己使命的第一人。

帕特里克是最早推动爱尔兰人皈依基督教的传教士之一。这场传教和皈依运动可以说具有开创性和一些前所未有的特点。基督教会在此之前一般集中在城镇，用希腊语和拉丁语来传播福音，而在爱尔兰则不同，因为传教士需要在一个部落社会里工作，那里没有城镇，也没有人懂希腊文或拉丁文。那么主教们驻扎在哪里呢？又在哪里培训神父呢？在这样一个亲缘关系强而有力、财产观念不同于罗马帝国习惯的社会中，教会如何去适应？所有在欧洲北部工作的传教士都面临着这些问题，但是许多解决方法是在爱尔兰出现的，其中有些还被爱尔兰人输出到不列颠和欧洲大陆。

这些解决办法在很大程度上与传教地区教会的修道院有关，体现了修道院在其中所扮演的新角色。罗马帝国的修道院是人们回避世俗生活的地方，教会由教区的神职人员来管理，他们在相当程度上是与修道院隔离开的。在爱尔兰以及其余北方蛮族居住的地方，修道院则是举足轻重的教会机构，它们是下列活动的基地：传教、使用拉丁语进行的基础教育、神职人员的培训。男女平信徒给了修道院越来越多的土地，因此它们也成了主要的经济和政治中心。主教经常驻扎在修道院内，其权威受到修道院院长的牵制，后者无论在宗教事务上还是在世俗事务上都更加重要。

基督教进入一个完全以乡村和部落作为组织结构的社会还引发了另外一些后果。那些把土地捐献给修道院的人们并不情愿，或许按照蛮族的土地法也不能够把捐献看作绝对的。在蛮族社会，家族对家长所控制的土地有某些权利。虽然不同部族各有各的习俗，但是遗产的分配是严格按照规矩进行的，死者的家庭财产必须按照这些规矩遗留给特定的亲属，譬如他的儿子、女儿、兄弟和叔伯。而根据罗马法，如果某人在遗嘱里把财产留给教会，他就同时合法地取消了其他所有法定继承人对这份财产的权利。教会的生存和发展有赖于信徒的财产捐赠，而且教会人士熟悉罗马的物权法，他们在国王的支持下努力改变蛮族的习俗。在法兰克王国，有些法兰克贵族在6世纪就已经忽略法兰克的法律，写下对教会有利的遗嘱。不过图尔的格里高利曾经抱怨说，国王希尔佩里克老是把这些遗嘱撕毁。国王似乎能够通过他的干预改变土地的法律性质，否则贵族们就可能规避法律，把国王作为服役回报交给他们的土地捐献出去，而把自己祖传的土地保留下来。记录修道院所得捐赠土地的文书总是警告说，修道院对这些土地拥有权利，侵犯其权利的人将受到可怕的惩罚。修道院最担心的恐怕就是土地捐赠人原来合法的继承人，他们有时也的确试图用暴力夺回这些被捐赠出去的土地。在爱尔兰，人们就此事达成了一种妥协，后来欧洲北部其他地方的人们也纷纷仿效，允许捐赠者的亲戚在修道院里有某些权利。这样一来，许多修道院就成了所谓“家庭修道院”，其院长来自捐赠土地建立修道院的那位贵族的亲戚，修道院的土地会以优惠的条件出租给他们，修道院会款待作为访客的他们，还会给他们其他的好处。浸润整个社会的家族文化也由此进入了修道院，引起了热心维护修道院纯洁性的人的担忧。他们认为修道制度本来是远离尘世一切关系和诱惑的一个途径。这些热衷于修道生活的人中间有一位叫科伦巴努斯的贵族，来自伦斯特。他得到的劝诫是做一个“小朝圣”，到阿尔斯特的班戈当一名修士，以此避开家乡的亲属，但是他的苦修热情并没有因此得到满足。为了做更彻底的赎罪善功，他决定做一次“大朝圣”。他于590年与12位同伴一起永久地离开了爱尔兰，踏上了永久朝圣的旅程。

科伦巴努斯的另一个称呼是“小科伦巴”，是中世纪早期为了获得灵魂拯救而离开爱尔兰的众多爱尔兰教会人士之一。他抵达高卢，在勃艮第建立了几所修道院，其中有著名的吕克瑟伊修道院。他坚持认为对国王的尊崇不应该超出他在爱尔兰所习惯的程度，因此和王室发生分歧。此后他离开了高卢，在意大利北部的博比奥又建立了一所修道院。当科伦巴努斯抵达高卢的时候，那里的教会已经地位牢固了，有着数以百计的修道院，在南部地区修道院尤其众多。而高卢-罗马的主教接受过良好的教育，位高权重，尽力维持着他们对这些修道院的控制。不过，科伦巴努斯的修道精神，他维护自己的修道院不受主教干预的决心，他建立于乡村的大修道院模式，都对法兰克贵族有吸引力。在科伦巴努斯去世以后半个世纪，许多接纳修士或者修女的修道院出现在高卢北部，其中有不少是以吕克瑟伊修道院为范本的。

在科伦巴努斯离开爱尔兰的二十五年前，阿尔斯特贵族家庭出生的科伦巴就已经踏上了旅程，不过他外出的地理方向是相反的。他和他的追随者们来到了马尔岛边上的小岛艾奥纳，在那里建立了最富影响力的爱尔兰修道院之一。盎格鲁-撒克逊历史学家比德告诉我们说，科伦巴甚至还说服皮克特人皈依了基督教。科伦巴的继承人、与比德同时代的艾奥纳修道院院长阿多南不认为这符合事实。科伦巴的确曾经向皮克特人的国王布里戴布道，但是显然没有成功，而且这也不是他北行的主要目的。他到布里戴宫廷的意图是说服国王保护希望定居在奥克尼群岛的爱尔兰修士的安全。在科伦巴还活着的时候，苏格兰出现了众多的修道院，其中许多是在他的支持下建立的，不过那里的绝大多数修士所关注的是他们个人的灵魂，而非帮助他人获得拯救。那些定居冰岛的爱尔兰修士无疑是这样的，否则他们绝不会到那个原本荒无人烟的地方去！但最终，这些修道院还是不可避免地成为向周围居民传教的途径。皮克特人的皈依始自科伦巴。在他去世后的一个世纪里，由于埃格的唐南或阿普尔克罗斯的梅勒鲁拜等人的努力，他的这项工作才得以完成。

艾奥纳修道院对英格兰教会史有着更加直接的影响。我们已知的盎格鲁-撒克逊人中间最早的两个基督徒是艾奥纳修道院的修士，当时科伦巴还活着。盎格鲁人奥斯瓦尔德在被流放期间待在艾奥纳，当他于635年成为诺森布里亚王国的国王时，就提出要艾奥纳修道院派教士来协助他推动将国家基督教化的工作。艾丹被选派到了那里，他建立了林迪斯法恩修道院，以此作为他担任主教的诺森布里亚教区的中心。在不到一个世纪之后，比德在距离林迪斯法恩不过几千米远的地方写了《英格兰教会史》，他把艾丹看作理想的主教，认为他不仅虔敬、谦卑，而且不断地巡游教区各地，向教徒布道，以自己神圣的生活给他不得不与之打交道的国王做出榜样。林迪斯法恩成了传教士的培训中心，并且到7世纪中叶，当诺森布里亚成为英格兰最强大的王国的时候，这些传教士还到那些臣服于诺森布里亚的小王国去传播福音。约克的威尔弗里德极力鼓吹以罗马传统取代爱尔兰传统，不过他也是在林迪斯法恩开始他的修道生活的，并受到那里的传教热情的感染。他把基督教传播到了萨塞克斯，也开始向现在低地国家所在地的弗里西亚人传教。

盎格鲁-撒克逊人的皈依开始于英格兰南部，而不是始于北部。教宗格里高利一世派遣修士奥古斯丁到不列颠重建教会。教宗显然认为罗马的不列颠行省并没有完全消亡。奥古斯丁的任务是分别在伦敦和约克建立大主教区，以便在各地合适的城市设立24个主教区。到奥古斯丁在597年抵达肯特的时候，尽管他发现当地的形势与格里高利预料的有很大差别，他还是尽力去完成自己的任务，说服国王埃塞尔伯特皈依了基督教。埃塞尔伯特的王后贝尔塔是信仰基督教的法兰克公主，所以国王本来就对基督教有相当的了解。奥古斯丁以肯特王国的坎特伯雷作为自己主教座堂的所在地。坎特伯雷四周有罗马城墙，因此可以算作一座城市，不过和其他不列颠的罗马城镇一样，此时不过是一堆废墟，也许里面居住有一些盎格鲁–撒克逊农民。约克的主教区建立于627年，格里高利派遣的最后一位传教士保利努斯说服诺森布里亚的国王埃德温接受了洗礼。这是教宗格里高利所发起的不列颠传教的最后的成就。不过由于埃德温的继承人叛教，保利努斯不得不逃往肯特。艾奥纳和林迪斯法恩在此后替代罗马和坎特伯雷成为推动英格兰人皈依的力量，并因此引发了一些麻烦，尤其是在宗教习俗的一些问题上。在7世纪中叶的时候，爱尔兰南部的教士已经不再按照过时的方式计算复活节的日子，但是北部的教士仍然保留着旧传统。爱尔兰教会还施行与罗马方式不同的、可能来自德鲁伊特人习俗的剪发礼。664年的惠特比会议要求爱尔兰教士纠正这些与罗马不一致的习俗，不过爱尔兰教会的影响并没有因此消失。英格兰教士到爱尔兰接受教育，从那里的修道院带回书籍。加上与罗马新建立的联系，英格兰教会可以获取爱尔兰教会和罗马教会的精华。诺森布里亚贵族本尼狄克·比斯考普曾经四次前往罗马，他在那里以及在高卢为自己在贾罗和芒克威尔茅斯建立的姊妹修道院搜觅图书。这两所修道院的图书馆可能是当时欧洲北部藏书最丰富的，所以毫不奇怪，到8世纪初那里培养出了“可敬者”比德这位欧洲北部最伟大的教师和学者。

到7世纪80年代，英格兰所有王国在名义上都皈依了，而且盎格鲁–撒克逊国王开始以法律的手段强制推行基督教。坎特伯雷的狄奥多尔来自叙利亚，此时已经年老。英格兰教会按照他制定的严格规则进行了重新组织，地位看起来已经稳固。英格兰富有理想的教士开始把他们的精力转向外部世界，考虑去关怀他们在欧洲大陆的日耳曼弟兄的灵魂拯救。威特伯特花费了两年的时间来向国王拉德伯德和弗里西亚人传教。威利布罗德继续他的工作，取得了更大的成功，并在法兰克统治者丕平二世和教宗的支持下成为第一位乌得勒支的主教。史威斯伯特到布鲁克特里人那里传教，而原来住在爱尔兰的赫瓦尔德两兄弟则去了萨克森，在那里被残忍地杀害了，成了殉教者。

最成功的盎格鲁-撒克逊传教士卜尼法斯来自韦塞克斯，他的主要活动地区是德意志中部，那里曾经是爱尔兰人基利安在7世纪殉教的地方。卜尼法斯到过罗马，从教宗那里获得进行传教工作的许可。在弗里西亚，他在威利布罗德手下工作。在德意志中部取得初始的成功以后，他在722年被任命为主教，十年之后又被任命为大主教。他建立了富尔达修道院，以此作为在德意志中部传教的基地。754年，他在向弗里西亚人传教时被杀害。卜尼法斯不仅是一个传教士，还是一位改革者和组织者。他将巴伐利亚和德意志中部的教会划分成不同的主教区，主持了一系列法兰克王国的教会改革会议，并且以美因茨大主教的身份领导了德意志教会的统一。在所有这些活动中，他都得到了法兰克统治者的支持，即查理·马特和他的儿子丕平三世。经过卜尼法斯改革和重新组织的教会尊重教宗的领导权威，他留下的这样一个教会成了加洛林王朝获得王位的重要基础。

德意志在8世纪早期的皈依与法兰克王国重新统治那里是密切相关的两个事件。盎格鲁-撒克逊传教士在那里工作的有利因素，除了他们的语言接近弗里西亚人和萨克森人之外，还包括他们能够在一定程度上与法兰克人的政策保持距离。不过法兰克人并不掩饰他们的意图，即把萨克森人的基督教化看作他们对之所进行的野蛮征服战争的一部分。772年，在法兰克人进行的第一次征服战争中，强迫萨克森人皈依的第一个举措就出现了：萨克森人传统宗教礼拜的圣树“伊尔明苏勒”（Irminsul）被砍倒了。洗礼逐渐被看作效忠法兰克人的证明。到785年，查理曼颁布法令说，任何被征服的萨克森人如果拒绝受洗，或者有亵渎基督教的行为，譬如在四旬期吃肉，将被处以死刑。教会的组织结构在萨克森被建立起来，基督教在法兰克军队的协助下被强加给那里的居民。约克的阿尔昆与查理曼关系密切，但是即便是他对这些政策的抗议都无济于事。而且，可能是另外一位盎格鲁–撒克逊人勒尔——美因茨大主教卜尼法斯的门徒，敦促查理曼那样做的。

萨克森人被强迫皈依这一恐怖事件是公元900年之前最后一次大规模的基督教征服。在欧洲北部和东部，传教活动也在逐渐开展。法兰克修士安斯卡尔被任命为汉堡大主教，负责监督北部的传教，并在丹麦，甚至在今天瑞典所在地区的比尔卡，建造了教堂。他主持的传教没有导致当地出现持久的基督教社会，主要是因为维京人接踵而来的频繁袭击。由巴伐利亚出发的传教士试图推进斯拉夫人的基督教化，同样成效不大，不过原因却是不同的：德意志传教士遭遇了希腊人西里尔和美多迪乌斯更加成功的传教活动的竞争，他们两人是在863年由君士坦丁堡派出的。摩拉维亚是第一个组织良好的斯拉夫人国家，两兄弟在那里活动，并取得了一定的成功，考古发掘在米库尔切采等设防中心里发现的教堂证明了这一点，但是摩拉维亚国家的崩溃以及马扎尔人的入侵最终导致了他们传教事业的失败。

我在上面所描写的情况是一个缓慢的进程，其结果是国王和贵族了解了基督教，并让他们的国家接受了这一宗教。这一进程构成了基督教化最显著的因素，但是并不一定是最重要的因素。真正且深入的基督教化，譬如培训教士，在乡村向民众布道，消除或者基督教化异教的风俗习惯，普及基督教教义，还要花费好几个世纪的时间。

蛮族的情况

对罗马人来说，所有居住在罗马帝国境外的人都是蛮族。这是一个法律和政治的概念，而不是一种族群的划分。历史学家现在用不同的方法来区分这些蛮族，要么以语言为标准，将他们分为日耳曼人、凯尔特人和斯拉夫人，要么以他们所属的政治权力来归类，认为有法兰克人、皮克特人、西撒克逊人等。需要记住的是，这些也不是族群的名称。在8世纪，盎格鲁-撒克逊国王许多臣民的祖先是说威尔士语的罗马帝国公民，而在这个时候这些“凯尔特人”（或者说罗马人）说的是古英语，并且他们认为自己是盎格鲁人或撒克逊人。在7世纪，许多或者大部分自称法兰克人的民众是高卢-罗马人的后裔，他们在5世纪或6世纪以后就受到法兰克人的统治。这样一来，我们发现有各种各样的蛮族王国。在有些王国里，是少数蛮族统治着大多数的罗马人，譬如在高卢；在另一些王国里，当时甚至连基督教以及其他的罗马观念都没有进入，譬如在挪威和俄罗斯。其实历史学家还可以用其他范畴来划分这些蛮族。一些蛮族卷入了4—6世纪的迁徙大军，而另一些则没有。一些民族在中世纪早期发展了书写的技能，并且留下了对其自身状况的记录；而还有一些蛮族仍然处于史前时期或者处在没有文字记录的阶段，例如皮克特人或者斯堪的纳维亚民族和斯拉夫民族，关于他们这一时期的状况，我们只能通过同时期外部人模糊不清的记录或者现代考古学家推测性的研究去了解。

直到最近，历史学家一直从种族的观点出发去考察问题，无论他们讨论的是日耳曼人、斯拉夫人、凯尔特人还是罗马人。这一倾向掩盖了欧洲北部各个蛮族王国之间很多的共同点。对斯拉夫社会这一时期内部的情况我们没有可靠的证据，但是稍晚时期的证据表明，在斯拉夫人的各部族内部也有一些共同的特征。其时，蛮族社会内部已经严格阶层化，包括生活在最底层的奴隶和半自由状态的人，以及生活在社会最上层的某些贵族和王室。贵族的出身通常会决定一个人能否成为这个阶层的成员，但是要想进入这一阶层就必须拥有足够的地产，这些地产通常都是为国王服务的回报。法典严格规定了人的法律地位；每一个人都有其“人身价格”，盎格鲁–撒克逊人和法兰克人称之为“偿命金”，威尔士人和爱尔兰人称之为“荣誉价格”。一个法兰克自由人的价格是200索里达（solidi），一个盎格鲁–撒克逊自由人的价格是200先令（shilling），一个爱尔兰自由人的价格是6塞特（set），而贵族的“人身价格”通常是这些价格的3倍或以上。在谋杀案件中，杀人者及其亲属应当支付给受害者亲属上述数量的补偿金。在爱尔兰、威尔士和英格兰，一个人在法庭上的誓言的价值很可能通过其“人身价格”来衡量。一个贵族或者国王提供的誓言很可能比一个普通人的誓言更受重视，如果罪行不是太严重的话，他们的誓言可以帮助他自己或者其他人洗清别人的指控。

家族在所有这些社会中都是非常重要的社会和法律组织。我们在前文已看到，家族拥有家族首领个人所持有的土地上的各种权利，除非国王赋予或者改变这些土地的法律地位。家族还承担一些法律义务，最重要的就是将任何加害家族成员的人绳之以法。在极端的情况下，家族成员可以杀死谋杀其亲属的人。有时候教会人士会对“血亲复仇”进行谴责，但他们实际上接受这种“血亲复仇”，因为没有这一习惯的威胁，那些犯罪者几乎很难被带到法庭接受审判。所有的法庭诉讼都是私人事务，被害的一方或者其亲属将案件提交给法庭并且提出指控。尽管国王、国王的代表或者地方权贵人士有时会出席法庭，但他们也仅仅充当仲裁者的角色。在各个民族中，有一些人被认为具有法律专家的地位：譬如法兰克人中的“裁判人”或者英格兰人中的“审判员”。在爱尔兰，法律人士形成了一个清晰可辨的博学阶层。其他蛮族王国关于法律的原始资料都是以国王的名义颁布的法典，但在爱尔兰，我们发现了审判员个人写作的法律著作，这些审判员自己在法律的执行体系中就扮演着重要的角色。不过我们绝不可因此推断这两者之间存在着巨大的差异，不是说爱尔兰审判员在他们自己的法律体系中享有至高的地位，而在其他欧洲蛮族王国中只有国王才拥有至高无上的权威。在绝大多数情况下，法律实践的实际状况并非如此简单纯粹。“君主的话语就是法律”，这一观念所体现的罗马皇帝的权威一直在为西方的国王提供灵感。罗马皇帝的例证使蛮族国王相信，将其民族的习惯法用文字记录下来，将法律以文字方式颁布，将赋予国王前所未有的法律地位。

每一蛮族部落中的首领就是国王：拉丁语将之表述为rex，爱尔兰语的rí与之有联系，而古英语则将国王表述为cyning（即“家族中的人”），尽管古英语中的王国表述为rice。在爱尔兰，国王分为几个等级：部落的国王（rí túaithe）、地位凌驾于其他部落国王之上的部落国王（ruiri）、地区的国王——即“众王之王”（rí ruirech）。一些野心极大的国王还会宣称自己是全爱尔兰的国王，或者塔拉之王（king of Tara, ard rí/rí Temra）。一些迹象表明，在日耳曼各王国中也存在着类似的国王等级体系，即便在由入侵所引发的政治动荡改变了传统体系之后，情况依旧如此。法兰克人中似乎存在数个部落国王，这种情况一直持续到墨洛温王朝出现，后者消灭了其他王室。而英格兰拉丁语文献中被称作subreguli、principes或者duces regii的神秘人物很可能就是部落国王。在英国甚至有ardrí的同义词bretwealda，也就是“不列颠的统治者”：与其他地方一样，这与其说代表一种现实，不如说代表一种野心。一些民族或许只在紧急情况下才会选举“国王之王”：“可敬者”比德记载大陆的萨克森人并没有国王，而是由部落领袖（satraps）进行治理，并且只有在战争威胁整个民族的时候才会选举一个战争领袖。在政治环境并不需要一个永久性的战争领袖的地方，例如在爱尔兰、萨克森或者斯堪的纳维亚，一般就不会出现一个拥有大片领土的强权国王。法兰克和盎格鲁-撒克逊的国王的首要身份是战争领袖，而在爱尔兰和大陆的萨克森人中，情况则并非如此。

这就是迁徙的蛮族与定居在固定地区的蛮族之间最重要的区别之一。迁徙的过程打乱了原有的部落组织，严峻的环境将战争领袖推到台前。

战争领袖将战士集中在他周围，并且将战争的战利品授予这些战士作为回报：黄金、贵重物品，以及最重要的土地。对一些尚未出现阶层分化的小部落而言，战争就是他们夏季的娱乐。这种战争很少导向领土扩张。随着生活的军事化，这些部落逐渐阶级分化，出现了一个强有力的国王，以及拥有土地的贵族阶层。社会的军事化甚至影响到了威尔士：这一地区曾经是罗马帝国的领土，它并没有屈服于蛮族的统治，而是被迫在其国王的领导下抵抗蛮族的入侵。威尔士史诗《戈多丁纪》（*Gododdin*）就描绘了一幅战斗和宴饮的贵族生活图景：年轻的战士寻找荣耀，如果他足够幸运的话，能够获得世俗的声望。比它更著名的古英格兰史诗《贝奥武夫》（*Beowulf*）所记述的社会与《戈多丁纪》中的描述并无太大差别。北方新的日耳曼王国的男子墓葬向我们展示了5世纪晚期以后战士在社会中的新地位：武器、长矛、单刃兵器（石板斧或者大刀），或者在贵族的墓葬中出现的刀柄镶金的长剑和镶有黄金珠宝护手的长剑，都成了这些人的陪葬品。现存的王室墓葬显示，王室家族通过炫耀般地展示其不菲的花销宣示其统治，或者试图巩固其统治。

为了能够延续其政治的统治，国王需要给予这些战士回报。他可能授予这些战士黄金（以金币或者珠宝的形式）；他也可以授予这些追随者土地，或者土地的终身使用权，尤其是给予那些即将从王室的服务中退休的人。在蛮族社会中，一个人在接受礼物的同时也接受了责任——这种观念根深蒂固，以至于伦巴德的法律承认，当一个人赠予他人礼物而没有得到回报的礼物时，他有权通过武力要求一份回报。因此，上述制度可以成为一种政治工具。国王授予属下礼物，就可以保证接受者提供忠诚的服务。人们告诉他，慷慨是一个国王最重要的品质。而国王面临的问题是，如何找到充足的资源。就这一问题而言，法兰克人诸国王面临的困难比其他国王要小。这不仅因为他们接受了大量的地产，其中大部分或者全部都是以前的帝国领土，还因为他们接管了罗马的税收体系。尽管到这一时期，罗马的税收体系已经摇摇欲坠，但它仍然能够为法兰克国王提供大量的黄金和各种产品。同时他们和他们的武士还能够更轻松地打败敌人并获得战利品，这也给予了他们难以估量的优势。法兰克的武士对战利品如此狂热，以至于他们有时候在未获得国王允许或者违背国王建议的情况下大举前进并且造成了毁灭性的后果。但是总体而言，6世纪法兰克人的军队是非常成功的，他们的国王带领他们打败了大部分邻国。在536年拜占庭入侵意大利之后，他们经常卷入意大利的事务，并且既从东哥特人那里，也从拜占庭人那里获得战利品和津贴。

绵延不绝的战争作为一种获得土地和战利品的手段，为政治统治的延续提供了重要支撑。这一点在英格兰同样有所体现，这一地区没有罗马的税收体系。在英格兰，王国在繁荣的时候就会持续不断地扩大其领土。6世纪时，在政治疆界尚未稳定之前，东部的王国（如萨塞克斯和肯特）有可能通过成为军事强国而在政治上变得更加重要。但到了7世纪，这几乎已经变得不可能了：东部的各王国发展停滞，而西部和北部边界的王国则发展良好。在685年，诺森布里亚国王埃克弗里思及其军队在邓迪地区北部的内希坦斯梅尔进攻皮克特人时遭遇惨败，埃克弗里思及其大部分军队被杀。埃克弗里思的随从大臣比德将这次失利视作上帝的惩罚，因为埃克弗里思在前一年发动了不正义的战争：尽管受到圣埃格伯特的警告，他还是攻击了爱尔兰人这样一个“无害并且对所有盎格鲁人都很友善的民族”。实际上，在爱尔兰人看来，法兰克人和盎格鲁人的所有征服战争似乎都是特别荒谬且邪恶的。爱尔兰各国王的战争经常只是抢劫牛或者试图迫使其他部落缴纳贡金的尝试罢了；他们从不将扩张领土当作目标。

三个蛮族王国

要写作一部论述5—8世纪欧洲北部蛮族王国的政治史，我们将不可避免地陷入一堆国王和战役的名单中难以自拔，而且关于其中的动机和个人品质，我们都缺少必要的信息。在这一时期的任一时间点，欧洲北部可能都有至少两百个国王。要了解欧洲北部这些不同的蛮族王国的工作或者这些国王面临的问题，我们最好以7世纪上半叶三个完全不同的蛮族社会的国王为例证：法兰克的达戈贝尔、东盎格利亚的雷德沃尔德和爱尔兰东阿尔斯特地区阿尔艾德的皮克特人国王孔加尔·凯奇。

斜眼或半盲的孔加尔·凯奇也被称作克拉恩，他是达尔安拉迪王朝的国王，这里的居民被称作“克鲁辛”（这是古爱尔兰语对皮克特人的称呼）。达尔安拉迪王朝的国王统治着现在安特里姆郡的中部地区，达尔菲塔克王朝和达尔里阿塔王朝则分别统治着该郡的南部和北部地区。5世纪时，达尔里阿塔在苏格兰西南部地区建立了一块殖民地。从6世纪开始，该王朝的国王经常从苏格兰统治其在爱尔兰的王国。627年，孔加尔成为整个阿尔艾德的最高国王，接受其他国家缴纳的贡金。628年他出发攻击东部的尤尔尼尔王朝，并且杀死了他们的最高国王苏博恩·蒙。629年他又攻打达尔里阿塔，不仅杀死了它的国王，而且还杀死了很多流放在达尔里阿塔的伯尼西亚王国的王公，这些王公是埃德温在雷德沃尔德的帮助下征服诺森布里亚时逃亡至此的。同一年，即629年，孔加尔入侵尤尔尼尔，但是被这里的新任最高国王多莫纳尔·马克·埃杜击败。孔加尔在这场战斗中幸存，并且在637年成功说服达尔里阿塔放弃与尤尔尼尔的原有同盟，转而与他结盟。在达尔里阿塔的帮助下，孔加尔在唐郡的莫埃拉大战中与多莫纳尔·马克·埃杜对阵。同一天，达尔里阿塔人和一些尤尔尼尔人一起在琴泰岬与多莫纳尔·马克·埃杜的舰队相遇。孔加尔看起来成功地导演了尤尔尼尔王朝的一部分攻打另一部分的战争，但是他自己死在了战场上，如此，尤尔尼尔统治北部地区不再有任何挑战。642年多莫纳尔·马克·埃杜寿终正寝的时候，《阿尔斯特编年史》称呼他为“爱尔兰之王”。他是第一位获此称号的国王，而这一称号毫无疑问是极其荣耀的。

一部早期爱尔兰法律著作在论述蜜蜂法（Bechbretha）的时候写道，蜜蜂叮咬造成的伤害应当由蜜蜂的主人承担。这条法律的制定“是因为发生了孔加尔被蜜蜂叮瞎的罪行，而在此之前他是塔拉之王”。此后尤尔尼尔部落联盟占有“塔拉之王”这一有名无实但声名显赫的头衔，他们有效地消除了对获得该头衔的所有外族成员的记忆。这条线索再次表明，孔加尔曾经在爱尔兰东北部占有重要的地位并且拥有政治野心。孔加尔的盲眼使他无能为力，关于这一点的记载并非不合情理。爱尔兰的诸国王生活在一个和南边的日耳曼国王完全不同的世界。他们通过古老的仪式（例如与其王国的婚姻）以及精巧编制的禁忌和特权体系与其臣民相区分。这其中关于王权的一些思想与古代印度的梵文文学中的记载非常相似，并且回归到了欧洲文明的史前根源。通过爱尔兰的历史，我们可以更容易地了解罗马以前的欧洲社会的本质。

这一时期，雷德沃尔德统治着东盎格利亚王国。在他统治的初期，他处于肯特国王埃塞尔伯特的霸权之下，但随后他就成为英格兰南部实力最强大的国王；在这一时期，无论他诚心与否，总之他接受了基督教并且在肯特受洗。但是诺森布里亚的修士比德记载说，雷德沃尔德“被他的妻子和邪恶的教师带入歧途，偏离了他真诚的信仰”。此外他还曾经在同一座建筑中建造了一个基督教的祭坛和一个异教徒的祭坛。当人们因宗教意见激烈的分歧而分离的时候，这种巧妙的妥协或许有重要的政治功能。甚至在埃塞尔伯特于616年去世之前，雷德沃尔德就已经成功地使他的王国成为英格兰南部的主导力量。他很可能在7世纪20年代晚期去世，在他去世的时候，诺森布里亚的埃德温说服他的儿子厄普沃尔德皈依了基督教。但在厄普沃尔德被杀之后，一位异教徒继承了王位，并且统治了三年。之后，厄普沃尔德的兄弟西格贝尔特归来，并登上王位，为基督教建立了更坚实的基础。他曾经被流放到高卢，很可能是在达戈贝尔的宫廷中：非常有趣的一点是他和达戈贝尔的儿子同名，而这是一个传统的墨洛温名字。与西格贝尔特一同从高卢来的还有主教费利克斯，根据比德的说法，“正如他的名字所表明的”，他的传教给这个王国带来了极大的幸运。

除了这些记载之外，我们只了解雷德沃尔德的另外一件事情，那就是他曾经接受伯尼西亚的盎格鲁国王埃塞尔弗里斯的贿赂，后者的目的是要他杀死当时流亡在其宫廷中的德拉王子埃德温。埃塞尔弗里斯曾经统一了伯尼西亚和德拉，成立了诺森布里亚王国。但是雷德沃尔德并没有杀死埃德温，反而领兵北上攻打埃塞尔弗里斯，将埃德温立为国王。考古学和地名研究还帮助我们从比德简略的记载中获得更多内容。在1938年，人们在萨福克郡伍德希里奇附近的萨顿胡发现了一艘7世纪的作为墓葬的船，在这艘船上有黄金首饰以及神秘的物品，例如被一些人认为是国王象征的巨大的油石；自此以后，就一直有猜测认为这是雷德沃尔德的陵墓。无论如何，这座陵墓充分证明了这里与欧洲北部世界存在着联系。船葬是斯堪的纳维亚地区的一种风俗，而在这座墓葬中发现的斯堪的纳维亚人，尤其是瑞典人制作的头盔和盾牌强调了这种联系。这或许可以证明，雷德沃尔德的沃芬加王朝的起源是在斯堪的纳维亚半岛。该墓葬中悬挂的木碗是在不列颠制作的，刻画着保罗和扫罗的银碗和银质的勺子是在拜占庭制作的，这可能是受洗的礼物；墓葬中的剑可能是法兰克人制作的，而装饰着很多金饰珠宝的石榴石很可能是经由法兰克王国进口的；还有一个装饰着黄金和石榴石的钱包，里面有37枚金币，每一个金币都是在法兰克王国的不同地点铸造的。在萨顿胡所发现的东西展示了一幅惊人的画面，表明了当时各地国王的宫廷可以联系到的欧洲其他地区的范围之广。

这些联系的性质一直是近些年一些争论的主题。很明显，在7世纪，通过英吉利海峡和北海进行的贸易活动开始变得重要。一些迹象表明这些贸易活动是有组织地进行的。墨洛温王朝的银币逐步有秩序地取代金币，这一过程在7世纪60年代达到高峰，此时银币完全取代了金币。有人认为，当时的人们尝试使用一种更适合于商业贸易的货币。法兰克国王达戈贝尔授予圣德尼修道院特权，允许它举办每年一度的集市。他显然在试图以这种方式鼓励贸易。7世纪中期，一些贸易场所明显变得重要起来。我们可以从表示“集市”的地名后缀来识别贸易场所：“-wic”或者其他地方方言的后缀。在法国北部海岸有昆托维克（Quentovic），尼德兰有多雷斯塔德（Wijk bij Duurstede/Dorestad），日德兰半岛有石勒苏益格（Schleswig），还有汉姆维克（Hamwic，后来的南安普顿）、埃奥佛维克（Eoforwic，后来的约克）以及距萨顿胡大约12英里（约19.3千米）的伊普斯威奇（Ipswich）。在今天的伊普斯威奇，考古学家发现了很多中世纪早期的陶器，并据此推断出这里曾是一个很大的居住区。这些陶器说明，在7世纪早期（也就是雷德沃尔德和西格贝尔特的时代），这里的人类活动达到了相当繁华的程度，后又在公元800年左右再次活跃。这里发现的很多陶器都是从莱茵兰地区进口的，还发现莱茵兰生产的玻璃的碎片，以及大量船上的铆钉。一些考古学家认为，在伊普斯威奇，以及在7世纪欧洲其他贸易市场，或许有季节性的贸易港口。这些港口是国王建设的，国王控制一些重要的商品流入其王国，例如酒和奢侈服装。他们这样做或许可以达到双重目的：从通行税中获利；获得一些物品的垄断权，用以奖赏他的追随者和附庸。他们用这两种手段加强自己的权力。

当我们的视线从爱尔兰转移到东盎格利亚、并展望法兰克的时候，我们关注的区域大大增加。在雷德沃尔德的时代，任何一年都有超过一百位国王同时统治着爱尔兰，每个王国都只有现在一个郡的一半或三分之一大。当我们的视线由东盎格利亚向南越过英吉利海峡的时候，我们观察的国家的规模又进一步扩大。雷德沃尔德的军队可以帮助他从东盎格利亚向外出击数百英里，强迫其他国王臣服于他并且缴纳贡金，但是与达戈贝尔的王国相比，他的王国领土非常小，大部分局限在东盎格利亚的海岸地区。达戈贝尔的权力扩展到整个现代法国和低地地区，以及今天德国西部的大部分地区。与其他蛮族国王相比，他的财富数量肯定非常巨大。

克洛塔尔二世（达戈贝尔的父亲）年长的姑姑布伦希尔德曾经统治法兰克王国二十余年。在将她折磨致死后，克洛塔尔二世在613年重新统一了法兰克王国。622年，克洛塔尔二世任命达戈贝尔为奥斯特拉西亚的国王。该地区位于法兰克王国的东北部，而克洛塔尔二世本人则居住在以巴黎为中心的纽斯特里亚地区，从那里直接统治着高卢的其他地区。达戈贝尔的顾问主要是两个奥斯特拉西亚的贵族，梅斯主教阿努夫和丕平，后者被任命为宫相。（阿努夫的儿子与丕平的女儿之间的联姻造就了后来强大的加洛林王朝。）克洛塔尔二世死于629年，达戈贝尔成为唯一的国王。根据当时编年史家弗雷德加的记载，他最初几年的统治是非常顺利的。弗雷德加显然赞同达戈贝尔控制地方贵族（地方权力的实际拥有者）的尝试。例如，他告诉我们，国王对勃艮第的访问给当地的主教和贵族造成了极大的震动，鼓舞了受压迫的人们；“他的善意与热情如此高涨，以至于他忘却吃饭睡觉，以免任何人在未得到应有的公正之前离开”。阿努夫退休以后，达戈贝尔离开了丕平，到纽斯特里亚的居所居住。对弗雷德加而言，此后的情势就开始变得不妙了：“他忘记了他曾经深爱的公正。”他针对外国的一次远征暴露了他在国内所面临的问题。他派遣一支奥斯特拉西亚法兰克人到波希米亚，攻打斯拉夫人的一支——文德人。文德人由萨莫统治，他是一位有事业心的法兰克商人，文德人对他十分顺从，让他在那里统治了三十五年，并拥有十二位文德人妻子。达戈贝尔的奥斯特拉西亚军队被打败了。按照弗雷德加的说法，这并不是因为斯拉夫人的实力强大，而是因为奥斯特拉西亚人的士气低落。他们显然感觉到，达戈贝尔移居到纽斯特里亚地区的这一行为表明他抛弃了他们。萨莫所领导的文德人受到这次胜利以及与另一支斯拉夫人——索布人结盟的激励，开始袭扰法兰克王国边界以西的地区。631年，萨克森人答应帮助达戈贝尔对抗文德人，但他们提出的条件是要返还自克洛塔尔一世以来他们每年缴纳给奥斯特拉西亚的五百头牛；达戈贝尔同意了这一要求。但是按照弗雷德加的说法，这并没有起到多大的作用，因为在第二年文德人再次攻击了法兰克人。

达戈贝尔在高卢地区取得了更大的成功。他任命尚在襁褓中的儿子西吉伯特为奥斯特拉西亚的国王，同时任命两位奥斯特拉西亚人为摄政王，以此安抚这里的人们。随后他说服权贵同意让他的另一个儿子克洛维成为纽斯特里亚和勃艮第的继承人。635年，他的军队打败了越过比利牛斯山入侵加斯科涅的巴斯克人，并且他还强迫布列塔尼国王朱迪卡签订条约。根据弗雷德加的记载，朱迪卡进入达戈贝尔位于巴黎附近的克利希的宫廷，但是拒绝与达戈贝尔共同进餐——因为后者所犯下的罪，但却和王室官僚的首领奥杜安共同进餐，后者后来成了鲁昂主教，并且是一位圣徒。达戈贝尔于639年[1]去世，成为第一位下葬于圣德尼修道院的法国国王。他曾经扩建这一修道院并且将其“用黄金、宝石和珍宝装饰得富丽堂皇”。尽管达戈贝尔的儿子都未成年，但这并没有引发继承争议。西吉伯特继续统治奥斯特拉西亚，克洛维则统治纽斯特里亚和勃艮第，他们两个都在摄政王的辅佐下统治这些地区。

虽然达戈贝尔被视作墨洛温王朝最后一个有效统治全法兰克王国的国王，但是他统治的特点暴露了墨洛温王朝的一些问题。纽斯特里亚是国王权力的中心，国王喜欢的住所全部都在巴黎附近。达戈贝尔曾经到访过勃艮第一次，向勃艮第人（如弗雷德加本人）展示了他的权力和善意。但是在大部分时间中，勃艮第和高卢其他地区的地方贵族都能够不受国王的影响，继续他们的生活和地方性统治。达戈贝尔或许从未访问过阿基坦，不过他毫无疑问通过一些人了解这一地区的发展。譬如王室成员德西迪里乌斯，他的通信留存至今；他继承了他的兄弟卡奥尔的主教位置。达戈贝尔取得了军事胜利，但是阿基坦西南部地区仍逐渐被巴斯克人控制，他们将其名称由诺韦姆波普拉纳改为瓦斯科尼或者加斯科涅。不过独立倾向最严重的地区距离王国的统治核心地区更近，也就是奥斯特拉西亚。在达戈贝尔统治时期，奥斯特拉西亚和纽斯特里亚之间的对抗已经变得非常明显，这种对抗影响着7世纪剩余时期墨洛温王朝的政治生活。这两个地区的区别一部分体现在文化上，纽斯特里亚地区的语言很大程度上是拉丁语或古法语，而奥斯特拉西亚地区则是法兰克语或日耳曼语。克洛维统治时期，莱茵兰的法兰克人曾经被萨利安法兰克人征服，但是他们自己独立的身份

[1] 英文原版误作638年。

却在克洛维的后代的统治时期得到承认甚至发展。他们成功说服达戈贝尔同意他们拥有自己的国王，并且在达戈贝尔统治时期他们自己的法典——《利普里安法典》中首次将其记录下来。

尽管我们可以从这种地区性的分裂中看出7世纪晚期墨洛温王国解体的端倪，但达戈贝尔的统治仍然有积极的因素。墨洛温家族统治王国的权利从未被质疑。事实上，关于墨洛温王朝在大约两个半世纪中独揽法兰克人王权的文献记录体量庞大，在中世纪早期欧洲并没有关于另一个统治家族的文献能够达到相似的数量。随着一个王朝逐渐没落，它能够生存下来正是因为它的衰老——它可以获得巨大的声望和神秘性。最终它变得无害，因为它已经没有权力了。在欧洲北部地区，唯有墨洛温王朝可以合理地声称自己是罗马的继承人。在那些蛮族国王的眼中，拜占庭皇帝仍然是他们名义上的最高统治者。即便在达戈贝尔统治时期，墨洛温王朝统治的方式仍被认为是罗马式的。它的政府和行政机构仍然沿用罗马官僚体制的形式书写记录（现存最早的政府文件可追溯到克洛塔尔和达戈贝尔统治时期），并且经常将这些文件写在进口的纸草上。文件本身全部都是用拉丁文写作的，沿用了很多旧的法律格式。自克洛塔尔二世以后，教士在行政人员中的比例越来越大，但大部分行政人员仍然是受过教育的平信徒。法兰克人对自己所取得的成就的自豪感在达戈贝尔统治时期结出了果实，这时期出现了一种传统，认为法兰克人是特洛伊王室的后代，因而他们和罗马人的地位是相等的。到了8世纪，法兰克人吹嘘自己高于罗马人，因为罗马人曾经迫害基督徒，而法兰克人是教会强有力的保护者。

达戈贝尔取得的成就和具有的野心与他6世纪的祖先很像。他为图林根指定了一位法兰克人公爵，在阿勒曼尼亚地区组织了教会，还为阿勒曼尼人和巴伐利亚人制定了法典。即便那些临近斯拉夫人和阿瓦尔人边界的日耳曼人也准备承认他的统治。达戈贝尔仍然拥有可以供其支配的大量土地，他和他的贵族将其中大量的领土授予教会。在爱尔兰圣徒科伦巴努斯的激励下，高卢北部地区经历了一场修道院的复兴。克洛塔尔和达戈贝尔的一些宫廷官员都卷入了这一运动，包括奥杜安和德西迪里乌斯，其中最著名的是阿基坦人埃利吉乌斯。在一首关于圣埃卢瓦和达戈贝尔裤子的法国童谣中，埃利吉乌斯的出现使他名垂千古。他既是一位金匠和珠宝匠，被人带到巴黎装饰纽斯特里亚地区的一些大教堂，包括圣德尼大教堂，也是宫廷中的高级财政官员。他还是铸币工匠，刻有他名字的金币在古币收藏者中广为流传。他在达戈贝尔死后不久进入教会，成了努瓦永主教，因在其主教区杰出的传教工作而获得了圣人的声誉。在这一时期的山北高卢地区，阿基坦很多曾经的高卢-罗马贵族成为教士，他们仍然保留着罗马世界的学识和传统。在北部地区的墨洛温修道院中，这些教士有力地推动了书籍的制作和学识的复兴，这些文化成就接着又为现在所知的8世纪的文化复兴奠定了基础，后者即“加洛林文艺复兴”。

加洛林王朝

8世纪欧洲最强大的统治者家族来自奥斯特拉西亚，他们是曾担任达戈贝尔顾问的丕平和阿努夫的后代。在7世纪，这个家族几乎未中断在这一地区的统治。丕平一世的儿子格里莫阿德和孙子丕平二世都先后担任奥斯特拉西亚的宫相。到687年泰特里战役时，丕平二世已经以墨洛温王朝傀儡皇帝的名义重新统一了奥斯特拉西亚和纽斯特里亚。但是高卢北部严峻的权力斗争严重地削弱了墨洛温王朝及其宫相的权力。在高卢南部，地区性的身份认同已经开始出现。阿基坦地区有自己的公爵；普罗旺斯的贵族事实上就是一个独立的统治者；勃艮第的贵族很少注意北方的法兰克人。在达戈贝尔统治时期，莱茵河另一侧的各种日耳曼民族仍然处于法兰克人的统治下，而这时他们开始要求自己的独立地位。即便在高卢北部，墨洛温王室及其宫相也经常无法阻止地方贵族家族的行为，后者定居在他们自己的领地上，并且通过家族的修道院控制教会，偶尔也能通过世代控制的主教控制教会。

真正重新统一高卢地区的是丕平二世的私生子查理·马特，而且后来加洛林王朝也是以他的名字命名的。他通过墨洛温家族的傀儡皇帝重新统一了高卢北部地区，之后开始重新征服墨洛温家族以前曾经占领的地区。他因为732—733年的一场军事胜利而广为人知，当时他带兵打败了阿卜杜勒·拉赫曼领导的阿拉伯人，这些阿拉伯人正朝着图尔进军，企图洗劫富有的圣马丁修道院。很多人将这场战役视作历史的伟大转折，认为查理·马特阻止了阿拉伯人征服西欧的企图。这种看法几乎肯定是错误的，但这或许是高卢历史的一个重要转折点，因为它展示了查理·马特高于阿基坦公爵欧多的地位。从此以后，查理·马特开始进行一系列的征服活动，他不仅将阿拉伯人赶回了比利牛斯山以南的地区，而且更重要的是，他再次确立了法兰克人在高卢南部地区的统治地位。这些战争持续了数十年时间。查理·马特领导了几次针对勃艮第和阿基坦的战役。他的儿子丕平三世发动了针对勃艮第和普罗旺斯的战役，并重新统治了这些省份。法兰克人在8世纪50年代用十年的战争将阿拉伯人赶出了塞普提曼尼亚，并且成功地让哥特人和塞普提曼尼亚人相信，法兰克人的统治远好于阿拉伯人的统治。但是，法兰克人在阿基坦地区遇到了最严峻的挑战。查理·马特多次与欧多开战，到8世纪60年代，则由丕平三世与欧多的儿子胡纳德以及胡纳德的儿子作战。直到丕平的儿子查理曼统治阿基坦的最初几年，法兰克人才最终征服了阿基坦人。781年，查理曼任命自己的儿子路易为阿基坦国王，他借此承认了阿基坦人的存在，以及他们作为阿基坦人的身份认同。

加洛林王朝早期同样在别的战场上与其他势力作战，例如布列塔尼、萨克森和阿勒曼尼。维持这种持续的战争所需要的一部分费用可以以战利品或征服的土地来获得，但这两种形式的收入显然难以提供所有的战争费用，例如在阿基坦地区边界经常爆发的小规模且毫无收获的冲突。无怪乎加洛林家族将自己大量的土地授予他们亲密的追随者。正如后人带着反感的情绪回忆的那样，查理·马特经常将教会土地授予其追随者。后来人们可能忘记了，很多教会土地，以及主教区和修道院，在查理·马特到来之前都是属于世俗贵族的。查理·马特和他的继承者没收教会的土地既是消除地方贵族反对派不可避免的手段，也是教会改革不可避免的步骤。

正如我们所看到的那样，加洛林王朝改革的第一位代理人是圣卜尼法斯。他支持丕平三世，协助他摆脱世俗化的主教以及重新制定合适的修道院规章，在此之前，这些修道院差不多已经变成了世俗政治的棋子。在丕平的哥哥卡洛曼的鼓动下，在8世纪40年代早期召开的宗教会议上要求恢复教士生活的正确规则、定期召开宗教会议，并从各主教区驱逐异端。卜尼法斯的事业由法兰克人继承下来，尤其是克罗狄根，他于742年成为梅斯主教，在754年卜尼法斯去世后继承了大主教的头衔。克罗狄根开始以罗马传统为模式统一法兰克的礼拜仪式和宗教实践，这成了加洛林教会的特征。他建立了一所教授罗马圣咏（也就是所谓格里高利圣咏）的学校。在他的影响下，罗马传统的修道规章（也就是圣本笃规章）开始被当作修道生活的样板得到推广。

卜尼法斯和克罗狄根在加洛林王朝与罗马之间建立了密切的关系，这种关系也有政治意义。丕平的兄弟卡洛曼在退出政坛后就进入了一家罗马的修道院。三年后，丕平三世仍然称呼自己为“公爵”或者“亲王”，他遣使前往罗马，询问教宗匝加利亚：掌握实权的人是否应当成为国王？教宗给出了丕平需要的回答。751年，丕平将墨洛温家族的末代国王希尔德里克三世送到修道院，并且在苏瓦松为自己加冕。在法兰克王国的历史上，这是首次在加冕礼中为国王涂油，这或许也是欧洲历史上第一次由主教为国王加冕。通过这具有革命性的行为，宫相丕平三世现在成了国王丕平一世，而且不想让任何人拥有反对其合法性的机会。教会在国王的加冕礼中承担的角色，对后来欧洲历史的发展产生了极为重要的影响：丕平的孙子就是被主教废黜的。教士们认为既然他们有权制造一个国王，也就有权罢免一个国王。教宗斯蒂芬二世于754年[1]造访法兰克王国，这具有同样的重要性。他请求法兰克人前往意大利帮助他夺回被伦巴德人侵占的领土。斯蒂芬重新为丕平和他的儿子们涂油，加洛林王朝成了教宗新的保护人，取代了越来越无力保护教宗的拜占庭皇帝。丕平出兵意大利，强迫伦巴德人求和，并将土地还给教宗。

丕平远没有他的儿子查理出名。查理被称作“大查理”以区分他和他的儿子；查理也被称为查理大帝或者查理曼，这是非常有道理的。他漫长的统治时期改变了欧洲的政治与文化面貌，而且他在中世纪人的思想中就是理想国王的代表。近来很多历史学家认为，将他的统治时期界定为中世纪的开端更为合适。在某些方面，如领土扩张与巩固、教会改革以及与罗马的复杂关系，查理曼将他的父亲丕平的政策推向了逻辑的终点。

查理曼成为中世纪第一部非教会人士传记的传主。这本传记的作者是艾因哈德，他是查理曼宫廷中一位博学的侍从。艾因哈德模仿的对象是苏维托尼乌斯对罗马皇帝奥古斯都的描述，他的著作记载了查理曼的外貌、穿着、饮食习惯、宗教活动和学识兴趣。这些记载尽管可能不完全可信，但仍为我们提供了这位法兰克国王的生动肖像。他高大强壮，身体健康，饮食适度。他习惯锻炼：骑马、打猎和游泳，最后一项运动令我们感到非常吃惊。艾因哈德告诉我们查理曼将亚琛作为自己宫廷所在地的原因是这里的温泉，他过去常常和他的家人、朋友以及侍从在这里洗浴。他的母语是法兰克语，他也能够阅读和说拉丁语，也能够理解希腊语，甚至还可以说一点。他在宫廷中召集了一些博学的教士，还跟随他们学习文法、修辞和数学。尽管他将写作板放在枕头下以供练习（他经常晚上起来四五次），但是他从未掌握书写的技巧。

艾因哈德为查理曼所做的传记恰当地以其战争作为开篇，因为他是一位不知疲倦且极其成功的将领，正因如此他才能够在欧洲历史上留下浓

[1] 英文原版误作753年。

墨重彩的一笔。如我们所见，他结束了丕平以来与阿基坦的战争，并且在781年任命他的儿子路易为该地区的国王。他在这些战争中遭受的一次严重失利就是发生在比利牛斯山的朗塞瓦战役。这一场战役随着《罗兰之歌》与《英雄之歌》而广为流传。在取得了一系列军事胜利之后，查理曼将萨克森纳入他的统治之下，并且在其统治末年开始与丹麦人作战。他摧毁了阿瓦尔人在匈牙利的王国，征服了布列塔尼人、巴伐利亚人和很多斯拉夫民族。在南部，他开始重新从阿拉伯人手中征服西班牙，并在伊比利亚半岛东北部建立了西班牙边区。但是他最重要的胜利或许是在阿尔卑斯山以南的意大利取得的。教宗哈德良请求查理曼帮助他对抗伦巴德的德西迪里乌斯。773—774年冬季的战役是短暂却具有决定性的。德西迪里乌斯被驱逐了，“法兰克人的国王”查理曼又获得了“伦巴德人的国王”的称号；随后他任命他的儿子丕平为意大利国王。但是教宗仍然未从他的敌人们的攻击中脱身。799年，利奥三世被一群反对他的罗马贵族伏击，这些贵族想要挖出他的眼睛并且割掉他的舌头。利奥逃到查理曼那里，后者正在帕德博恩准备又一次针对萨克森人的战争。查理曼命令利奥三世休养，并于800年亲自赶到罗马。在圣诞节这天的圣彼得大教堂，教宗利奥三世为查理曼加冕，使他成为罗马人的皇帝。

在中世纪的历史上，或许再没有其他的事情比查理曼加冕在学术上得到更多的讨论，但学者们仍然觉得这项研究困难重重。当时的人们对该事件的记录就很不一样。我们不知道查理曼是否在加冕礼之前策划了这一事件，或者这仅仅是利奥的一个阴谋，其意图是想要将法兰克人的国王与罗马教会的事业联系得更紧密。作为罗马人的皇帝，查理曼治理的“罗马人”究竟是罗马的居民还是教宗国的居民？查理曼和他的教士究竟是在加冕礼之后才开始将此视为“罗马帝国的重建”，抑或这种观念本身就是在他作为“奥古斯都”的欢呼声中所固有的？甚至早在加冕礼之前，亚琛宫廷学校的前校长约克的阿尔昆就曾经讨论过查理曼的帝国。他曾经写信给查理曼，告诉他797年君士坦丁堡的合法女皇帝伊琳妮已经被罢免，而这导致了世界秩序的混乱。阿尔昆的这两件事与加冕礼之间是否有关系？对查理曼而言，加冕为帝国皇帝的意义或许就是，作为一个统治了大量国家的国王和公爵，查理曼利用这一仪式获得了一个纯粹的、令人敬畏的头衔，而且他可以随意解释这一头衔。更多地了解当时其他人对这一事件的看法将是非常有意思的，例如按照艾因哈德的记载，爱尔兰的各位国王“一直以主人称呼他（查理曼），并且称自己为他的奴仆和附庸”。又如诺森布里亚人，查理曼和教宗的特使在某种程度上可以帮助他们合法地恢复权力。皇帝自己或许将这个新的头衔看作属于他个人的。806年，查理曼在起草他的遗嘱的时候，将他的帝国分给各个儿子并且没有留下关于帝国头衔继续流传的任何规定。查理曼的三个儿子中有两个先于他去世，或许正是这说服他和他的儿子“虔诚者”路易：让帝国作为一个整体存在是上帝的意思。

从查理曼统治的早期开始，他和他的教士顾问们就在考虑按照上帝的意愿管理法兰克人的土地。每年一度的会议制定了一系列决定（即宗教法条），这些法条体现了他们建立教会内部严格的教会法的决心，加强对修道院规章的服从，以及改善整个王国内部的基督教生活。这时最重要的需求就是教育，尤其是教士的教育。不仅以日耳曼语为第一语言的教士需要学习拉丁语，生活在高卢的人的口头语言与书面拉丁语之间的分歧此时已经十分明显，同时法语也在形成的过程中，因此对《圣经》以及礼拜仪式的准确理解已经出现了分歧。查理曼在789年颁布了《改革敕令》（*Admonitio generalis*），这份文件强调了教士和大众的教育的重要性，并且要求为这两类人都建立学校。查理曼召集的盎格鲁-撒克逊和爱尔兰的教士在这一过程中扮演了重要的角色，尤其是阿尔昆。他们为非拉丁语人群编写了拉丁语教材，也通晓基督教的基本典籍，其中一些典籍已经在高卢北部地区失传。有人认为，盎格鲁-撒克逊和爱尔兰教士的一大贡献就是发明了一种新的拉丁语发音方法。在阿尔昆自己编订的、关于恰当的拉丁语的教科书中推荐了这种方法。在这部著作中，他将拉丁语视作一种死语言（在高卢地区并非如此），给予每个音节同等的重要性，每一个辅音都要清楚地发音，和写下来的保持一致。这样每个单词的结尾都会发音，它们在单词中都有其语法功能；这样就避免了圣卜尼法斯见到的那位巴伐利亚的教士所遇到的困难。因为单词结尾不清楚，这位教士以祖国、圣女和圣灵的名义为人施洗。但在拉丁语改造的过程中，拉丁语却真的变成了一种死语言，只有教士精英阶层才可以掌握。绝大多数普通大众不再能够理解礼拜仪式。然而布道辞必须要让大众听懂。这些宗教法条不仅要求在每个教堂教士都应当进行布道，而且还要求他们应当用普通人的语言进行布道，即使用“乡巴佬罗马语”（古法语或罗曼语）或者德语。到9世纪，加洛林王朝的大部分地区都建立了堂区，每个堂区都得到了布道手册。而且主教们还颁布了他们自己的法令，试图保证每个堂区的教士都知道他们的职责，保证每个堂区都有教士履行职责所需要的书籍。在西方，教会和国家首次联合起来，试图将基督教传播到他们控制的每一寸土地。

对教士进行基本教育的活动有很多有意义的副产品。查理曼获得的有知识的教士的人数前所未有，他们在行政系统任职；随着新改革的拉丁语和更加清晰易辨认的字体的出现，查理曼拥有了一种精确且国际化的书面语言，方便他在方言众多的帝国使用。对晚期拉丁语语法和古典拉丁语文学的长期研究，是改革古典拉丁语所需要的。这些研究还造就了一批学者，包括诗人、历史学家、校勘学家、神学家和哲学家，这些学者的成就确实能够与古典晚期的研究相媲美。这个阶段的古典文化复兴的中心内容有一个笼统的称呼——“加洛林文艺复兴”，其发源地就在法兰克王国的宫廷。这里的多数学者都是外国人：比萨的彼得和执事保罗来自意大利，奥尔良的狄奥多尔夫来自西班牙，阿尔昆来自诺森布里亚，约瑟夫来自爱尔兰。但宫廷中也有一些学者是法兰克人，如安吉尔贝，他与查理曼一个未婚女儿的幽会为世界贡献了历史学家尼塔尔。还有一位法兰克人学者艾因哈德，他对查理曼的一个主要批评就是，认为他对他的未婚女儿们的行为过于放纵。这场文艺复兴在查理曼的孙子“秃头”查理时期达到顶峰，此时，法兰克王国已经有了多个书籍生产作坊和学术中心。这是一个具有讽刺意味的历史事实：加洛林王朝的文化成就在其帝国分崩离析的时候达到了顶峰。书籍生产和教育都需要财富和某种政治稳定，而到9世纪后半期，二者的条件都不充分。

814年，当年老的查理曼去世时，法兰克王国的前景看起来仍是光明的。他只有一个继承人“虔诚者”路易，因此帝国将保持统一。路易的侄子伯尔纳在他的父亲丕平去世后继承了意大利王位，但是仍然承认帝国的最高领主权。路易的教士顾问，尤其是阿尼亚内的本笃，发现了继续改革教会的时机；本笃会规在816年被指定为帝国内唯一的修道规章。但是造成未来的麻烦的种子已经埋下了。当路易来到亚琛的时候，他驱逐了查理曼一些最亲密的顾问，包括自己的两个侄子。817年，路易做出安排，他的长子罗退尔将在路易死后继承皇帝头衔，而他的另外两个儿子“日耳曼人”路易和阿基坦的丕平将分别在帝国内担任国王。意大利的伯尔纳起兵反抗，因为在这份继承遗嘱中并没有提及他。路易镇压了这次起义，并且刺瞎了伯尔纳。所有的不满都围绕罗退尔爆发，而罗退尔已经加冕为皇帝。这场斗争在822年达到高潮，路易被迫进行苦修赎罪，并且将他的两个侄子召回宫廷。但是更致命的是，在823年，路易的第二个妻子为他生下了一个儿子。路易决定这个儿子，即“秃头”查理，也参与划分遗产；他的其他三个儿子自然认为，任何对817年安排的修改都是对他们地位的冒犯。路易从9世纪20年代后期到840年去世，一直在与他的一个或者多个儿子进行斗争，并且一度被主教会议罢免。皇室成员之间的冲突不可避免地削弱了皇帝的声望，而且促使贵族将自身的利益置于帝国的健康运转之上。路易的死亡也引发了激烈的内战，并且一直持续到843年《凡尔登条约》的签订，查理曼的帝国被罗退尔一世、“日耳曼人”路易和“秃头”查理瓜分为三个王国。罗退尔仍然保留皇帝的头衔并且拥有包括了两座帝国之城——罗马和亚琛的中法兰克王国，但是他对路易的德意志王国或查理的西法兰克王国都没有权威。罗退尔去世后，他的中法兰克王国自行分裂，路易和查理开始为压倒对方而开战。这时一个新的因素加入到这种分裂和内战的局面之中：维京人。

维京人

在查理曼统治时期，海盗突然越过北海抢劫欧洲西北部的修道院和居民。这是我们可以看到的关于斯堪的纳维亚居民最早的文字记录。斯堪的纳维亚人在此之前并非不为西欧人所知，那时他们的身份是商人。实际上，“维京”（Viking）这个词最早的意思可能是商人，也就是“前往贸易场所（wics）的人”。这些人带来了皮毛、海象牙、琥珀和奴隶：这些都是需求量极大的昂贵物品。他们将玻璃、陶器、金属制品（包括刀剑）以及各种货币带到北方，考古学家已经在那里发现过这些物品。在8世纪，人们对这些商品的需求比以前旺盛很多，而且有迹象表明斯堪的纳维亚商人在东波罗的海地区非常活跃，他们在那里收集运往西方的皮毛。繁荣的贸易必然促进船舶设计的进步：一种带桅杆的很长的船，能够航行通过北海并且一直深入大西洋海域。这种单桅帆船是维京海盗的故事成为事实的必要条件之一。有人推测，斯堪的纳维亚商人前往俄罗斯地区，还从东方的阿拔斯王朝得到了大量白银，然后将其运往查理曼帝国。这些白银很大程度上支持了加洛林时期的教堂建设，也推动了加洛林王朝和斯堪的纳维亚半岛的经济发展。从9世纪20年代到30年代，阿拔斯王朝的政治动荡导致了白银供应的减少，这引发了加洛林王朝的危机。斯堪的纳维亚半岛的人们一直严重依赖白银，在这种情况下他们被迫成为海盗。上述假设还未得到验证，但是它提醒我们，加洛林王朝作为罗马帝国以来欧洲最强大的政权，它的发展在某种程度上导致了维京人的扩张，即便这只是推动了贸易以及给海盗活动提供了机会。

为了抵抗维京人的劫掠行为，8世纪90年代，查理曼和麦西亚王国的国王奥法都组织了海岸防卫力量。但是最早出现关于维京海盗攻击记录的地区在更北，那里最著名的三个修道院都遭受了攻击：林迪斯法恩修道院（793年）、贾罗修道院（794年）和艾奥纳修道院（795年）。当然，被记录的进攻和真正的进攻并不是一回事。这些记录说明，附近的修道院在其编年史中记录了这些攻击，而且这家修道院还幸存下来，因而这些记录得以流传。诺森布里亚地区关于维京人劫掠的记录几乎没有被保存下来：9世纪上半叶，维京人的劫掠行为非常猖獗，以至于那里的修道运动事实上被完全破坏，而遭受攻击的修道院的图书馆也被完全摧毁。但是爱尔兰的修道院记录了大量的攻击行为。爱尔兰的修道院编年史给我们提供了非常详细的记录，这些修道院大部分都在这些劫掠中得以幸存。

维京人最早的抢劫行为都是以小船队为单位进行的，他们从不深入内地。直到9世纪30年代，才有人组织大规模的抢劫行动。他们利用了之前获得的知识，以及法兰克王国在“虔诚者”路易统治时期的政治动荡。在834—836年间，多雷斯塔德先后三次遭受洗劫。他们的抢劫行为已经深入到了爱尔兰的最中心地带，并且迫使林迪斯法恩修道院和诺瓦尔穆捷修道院（位于卢瓦尔河口）的修士携带着圣物迁到更内陆的地区。在840—841年间，维京人的舰队首次在爱尔兰过冬，建立了永久性的居住地，包括都柏林。843年，他们第一次在法国的诺瓦尔穆捷越冬。851年，维京人在英格兰南部的萨尼特度过冬天。

不断劫掠的维京人似乎对变化的时局非常敏感，总是能到达欧洲北部能够提供最多利益（即战利品或者贡金）的地区。“虔诚者”路易在9世纪30年代后期开始建设海岸要塞，同时重新建设了海军舰队。在路易于840年去世的时候，法兰克王国爆发了内战。维京人在841年就沿着塞纳河航行，并且对北岸地区进行了多次攻击。845年，维京人的进攻直接威胁到了巴黎，这也是他们对这一地区攻击的高峰。最终在收到7000磅白银以后，维京人才从这一地区撤退。在此后的二十年间，西法兰克王国成为遭受维京人抢劫最严重的地区。维京人利用这一地区的大河（如塞纳河、卢瓦尔河和加伦河）深入内地。莱茵河及其支流可以使维京人到达中法兰克王国的内陆地区，但是这里并没有遭受太多的劫掠，这是因为罗退尔一世允许哈拉尔及其侄子罗里克这两个丹麦维京人定居在莱茵河口靠近多雷斯塔德的地区，让他们保卫罗退尔的王国免受劫掠。而在西法兰克王国，“秃头”查理忙于巩固自己的地位，清除来自他的侄子阿基坦的丕平二世的威胁，不能将全部力量用于防守。然而到了9世纪60年代，他似乎发明了一种非常有效的办法抵御维京人——建设海岸堡垒和带要塞的桥梁。他将塞纳河和卢瓦尔河下游地区留给维京人，而在内地富裕的城市和修道院地区加强防御，使之免于遭受劫掠。因此在865年，一些具有王室血统的斯堪的纳维亚将领率领的“劫掠大军”从西法兰克王国撤退，接着在东盎格利亚地区登陆。在866年，他们从相互争斗的诺森布里亚国王们手中夺取了约克，并以此为基础建立了一个王国。这些人随后征服了麦西亚东部地区和东盎格利亚地区。他们还对韦塞克斯国王阿尔弗雷德发起了战争。878年，维京人从东部和西部同时发动进攻，差点俘获这位国王，但他们最终还是失败了。阿尔弗雷德重新集合了他的臣民，强迫入侵的维京人接受和平，并且让他们接受西撒克逊和后来被称为丹麦法地区之间的分界线。维京人此时或许刚刚得到了来自法兰克王国的好消息：“秃头”查理于877年去世。他的儿子“结巴”路易也在两年以后去世，西法兰克王国随即进入一段内部混战的时期。丹麦法地区的维京人在富勒姆集合了一支军队，并在879年渡过英吉利海峡。这次他们不仅攻击了法兰克王国的北部，还攻击了中法兰克王国的北部地区。这时罗里克也去世了，不再保护这一地区。佛兰德斯地区被彻底摧毁了，维京人于882年沿着莱茵河一直抢劫到科隆和特里尔。由于巴黎伯爵厄德的出色防御，维京人在885—886年发动的针对巴黎的大规模进攻失败了。其他地区要塞的防御也有效地抵御了进攻。厄德精力旺盛，他在888年成为法兰克王国第一个既非墨洛温家族亦非加洛林家族的国王。维京人此时也遭受了一系列失利。他们回到英格兰，却发现阿尔弗雷德已经学习了邻居法兰克人的经验，建造了一系列要塞，建立了一支有实力的海军。斯堪的纳维亚的军队在896年分裂，其中一部分去了诺森布里亚和东盎格利亚，另一部分再次向南，去了塞纳河下游地区。直到911年，法兰克国王“天真汉”查理将鲁昂周边地区授予诺曼人罗洛，赋予诺曼人合法的权利。后来这一地区发展成了诺曼底公爵领。维京人的扩张时期结束了，而在一些地区针对维京人占领区域的“再征服”开始了：在佛兰德斯地区；在阿尔弗雷德的孙子[1]埃塞斯坦统治的英格兰中部地区；甚至在爱尔兰，各国王的联军在902年暂时驱逐了都柏林的维京人。

历史学家很难评估维京人的这些劫掠活动的影响。很长时间以来，他们认为其影响主要是负面的。这些学者受到当时材料中反映的血腥海盗的形象影响，强调他们对修道院的破坏及其造成的政治混乱，指责维京人导致了加洛林王朝的崩溃，破坏了相对和平的古爱尔兰地区。晚近的另一些历史学家，尤其是P. H. 索耶教授之后的历史学家，注意到这些抢劫行为和定居行为的特征是它们的规模很小。他们指出，英格兰的修道运动在维京人到来之前就已经衰落了；加洛林王朝的崩溃是内部结构性的原因导致的；维京人并没有终止爱尔兰教会免受世俗权力侵犯的局面，而数十年来，爱尔兰的修道院不仅一直受到爱尔兰的国王们的劫掠，而且还遭受其他爱尔兰修道院院长的袭击。考古学家则对斯堪的纳维亚的艺术和航海成就印象深刻，他们开始强调维京人作为手工业者、商人、航海者以及农民的积极贡献。约维克维京中心展示了约克郡科珀盖特（这是一个斯堪的纳维亚语名字，意思是“木料旋工之街”）地区重大考古发掘的成果。该成果是这种思路的一个范例。研究者已经指出，抢劫者社会和受害者社会之间的相似性，这些相似性使得同化维京人或者至少接纳其为盟友变得相对

[1] 英文原版作“儿子”，实则埃塞斯坦是“长者”爱德华的儿子，阿尔弗雷德的孙子。

容易。但是现在的历史学家转向了另一个方向。如果科珀盖特的考古成果展示了维京人的活动，那德比郡雷普顿的考古发掘也有同样的效果，后者展示了维京人抢劫修道院的细致程度：这些维京人将这座修道院的所有珍贵物品都洗劫一空。有人认为维京诗歌展现了维京人的暴力倾向，认为他们“处在精神变态的边缘”。维京人对他们的异教传统非常狂热，他们洗劫修道院的行为既是投机行为也是宗教行为，还以非常血腥的方式将他们的反对者作为献祭供品。

强盗还是商人？当然，维京人，或者他们中间某些具体的个人，都同时具有这两种身份。作为强盗，他们很容易在贸易市场交换他们的战利品，并且获得其他产品。而作为商人，偷窃是他们获得商品的一种简便方式。其他的一些维京人领袖，如在“劫掠大军”中的那些，或许还有政治野心。而紧随成功的军队而来的就是农民和手工业者。不过，如果只考虑9世纪的话，维京人的首要遗产是破坏性的。在随后更加和平的时期，小规模的海盗行径被大规模的有政治目的的扩张替代。社会的稳定带来的是定居活动以及和平的商业贸易。大约在910年前后，约克的维京人设计了科珀盖特地区的街道和房屋。

欧洲西北部最早受到维京人影响的地区或许是苏格兰和不列颠地区。奥克尼群岛和设得兰群岛的当地语言消失了，因此当地的原住民很可能也消失了。在整个中世纪时期，这些岛屿上的居民都是挪威人。外赫布里底群岛同样变为了挪威语地区，盖尔语直到16世纪才在这一地区占据主导地位。维京人似乎很少在内赫布里底群岛和大陆地区定居，尽管异教的图像和墓葬表明马恩岛在9世纪时是维京人的重要基地。很多维京人定居在苏格兰西南部和英格兰西北部，他们很可能就经由马恩岛或者其他岛屿从爱尔兰迁徙而来。

维京人首次攻击爱尔兰是在8世纪90年代，他们最早攻击和定居的地区是爱尔兰的北部和东部。他们的抢劫活动似乎在9世纪30—40年代早期最为猖獗，这一时期维京人建立了一系列海岸定居点，如都柏林、沃特福德、利默里克等。自此以后，文献中记载的抢劫行为就减少了。爱尔兰的国王们取得了一系列反抗外来入侵的胜利。在9世纪40年代后期，大型的丹麦舰队到达爱尔兰，他们进一步削弱了这里的挪威维京人。他们的到来也引发了一场维京人间的内战，其间在斯特兰福特湾爆发了一次大规模海战，有数百艘战舰卷入战斗。一支挪威舰队重新控制了苏格兰群岛和爱尔兰。此后都柏林的国王们的政治野心更多转向了苏格兰地区，到10世纪则转向约克的维京人王国，而不再关注爱尔兰岛内部。从9世纪50年代起，维京人在海岸的定居点不再对爱尔兰的各个王国构成真正的威胁，他们甚至还经常成为很多爱尔兰国王的同盟，参与爱尔兰各王国内部的战争。维京人野蛮的抢劫虽然持续时间不长，但是这些行为扰乱了修道院的生活和工作，毁坏了难以计数的不可替代的图书馆，将很多学者和书籍“送”到海外加洛林王朝的宫廷；从长远来看，由于维京人的存在，爱尔兰的政治和文化重心从沿海地区转移到了内陆地区。因为贸易城镇和钱币的先后出现，维京人的到来或许对爱尔兰的经济生活起到了决定性的影响。

在评价维京人对法兰克人地区的影响时，学者们会遇到类似的问题。维京人仅仅是一种麻烦的因素，即原本已经复杂的政治景象中新出现的因素吗？他们是某一位心怀不满的伯爵潜在的同盟吗？或者是为他提供了一个在地方上作为家乡保护者而扬名立万的机会？其实这些角色维京人都扮演了。但是很明显，参与抢劫法兰克王国的维京人远多于参与抢劫爱尔兰的人，部分原因是这里潜在的收益要大得多。法兰克王国遭受抢劫的时间更长而且程度更严重。维京人对城镇的攻击，以及他们在乡村地区造成的不安定，使得查理曼统治地区的商业活动尚未开始就衰落了。从佛兰德斯一直到波尔德莱（即波尔多地区）的沿海地区的人口当时曾经大量减少。维京人入侵对政治更广泛的影响还不是很清楚。显然，即便维京人没有入侵加洛林王朝，它也已经分裂。加洛林国王的权力已经衰退，尤其在西法兰克地区。一系列国王的权威由于不能迅速地解决问题而被削弱，而一些地方贵族抵抗维京人的胜利增强了他们在地方上的权力。东法兰克王国由一系列特定的部族公爵领组成，如萨克森、法兰克尼亚、士瓦本和巴伐利亚，维京人很难侵扰这些地区，这种情况一直持续到911年。此后，在那里出现了一位非加洛林家族的国王，使得加洛林王朝的政治结构得以保留。但是此时西法兰克王国已经分裂为数十个单独的政治实体，其中有些掌权的贵族并不服从在位的国王。一些地方当权者的崛起与维京人的入侵有直接关系。10世纪重要的政治力量之一——佛兰德斯伯爵取得了巨大的成功，这是因为他可以迁入一个传统结构已经被维京人破坏殆尽的地区。卡佩家族很快将取代加洛林家族，成为法兰西的统治者。这个家族的两个先祖——罗贝尔及其儿子厄德都将他们的名字留在了反抗维京人的战争史册中。

而维京人在英格兰造成的影响又有所不同。斯堪的纳维亚人在英格兰的定居活动很可能比在其他地方更为广泛和普遍。英格兰很多地名都起源于斯堪的纳维亚地区的语言，现代英语中也有很多斯堪的纳维亚的因素，而方言在这方面受到的影响更加严重。但是追溯这些语言元素非常困难，我们不可能知道产生这些因素所需要的移民规模。一个地名以“by”结尾是否表明该地是由一位维京地主所有或者该地的居民完全是维京人？一个彻底斯堪的纳维亚化的地名元素是否意味着，为这个地方命名的当地居民都使用斯堪的纳维亚语言？总体而言，语言学家倾向于认为，地名起源于特定部族在当地的大规模定居；而历史学家则对此持怀疑态度。维京人无疑在政治上带来了冲击力。英格兰在800年前后分裂为若干个单独的王国，其中麦西亚具有霸主地位，德文和康沃尔仍然是独立的不列颠王国。到900年，只有一个英格兰人的王国幸存下来，即西撒克逊王国，其国王已经将自己称为“英格兰人的国王”，并且开始“解放”不列颠其他地区。并不是所有人都欢迎解放；西撒克逊的一些敌人，如诺森布里亚或者德文和康沃尔的不列颠人，都将维京人视作得力的同盟。但是我们很难想象，如果不是维京人摧毁了除西撒克逊以外的所有原住民王国，英格兰在10世纪后期如何成为一个富裕、强大并且团结的王国。某种程度上讲，维京人创造了英格兰民族，当然这一过程也少不了西撒克逊所做的宣传。

关于当时的情况，我们拥有的文献记载几乎全部都来自有文字记录的西欧地区。但是借助于稍后的传说、阿拉伯旅行家的报告以及考古成果，我们能够看到更大的维京世界。维京人从苏格兰群岛出发向西北一直到达了冰岛。他们在870年左右最初登陆这里是一个意外，但他们几乎立刻开始向这片土地移民，尽管这里无人居住且不宜居住。一些定居者来自爱尔兰（不仅有维京人，而且有爱尔兰人，后者大多是维京人的奴隶或者妻子），另一些人来自苏格兰和挪威。在接下来的一个半世纪中，他们继续从冰岛向西扩张，到达格陵兰和纽芬兰。从长远来看，他们更重要的扩张是向东方迁徙；其中主要是瑞典人，他们在整个波罗的海地区和俄罗斯内陆建立了贸易场所。拜占庭皇帝君士坦丁七世写过一部历史著作。在这部著作的帮助下，我们知道了诸多贸易路线中的一条。君士坦丁七世描述了来自诺夫哥罗德和其他地区的罗斯商人如何在基辅集合；他们之后沿着第聂伯河航行到黑海，然后到达君士坦丁堡。在860年和其他某些时候，这些船队决定进攻君士坦丁堡而非与其进行贸易，但收效甚微。阿拉伯商人同样与这些罗斯人会面，并且给我们留下毫无疑问的证据：这些罗斯人是斯堪的纳维亚人。在9世纪晚期，留里克领导一些罗斯人占领了基辅，并且建立了一个公国。这个公国在一个世纪以后成为俄罗斯最强大的国家。瑞典的如尼石刻文字表明，维京人的死亡发生在非常广泛的区域。这提醒我们，维京人活动的影响在斯堪的纳维亚半岛与他们在欧洲北部劫掠过的其他地区同样深远。维京人的抢劫行为将斯堪的纳维亚半岛与欧洲其他地区联系得更为紧密，为他们皈依基督教奠定了基础，还引发了重大的经济社会变化，最终促成了瑞典、挪威和丹麦的政治统一。至少在公元900年左右的一段时间内，斯堪的纳维亚半岛是整个欧洲北部联系和交流网络的中心，这一网络为该地区提供了某种前所未有、独一无二的联合。

| 第三章 |

中世纪盛期的欧洲北方社会，900—1200年

大卫·惠顿

流产的王国

1175年左右，萨克森的黑尔马斯豪森修道院誊写了一部精美绝伦的福音书。它将被送往一座名叫圣布拉修斯的教堂，这座教堂刚刚在不伦瑞克由“狮子”亨利建造。作为萨克森公爵和巴伐利亚公爵，亨利是这一时期德意志地区最强大的贵族。不伦瑞克是他在萨克森的主要驻地——他在那里建造了一座奢华的宫殿，其豪华程度甚至超过亨利的主君、皇帝“红胡子”腓特烈一世的宫殿。而为亨利的这座教堂所准备的这部新的福音书内有精美的插画，其中一幅画的对象是公爵本人和他的英格兰妻子玛蒂尔达。他们二人都谦卑地跪在基督面前，接受基督的加冕。这两顶王冠是他们献身于基督的标志。这幅画还有另外隐含的意义，那就是对亨利地位的抬高。当时的人会将国王及其配偶画成这样的形象，但一般不会将公爵夫妇画成这样。即使不知道这一点的人也会发现，这幅画像格外突出亨利和玛蒂尔达的形象，甚至将他们画得和基督本人一样大小，同时画中其他的

一些细节也在强调亨利和玛蒂尔达的地位。他们两人各自手持十字架，这是在提醒人们，亨利曾经获得了真十字架的残片。在他们上面画的是几位圣徒；在亨利这边，画的是他曾经尊崇的一群圣徒，他在萨克森将数座主教座堂和其他主要教堂奉献给这些圣徒；而在玛蒂尔达这边画的则是与英格兰密切相关的两名圣徒，大格里高利和托马斯·贝克特——这也强调了她的英格兰血统。画面中，在公爵夫妇之后站立的是他们的先祖，这些先祖是经过精心挑选的，以强调这对夫妇的杰出形象。亨利的先祖包括曾被加冕为帝国皇帝的外祖父罗退尔三世，以及亨利的父亲"傲慢者"亨利。罗退尔曾经试图将皇位传给"傲慢者"亨利，最终却徒劳一场。画面中站在玛蒂尔达后面的是她的生父英王亨利二世，以及曾经是神圣罗马帝国皇后的祖母玛蒂尔达。在这样的语境中，这些精神上的皇位具有现实的隐喻，而这很有可能是精心策划的结果，因为我们几乎可以肯定亨利公爵试图获取皇位。

然而仅仅五年之后，"狮子"亨利的梦想就破灭了。1180年，"红胡子"腓特烈一世宣布没收他的两个公爵地，并将他流放。因此这幅画像有一种道不尽的辛酸。不过画像所传达的信息远不止于此，因为它描绘了这个历史时期的中心事件。画面中站在公爵夫妇身后的所有亲属和先人，都来自在加洛林时期不知名的小家族，这些家族都是通过联姻崛起的。罗退尔受益于他与萨克森公爵女继承人的婚姻。"傲慢者"亨利受益于他与罗退尔女儿的婚姻。亨利二世的母亲玛蒂尔达受益于她与皇帝亨利五世（1106—1125年在位）的婚姻。亨利二世的崛起受益于玛蒂尔达的第二段婚姻，即她与安茹伯爵的结合。此外，亨利二世还受益于英王亨利一世没有留下男性继承人这一事实。"傲慢者"亨利与"狮子"亨利来自这些家族中最显赫的一个——韦尔夫家族，这个家族曾经和"虔诚者"路易以及"日耳曼人"路易联姻，并且曾经拥有勃艮第的王位，但"傲慢者"亨利与"狮子"亨利来自这个家族的旁支。"傲慢者"亨利的祖父是一名与该家族联姻的意大利贵族。所有这些人物只能从最宽泛的意义，证明他们是其加洛林祖先的后裔。

好的联姻是他们崛起的重要因素，但这些婚姻活动绝大多数都是在国王的许可下进行的。国王这样做或出于联盟的目的，或作为其服务的回报，或是为了家族的延续。国王与其权贵之间的关系难以保持稳定，因为这些关系的基础是人的生死、预期目标的成败、世代的更迭等偶然事件。国王要给予他的附庸某些回报，使人们臣服于他。这种行为周而复始，因为这样建立的关系很可能因一方的去世而破裂，甚至很有可能走向上述提到的不愉快的结局。“狮子”亨利自己就为这种状况提供了鲜活的例证：在他的福音书中所画的他与玛蒂尔达的婚姻，就是“红胡子”腓特烈一世与亨利二世的联盟合约的一部分。但随后，他及他的家族与“红胡子”腓特烈一世关系破裂，并被赶出德意志地区，这时英格兰国王给他提供了一个安全的避难地。同国王一样，一个大贵族的地位也取决于他和其他人的关系，包括与他的邻居以及与封臣的关系，而这些关系同样是不稳定的。亨利用大肆侵犯他人权利的方法，控制和扩张了一些大地产。这之所以能行得通，主要是因为“红胡子”腓特烈一世对那些受害者的抱怨之声充耳不闻。当“红胡子”腓特烈一世认为时机对他有利的时候，他就倾听这些抱怨，没收了亨利的领地。通过这种方式，“红胡子”腓特烈一世允许亨利的敌人们以武力恢复他们的领地。

在这幅画像中还有一点值得注意：图中站在亨利一边的圣徒都与他有特殊的关系，他曾为他们捐建大教堂，并为这些教堂捐赠了土地。在这部福音书的插画中出现的他曾经尊崇过的圣徒，现在又将其恩惠回馈于他，并成为他世俗与精神诉求的支持者。亨利认为他的雄心将取悦于上帝与诸圣徒，并小心翼翼地请求他们的垂青。精神世界和世俗世界并非两个分离的世界，而是同一幅画和同一个世界的不同部分。

权力的轮廓

亨利的故事的不寻常之处仅仅在于其所涉及的人物和事件的重要性。在10—12世纪阿尔卑斯山以北的欧洲的政治生活中，命运与权势地位的多变与不可靠是其基本特征，十分常见。亨利的抱负及其失败提醒我们，在10—12世纪的欧洲北部，我们可以谈论法兰西王国或德意志王国。但国王与国内权贵之间、权贵与权贵之间、权贵与他们自己的封臣之间，存在着一个复杂的关系网络，这一关系网络长久地决定着国家的发展与国内的凝聚力。在这段时期，生活的各个方面都发生了巨大的改变，但这些改变并没有触及政治的本质。

在研究这些变化之前，我们应该先考察那些没有改变的因素。韦尔夫家族将其血统追溯至查理曼。查理曼的继承人曾经娶该家族的一位女子为妻，因而他们提出这样的主张是非常自然的。但他们的这种说法并非完全可信。查理曼代表着基督教国王的理想形象。他曾建立了一个伟大的帝国，授予人们土地与职位，赞助教会文化发展，并扩张了基督教世界的版图。在中世纪的传说中，他曾经去耶路撒冷朝圣，并且带回了无比珍贵的圣物；他还曾经在西班牙发动针对萨拉森人的战争。查理曼是国王们的榜样。在1000年，神圣罗马帝国皇帝奥托三世曾打开他的陵墓。在1165年，“红胡子”腓特烈一世将他列为圣徒。后来法国的腓力二世也强调他的血统可以追溯到查理曼，尽管他的先人正是从查理曼的后裔那里抢得了王位。关于查理曼的记述与传说的强大力量，使他成为领主权与统治合法性的最理想来源。如果国王与查理曼的联系是松散的，那他们就会寻找所有理由来加强这种联系；如果这种联系不存在，他们就会竭尽所能来创造与查理曼的联系。

现在保留下来的最早的贵族家谱是佛兰德斯伯爵的家谱，它是在950年前后编制的。这份家谱并未强调其父系的先祖，而将所有的重点置于一位与“秃头”查理的女儿结婚的祖先之上。这样的婚姻既是一个家族登上政治舞台的标志，也是对这个家族已有的地位与权力的承认，还标志着他们对国王祖先的紧密联系与忠诚服务。在家谱中铭记并庆祝这样的婚姻，是在含蓄地提醒国王们：国王的伟大，来自为国王服务的人们的勇猛、忠诚和能力；国王不应该吝惜对封臣的赏赐以作为对他们忠诚服务的回报。

贵族可以赋予自己的地位合法性，同时还能以其他的方式突出自己的身份。他们以祖先或者亲属的名字为孩子命名，借此让自己和其他人记得这些祖先或亲属。如果新娘家庭成员的名字有特别明显的含义的话，他们经常会用这个名字为孩子命名。血缘的纽带可以延伸得极其广泛。1148年，罗马一个小家族的成员吹嘘自己是英王斯蒂芬的亲戚，因为国王的外祖母来自伦巴德王国。在亲属内部，这样的纽带也可以加强内部成员之间的联系。例如有一次，英王斯蒂芬正准备攻占一座城堡，他想要处决守军。在他军中服役的士兵里有守军的亲属，这些士兵乞求他的仁慈；斯蒂芬认可了他们的服务，不得不同意了他们的请求。然而，血缘同样也可能成为某种障碍。在佛兰德斯，只有父母双方都是贵族，他们的孩子才可以被认为是贵族。因此，如果一个家族有仆人的祖先，无论它后来变得多么强大，与这个家族联姻的人都可能丧失其贵族身份。

在不同的时期，贵族身份有不同的含义。基本上，它不是由一个人的勇猛、权力或者美德所决定，而是由其出身所决定。并非所有孩子都能继承父亲的优秀品质，因此从一开始，贵族身份就与卓越不是同义词。因为土地可能被所有子女分割继承或只由其中一个单独继承，但成为贵族的资格却传给了所有孩子。这种关于贵族的看法直到12世纪依旧存在，尽管很明显的是，一些出身卑微的小人物家族有时也会获得大量的财富与权力，一个典型代表就是佛兰德斯的埃勒姆巴尔迪家族。该家族获得了布鲁日监理的世袭权利，并利用联姻的方式，和许多佛兰德斯贵族建立了一个关系网。当佛兰德斯伯爵查理想要破坏这一关系网时，他威胁要调查这个家族先祖的仆人出身，这反而使伯爵的地位有所动摇，并损害了那些与埃勒姆巴尔迪家族联姻的家族的贵族身份。佛兰德斯伯爵查理的这一举动并不明智，并最终导致了他在1127年被刺。在12世纪后期，宣称自己家族起于卑微逐渐变得可以被人接受。一份家族史中写道："在'秃头'查理时期，很多能力、荣耀皆胜过旧贵族的新贵族，变得强大且知名。"甚至有些人会伪造卑微的出身。安茹伯爵曾宣称其祖上是一名护林人，完全忽略通过婚姻与加洛林时期的大贵族建立的紧密关系。他们借此吹嘘自己的能力，或许这样做能使他们在与法国国王交战时觉得好受些。

随着贵族身份逐渐脱离了唯血统论的束缚，贵族集团的范围比以前扩大了很多。这个词偶尔可以形容所有的自由人，尽管这种状况并不常见。从10世纪开始，比较常见的情况是将那些拥有城堡的人称作贵族。贵族也可以指骑士，但这种含义更广泛的用法并不经常出现。因此，一名贵族与埃勒姆巴尔迪家族联姻，当该家族的骑士起源被公开时，这名贵族会感到羞耻。对贵族这一称呼使用的不确定性不仅反映了社会阶层的流动性，也反映了在各种势力的影响下，欧洲各地区社会发生的不同程度的广泛变化。这种变化只有发生以后才会被人觉察。

这些发展和变化主要涉及的是大贵族和小贵族的关系。它们不仅是军事发展的产物，也是经济恢复的结果，或许还因为它们有利于促进和维护一些长久以来被忽略的统治阶层的利益。国王和大贵族本来就是军事领袖，他们能否得到众人的尊敬取决于其作战能力——无论这种能力是表现为维护自己的土地与权力，还是表现为征服其他地区。因此，这些军事领袖必须拥有一支由训练良好的士兵组成的扈从队伍。组建或维持这样一支队伍有多种方式。国王和大贵族，如10世纪的波兰贵族们，可以招募拿军饷的军人来组建这样的队伍。一些军事领袖也可以用其征服和劫掠的宏伟计划来组建军队。在10—11世纪，维京人就采用这样的方式，诺曼底公爵威廉成功征服英格兰依靠的也是这样组建的军队。招募那些寻求生计和更好生活的无地贵族也可以组建这样一支队伍。在12世纪早期，英王亨利一世在大陆进行战争时，领导的就是用这种方法组建的军队。国王和贵族同样可以通过某种特定的契约来组建队伍，这种队伍的成员通常是自由士兵。但在德意志地区，这些士兵也经常是非自由人，即身份不自由的领主侍从。尽管军队的组成方式多样，军队成员有各种不同的诉求，但通常人们都希望得到土地作为回报。拥有土地可以让人们不用为生命中的低潮而担心，例如与主君发生争执、长年生病或步入老年。而对他们中的未婚者来说，拥有土地也是他们寻觅妻子的必要条件。

描述土地的所有权或使用权，有各种不同术语。如果某人对土地拥有在法律意义上的所有权，那这种土地就被称作自由地。这类土地依据当地习惯法的规定在家族内继承。当这种继承方式引起争议时，他们可能会邀请国王或贵族进行干预。自由地的持有人也不一定无条件地拥有土地。服军役，出席地方法庭，这些公共义务是加洛林王朝政府的基本特征。在某些时候，土地所有者还需要缴纳某种形式的额外税费。随着加洛林政府的崩溃，地方贵族而非国王成了这些义务的受益人——某种程度上，地方贵族一直都是这些义务的受益人。此时这些自由地可能逐渐被视为封地。也就是说，要持有这些土地，持有人需要向领主提供某些服务。自此，出现了各种形式的土地保有形式。

由于这种多样性，人们对这一时期的社会政治结构是否可以被称作“封建”有不同的看法。封建主义可以被视为，由于接受领主授予的土地，下属对领主承担的一系列义务的总和。即便在这种宽泛的定义下，亦不能说领主与下属的关系是完全封建的。下属在向领主行效忠礼的时候，领主可以不给予他任何被称为封地的土地。同样，当下属从领主那里领受土地的时候，下属也可以拒绝将自己置于长久的对领主的义务中。在向下属封授土地时，领主要声明，下属领受的土地是具有封建土地性质的，因此下属应当服军役、出席法庭、缴纳税金，并接受领主关于其土地继承问题的裁决。唯有如此，双方的关系才是封建的。这样的主张并非被下属毫无异议地接受，相反，它们会经常引发激烈且充满暴力的争执。这是领主权自身的模糊性导致的一个直接后果。加洛林王朝与大贵族之间的权利义务关系与贵族们和他们的封臣之间的权利义务关系并无大的区别。因此，我们不清楚大贵族的权利和义务在多大程度上来自公共权威，这种公共权威是被授予他们的，或者是被他们攫取的，或者是来自效忠礼这种仪式。其结果就是各种义务关系的融合，以及领主和下属之间多样而又常常混乱的关系模式。

查理曼后代之间围绕王位继承问题发生的争执，以及维京人和萨拉森人在9世纪的进攻，是封臣制度与封土制度发展最重要的推动力量。在10世纪上半叶，马扎尔人的进攻横扫德意志王国和法兰西王国大片地区，这也促进了上述两种制度的发展。这些外界压力消失之后，领主权的发展在11世纪相当长的时间里依然在持续。由于这一进程在本质上是一种地方性的现象，因此在不同地区，领主权的发展程度与时间早晚各有差异。一个领主巩固和扩大自己的权力时，他的行为也在刺激周边的领主们做同样的事情，如果他们不想成为他的下属的话。同样，若一个领主在这些方面不够积极，则周边领主也无需建设和强化其领主权。军事技术发展导致了军费的大幅上涨，不同领主或者不同地区对军费的上涨有不同的适应能力。战争技术的发展和上述适应能力的差异加大了领主们在地方上面临的压力。

发动战争的目的可能是抢掠财物或征服土地。对于前一种类型的战争，进攻者需要具备的首要条件就是突然性和机动灵活性，而防御者的有效对策就是将财富置于防御状况良好的地方。而对于后一种战争，进攻者则需要强大到能够击溃对方，或在对方过于强大的时候全身而退，其首要目标是摧毁农村。一般情况下，战役仅限于作物收获前的几个月，不过南部地区的主要作物是葡萄、水果和橄榄，这些地区全年都很脆弱。发动这种战争的要求就是进攻、拦阻进攻、规避拦阻的速度都足够快，还要有充分的防护和良好的训练，能够摧毁敌方的劣势军队，或抵御优势军队进攻。装备精良的骑士是最能满足这些要求的兵种。他们装备着精良的链甲和盾牌，他们的马匹专为一位穿着如此装备的骑士而培育。马鞍和马镫都很高，足以使骑士的矛头充分利用马的冲击力。在接受过长期的专业训练后，骑士们能够掌控这一切因素，并且能相互协作行动。这使得骑士成为战场上的主宰。在任何军队中，骑士都不是数量最多的兵种，因为供养一支大规模骑士队伍的花费太高。但骑士代表战争中的一个因素，他们可以通过机动性发起进攻，也有足够的力量赢得战斗。希腊历史学家安娜·科穆宁娜曾这样描述她所见到的一群法兰西骑士，这些骑士在1097年从君士坦丁堡路过："一个骑在马上的骑士是不可阻挡的，他可以攻破巴比伦的城墙。"

骑士的重要性可以从1066年诺曼征服的过程中看出。诺曼贵族入侵时带的是经过训练的战马；而在9世纪时，维京人入侵时依靠的是在东盎格利亚地区俘获的马匹，以此提高机动性。在德意志地区，训练有素的骑士在10世纪有效地抵抗了马扎尔人的多次进攻，也抵抗了后来斯拉夫人的屡次入侵。这一经验对这些入侵者影响非常大，以至于斯拉夫人不得不按照西方的模式，改造了自己以战争团伙为核心的政治结构。与此同时，维京人依靠水路的进攻效果越来越差，因为他们潜在的受害者已经采用骑士部队来对抗他们。因此在10世纪，维京人的进攻依然是欧洲人面临的主要威胁，但到了11世纪，维京人的威胁就小多了。维京人的侵略继而转向了尚未发展重装骑兵的地区，如英格兰、爱尔兰、北方群岛和波罗的海的南部沿岸，或转向斯堪的纳维亚半岛内部。

骑士不仅是面对敌人侵扰时的防御对策，而且同样为进攻提供了更好的手段。但这一时期，昂贵的防卫设施越来越多。军事领袖在招募士兵进行抢掠的同时，还需要为他们提供安全的庇护所。在那里人们可以建设宗教场所，并能够在危急时刻将畜群转移进来。在10世纪的波兰，有数十个巨大的土木结构的堡垒充当这样的庇护所，里面驻扎着领波兰大公军饷的士兵。欧洲西部的防御工事则小多了，但在抵御马扎尔人、丹麦人和斯拉夫人的侵扰时，德意志的亨利一世及其继任者所建造的那些城堡也有一些和波兰的要塞规模相当。这种要塞的建筑和栅栏一般是用木头建造的，可能建在天然或人工的高地上，但这种建筑对火攻毫无抵抗能力。例如，由于被领主的勒索激怒，一名教士曾带领其堂区居民烧毁他们领主的一座要塞。财力充足的封建主的另一选择就是用石头建造要塞。在10世纪后期，这种要塞就在安茹地区出现了。大约一个世纪以后，德意志地区也出现了用石头建造的要塞。

因此一个领主会发现他处于与相邻领主之间的“军备竞赛”之中，若他建立了一支骑士军队，或建造了城堡，则其相邻的领主也会采取同样的行动。这种“军备竞赛”的原因，并非出于抵抗维京人或马扎尔人入侵的需要，这些入侵者在10世纪已经被抵御和打败了。这一发展也不是经济的衰退或者自然经济的主导地位所导致的；相反，在封建化进程达到顶峰的11世纪，经济也得到了恢复。封建化发生最早和最彻底的地区也是经济最发达的地区，尤其是在佛兰德斯地区。推动这一进程的原因是封建主急于维持、巩固以及发展其领主权。

在法兰西地区北部，长子继承制在10世纪建立起来，随后于11世纪在德意志地区和法兰西地区南部也确立下来。伴随着这一发展，领主们承受着一种双重的压力。一方面，他们要为自己的家庭成员寻找新的土地；另一方面，他们也要为封臣的后代寻找土地。向外移民可以减轻这种压力。来自法兰西北部不同地区的贵族找到了解决这种问题的方法，他们或是随着诺曼征服进入英格兰，或是加入诺曼人向意大利南部地区和西西里岛的移民浪潮。在12世纪，这一地区其他的一些贵族加入了苏格兰国王的军队。很多贵族前往圣地耶路撒冷和西班牙，加入了那些地区对异教徒的战争，以便在拯救其灵魂的同时为自己获得新的土地。实际上，12世纪早期的一位编年史作家认为，这种现象证明了，第一次十字军运动是上帝意志的体现。因为在这位作家看来，这些野蛮贪婪的人内心对物质财富的轻视完全是不自然的。即使如此，封建主们依旧承受着土地匮乏的巨大压力。不过他们可以通过下列方式减轻压力：寻找新的土地并将之分封出去；尽可能严格限制封臣的土地占有权，只允许封臣通过遗嘱继承土地，而不是把继承作为理所应当之事；赋予封臣更多的权利，减少甚至免除封臣的服务。这些封臣权利并非不受限制。这样建立起的封君与封臣的关系并不比通过更粗鲁的庇护制度所建立的关系更加长久。国王与封君经常同时使用上述三种手段控制和安抚封臣。但同时，这其中每一种手段都很可能引发摩擦与争议；在最坏的情况下，甚至可能带来内战。

这一时期的社会处于基本稳定状态。这并不明显，不过却是实际情况，而且不应该被否认。成功的国王和封君利用防御工事和强大的军队镇压叛乱的封臣。直到11世纪中期，这两种昂贵的手段都防止了王权和领主权的崩溃。最高领主权可能在不同的国王或者封君之间转移，但只有在一个地区的贵族准备效忠新的封君时，这种情况才会发生，因为新的封君是封臣抛弃旧封君的必要因素。某一个地区的贵族几乎很难在这种事情上达成一致，而且谁也不知道新的封君是否比旧封君更容易让人接受，因此前述领主权转移的现象极少发生。这种情况通常发生在权力关系的平衡被打破的地区，而且这种不平衡通常持续很久。因此，国王和很多大封君的领地能够保持长久的稳定，而且形成于9—10世纪的领地分界线很大程度上也被保留了下来。当“狮子”亨利梦想获得皇位的时候，他只是希望获得其领地内的最高权力，而非与在位的其他国王分庭抗礼，从德意志王国中分离出来。

经济的复苏

上述社会政治的演进显然不是虚弱的自给自足经济的表现，而是这一时期经济迅速复苏的反映。维持领主权、保障军费开支、回报封臣的服务以及展示封君的慷慨，所有这些活动都需要花费金钱，这种经济压力迫使贵族在寻找新的致富手段的同时，尝试在已有的财富中占据更大的份额。

自始至终，农业都是财富的主要来源。封君已经享有对人的权利，并以相同的手段控制了土地财富；在自己的领地中，他们把已经获得的各种权利与公共权力融合，然后把这些权利扩展到其领地内尽可能多的人身上。控制地方司法、强制农民劳动、提供“人身保护”，以及征收赋税，这些都是领主把自由农逐渐转化成农奴的基本手段。农奴世世代代被束缚在土地上并且任由领主征收赋税和劳役。农业歉收和逃离盗匪是两个可能导致自由农沦为农奴的原因。但是迫使农民放弃自由的压力来自贵族，而且下层人民也不愿意放弃自己的自由。因为农奴增长最迅速的时期并非社会最不稳定的10世纪，而是农业丰收、领主们开始放弃木造城堡转而建造石砌城堡的11世纪。直到12世纪，农奴制度仍在继续发展。在940—980年间，给沙特尔主教堂的捐献中有80%来自自由农；在1090—1130年间，这一比例锐减至8%，而在此前的三十年间这一比例还有38%。12世纪30年代，在南部的勃艮第地区，克吕尼修道院院长希望自由农将其土地捐给修道院，因为相对其他领主而言，修道院更加温和。在东部的萨克森地区，农奴也保留了更多的自由。来自周边异教地区的奴隶为领主提供了另一个劳动力来源。由于这里的土地更容易遭受劫掠，因此领主不得不对农奴更加慷慨，以换取对他们的控制。

从11世纪起，人们开始耕种早些时候休耕的土地。从11世纪20年代起，这种情况在法兰西南部变得非常明显。随后法兰西北部和西班牙地区在11世纪60年代，德意志地区从12世纪30年代起都开始这样做。清除森林、改善排水设施，以及佛兰德斯地区消耗大量人力填海造地，这些活动都创造了新的可耕种土地资源。这一过程是人口增长的结果，也许更是封君增加收入的一个手段。在12世纪30年代，巴黎附近的圣德尼修道院院长絮热在修道院的庄园领地上建立了一个新的村庄。他的主要目的是增加修道院的收入，而不是为了疏散原来那些村庄里的过剩人口。与此同时，人们用马代替牛进行耕种，在有些地方用三田制代替两田制。这种耕作制度可以减少空闲的土地数量，尽管从长期看，这种做法会使土地变得更贫瘠。从12世纪60年代起，欧洲的气候开始好转。这些举措和因素都有利于谷物产量的提高。尽管如此，人们依然需要为了生存而奋斗。在12世纪末，欧洲北部持续的严冬就导致了大范围的饥荒。

这些发展都伴随着人口的迅速增加。在一些地区，农业产量可以供养增加的人口；但在另外一些地区，人口增长的压力只能依靠向外移民缓解；而在其他的一些地区，不断增加的人口对粮食的需求超过了供应。当最后一种状况发生的时候，就会出现剧烈的通货膨胀，从而带来深刻的政治影响。在佛兰德斯地区，开发新的土地增加了可耕种土地数量，毛纺织业提供了新的谋生手段。但从12世纪早期开始，这一地区就承受着人口过剩的压力。早在1113年，不莱梅大主教腓特烈就从这个地区召集农民到他的主教区开垦土地。在12世纪，萨克森地区其他的教士和贵族也追随他去那里寻找农民。因为这个缘故，萨克森地区在1300年时的人口数量是1000年时人口数量的10倍。而同一时期，整个德意志地区的人口数量仅仅增加了3倍。这些行为帮助佛兰德斯地区缓和了人口压力，但并不能完全控制人口增加所产生的副作用。严重的通货膨胀动摇了佛兰德斯地区贵族的地位。佛兰德斯在过去是最为稳定的伯国之一，但在12世纪晚期陷入政治动荡。在欧洲的不同地区和不同时间，上述情况有程度不同的发展。有些国王和大贵族的力量因此得到了加强，另外一些国王和大贵族的力量因此受到削弱，他们之间的力量对比因此发生了巨大的变化。

随着人口的增长，城镇也在发展。城镇的经济支柱是为当地市场服务的制造业，诸如家用器具制造和纺织业，但城镇的收入来源还包括人们在宗教场所的贡献和封建主的花费。封建主们还试图从市场通行费或者从铸币厂的利润中获得更多收入。在人口最稠密的地区，城镇及其居民的政治重要性有了快速发展。佛兰德斯伯爵查理被谋杀后，这一地区爆发了内战，后来阿尔萨斯的梯叶里继承了爵位。在这个过程中，根特和布鲁日的城镇居民扮演了重要的角色。在此前约二十年，拉昂的居民谋杀了他们的主教，因为这位主教拒绝授予他们公社的地位，即自治城市的权利。这一事件标志着，城镇居民正式作为一股政治力量登上历史舞台。大约在同一时期，虽然孔波斯特拉是发展落后得多的城市，它的主教也正经历着市民的叛乱。面对这样的压力，很多封建主不得不妥协，将其权利转为固定的税费，并允许其市民把按照习惯获得的权利固定下来。这种变化是吸引更多的居民来他们的城市定居的重要因素。然而，一旦领主赋予市民这些权利，他们就很难再有回旋的余地。这一格局会导致封建主们在通货膨胀时期面临巨大的困难。

在12世纪，城镇承担着更多的功能。一些城镇还可以借助它们的学校吸引学生，从学生那里获得收入，例如巴黎；另一些城市则通过银行业和土地抵押业获得收入。当贵族们陷入财政问题的时候，或者教会在进行建设的过程中面临财政问题的时候，这些行业可以为城镇带来可观的收入。犹太人不受基督教对高利贷活动的禁令限制，因此他们在这些金融活动中扮演着重要的角色，但是他们也为此付出了巨大的代价。犹太人往往受到反犹活动的攻击，在1096年，莱茵兰地区就爆发过对犹太人的严重迫害。他们也容易被封建主征收毫无理据的赋税，1180年，法王拘捕了国王领地中的犹太人，并向他们征收高达1.5万马克的赎金。除去银行业，西欧地区还有大规模的手工制造业和长途贸易。这一时期欧洲有三种主要的出口品。一是奴隶，部分是被德意志人在其东部边界俘获的，或是被维京人俘获的；在11世纪早期科尔多瓦的穆斯林哈里发政权崩溃以前，它对奴隶有着旺盛的需求。二是来自佛兰德斯地区的呢绒和毛纺织品，其中越来越多的产品开始使用英格兰的羊毛。三是白银，在11世纪，人们在萨克森地区发现了大银矿。经由意大利和俄罗斯内陆的河道，这些商品被用来交易来自东方的奢侈品，尤其是丝绸和香料——这些奢侈品既贵重又容易运输。

贸易的发展为封建主们提供了新的收入来源。起初，这些贸易活动容易成为抢劫财物或者勒索税款的目标。这种趋势的结果就是，法兰西北部的很多城堡都建造在交通相对薄弱的地点附近。大封建主和国王们对这些破坏贸易发展的行为反应激烈，某种程度上是因为这是他们作为基督徒的义务，但同时也因为他们要建立征税的垄断权。在11世纪晚期，佛兰德斯地区的一位伯爵将一名骑士活活扔进沸水中，因为这名骑士曾经在一个市集上复仇闹事。这位伯爵因此闻名。法王路易六世（1108—1137年在位）则将大量时间花在镇压那些掠夺商人的领主上，不过交战的双方并没有因此停止征收他们自认为应得的税费。另外一些封君采取了更积极的行动来鼓励在他们领地内进行贸易活动。这些封君的最佳代表就是香槟伯爵，他在12世纪建立了一个市集制度：在他的领地内，各地市集在一年内的不同时期开放，佛兰德斯和意大利的商人在这个市集体系中进行交易。这里的贸易规模非常大，以至于在12世纪后半叶，这一地区的钱币成了在意大利很多地区流通的铸币的标准。这种现象背后还可能有另一种比较糟糕的趋势：北方出口货物的价值很有可能不足以抵消进口货物的价值，所以只能通过出口金银来弥补进出口贸易的差额。

宗教生活中的领主

当“狮子”亨利把献身基督的行为与更为世俗的梦想结合起来的时候，正是这种结合支撑起了他的时代。国王将他们对臣属所负的责任等同于他们对上帝所负的义务。他们认为这些义务包括惩罚压迫者，保护无助者（尤其是寡妇、孤儿和教会），以及将基督教传播到异教徒的领地。国王有时可能会忽视或者否认这些原则，但这类行为使这些原则变得更加重要，而不是相反。因为没有这些原则，永久的世俗权威就缺少了合法性。因此在社会最动荡混乱的时期，国王会最热心而鲜明地维护王权的宗教特征，这一现象并非偶然。由于加洛林王朝的古老传承，德意志的国王，尤其是神圣罗马帝国皇帝，发展出了特别强大的宗教传统。他们使东边和北边的异教徒邻邦皈依，保护教宗，将其从罗马内部派别争斗的泥潭中解救出来，还偶尔主张他们拥有高于欧洲其他国王的最高权力。他们在这些活动中的表现，是他们的统治合法性的来源。其他的国王同样热衷于强调他们职位的神圣性，例如法国国王腓力一世和路易六世都声称自己通过触摸治愈了结核病人；卡斯蒂利亚国王阿方索七世在使穆斯林皈依方面取得了成功，并据此要求获得皇帝的头衔。

宗教性的主张和更加世俗的考虑之间有时会出现矛盾。在皇帝奥托一世时期，汉堡–不莱梅的大主教热衷于在丹麦人和瑞典人中传播基督教。为了使斯拉夫人皈依，奥托一世本人在马格德堡建立了一个大主教区。这些民族的皈依与教会司法管辖权的扩张之间存在紧密的联系，有时教会直接以领主的身份出现，但这种做法招致反对。在马格德堡大主教区建立十四年以后，斯拉夫人在982—983年爆发了一次大起义，这次起义几乎将此前所取得的成就完全摧毁。这个主教区此后再未成为重要的传教中心。东方的统治者很快发现了这种领主权所带来的危险以及基督教传播所带来的机遇。波兰的梅什科一世和匈牙利的斯蒂芬一世都接受了来自德意志地区的传教士，从而预先避免了来自德意志人的攻击。但他们同样接受了来自波希米亚的传教士，此外斯蒂芬还接受了来自拜占庭的传教士，他们借此避免了德意志人传教士控制自己国家的教会。在1000—1001年，奥托三世承认，梅什科的继任者“勇者”波列斯瓦夫在格涅兹诺建立的新的大主教区直接隶属于罗马。奥托三世还同意斯蒂芬的王国直接臣服于教宗。这两个国家各自的独立得到了正式的确认。波兰和匈牙利因此避免了德意志人的控制。同时，梅什科和波列斯瓦夫利用他们刚刚皈依的基督教征服了波美拉尼亚并迫使那里的异教徒皈依，而斯蒂芬也用同样的手段迫使其他的马扎尔人公爵向其臣服。在其他地方，异教更难被彻底消除，因为它成了抵制外来统治的政治力量的核心。圣阿达尔贝特和奎尔富特的布鲁诺曾经在波美拉尼亚地区传教，他们只是在10—11世纪之交因为在这一地区传教而丧失性命的传教士中的两位。12世纪20年代，班贝格的奥托发现武力是传教的必要手段，因为这些地区的异教宗教场所必须被占领和摧毁。即使在不需要如此激进手段的地区，传教的进程也非常缓慢且常流于形式。挪威在10世纪末就已经基督教化，并且在11世纪50年代就有了自己的主教。但是在一个世纪之后，洒酒祭神和弃婴这样的异教习俗仍然在这一地区普遍存在。

因此，国王扮演的角色有时候看起来是矛盾的。当他们采取必要的武力迫使异教徒皈依的时候，他们会得到称赞；当他们试图将这种皈依与政治统治相结合时会损害传教的效果，他们也会因此受到指责。一些国王自己就暗中破坏这种理想形象，例如德意志的亨利二世，他就联合信仰异教的斯拉夫人，共同对抗信仰基督教的波兰。尽管他后来在班贝格建立了传教主教区，以此作为赎罪的方式，但他的行为仍破坏了国王的理想形象。其他的一些行为也有损于国王的宗教角色。国王从来都不是大教堂和修道院仅有的建立者和保护者。从10世纪开始，贵族在这些活动中扮演着比以往更重要的角色，而且他们特别热衷于在自己的领地上建造教区教堂。这些宗教活动的背后有时隐藏着世俗利益，因为堂区教堂可以为其封君带来收入，而修道院则可以在领主权的扩张中扮演高级堡垒的角色。譬如在11世纪上半叶，在安茹家族与布卢瓦伯爵家族之间为了争夺图尔爆发的冲突中，安茹家族位于旺多姆的圣三一修道院就扮演了这种角色。从10世纪早期开始，大封建主不再以平信徒的身份占据修道院院长的职位。但是他们将存在争议的土地授予他们控制的某座修道院，并依据这座修道院对这些土地的主张，自命为这些土地法律上的保护人。利用这种手段，这些封君对这些土地的统治几乎不会受到影响。

这并不是说，精神方面的考虑就必然不在这些大封建主的头脑中。他们把大教堂献给圣徒，并且慷慨地将这些圣徒的圣物赠予这些教堂。这些圣物的重要性，某种程度上可以从人们购买甚至偷窃这些圣物的迫切性上得到反映。德意志的奥托一世在962年远征意大利，其重要特征就是大量圣物的转移。12世纪，“红胡子”腓特烈一世将东方三博士的圣物赠予一位科隆大主教，以此回报他的服务。1102年，一位孔波斯特拉的主教在与另一位主教的斗争中采取的一个策略就是窃取对方的圣徒圣物。圣徒可以赐予夫妇孩子，可以治愈疾病。但是要获得他们的青睐，需要在他们的教堂捐赠礼物或者为他们建立一座教堂。这很可能就是教堂数量在11世纪迅速增加的主要原因。神职人员喜欢指出，圣徒也会有不那么友好的行为。圣徒会使那些嘲弄他们的人突然去世。如果教堂的建立者或其亲属不尊重教堂的权利，他们自己也会成为这些圣徒不友好行为的受害者；但建立教堂的家族的世俗对手或敌人更有可能成为受害者。世俗和宗教的目的很有可能因此达到完美的和谐，因为圣徒和封建主在与其对手的竞争中联系在一起。

在这种氛围中，国王曾经的重要地位会被削弱。德意志地区的大教会为了反抗压迫者，会寻求国王的保护。这种行为在法兰西地区要少一些。这些教会也会注意来自国内的压迫者，并且会以一个国王维护教会权利的意愿的强弱来评价他。982年，当皇帝奥托二世在意大利遭受一次巨大的失败的时候，一位编年史作家认为，这场灾难是上帝对他将梅泽堡主教区并入马格德堡大主教区的惩罚。一个世纪以后，这些干预教会的国王并未维护好马格德堡大主教区的利益，所以马格德堡大主教一直站在反对王权的前线。

在教会内部，发生了一系列进一步弱化国王作为上帝在尘世的代表的事件。10世纪，在社会秩序混乱的法兰西王国，教士们开始发表关于教士和平信徒的关系的新看法，这些观点逐渐形成了著名的三个阶层的理论，这种理论将社会分成劳作的人、作战的人和祈祷的人三个阶层。克吕尼修道院院长厄德在贵族欧里亚克的圣杰拉德的传记中表达的主题就是：作战的人有责任将使用武力的理由限定为保护无助者和教会。从10世纪末起，类似的观点在一系列宗教会议中有所暗示。它最早出现在法兰西南部地区的宗教会议中，到1030年，在法兰西北部地区举行的宗教会议上也出现了这样的思想。在这一地区，世俗人士若违反了“上帝的休战”和不得在特定的时间段战斗的规定，就会承受被开除教籍和用沉重的苦修赎罪这样的双重惩罚。在德意志地区，直到11世纪晚期，国王都保有大部分的权威，但主教已经接管了发号施令的权力，尽管除了一些零星的针对个人罪犯的审判外，他们尚未做好准备。除了限制战争的努力，教会人士也开始宣布他们有发动战争的权力。战争可以是有益处的，可以有助于拯救战争参与者的灵魂。这种看法首先由克吕尼修士提出，随后得到了教宗的热情支持。1064年，教宗亚历山大二世将赎罪券授予那些参加对抗穆斯林巴瓦斯特罗的人。教宗格里高利七世在1074年试图用同样的方法组建一支军队，以便让他们帮助东部基督徒反抗穆斯林的压迫，但他的努力没有取得成功。然而在1095年，教宗乌尔班二世在克勒芒宗教会议上旧事重提，并且得到了热情的响应。实际上，他开创了一个先例，那就是发动十字军的权力成了教宗的特权，但这一特权渐渐地被滥用。尽管国王们亲自参加了随后的一系列远征行动，但是发动针对异教徒的战争的权力从他们那里转移到了教宗手上。因此他们作为战争领袖的地位被削弱了，尤其是在12世纪末教宗开始宣称所有的战争都属于他们的权力范围之后。

教会内部第二个影响国王地位的变化就是修道运动的巨大发展。由于各个修道院所在地习俗不同，以及在面对有时非常强大的力量侵蚀时，保留其修道生活本质的能力各异，因此，尽管原则上仍然追随圣本笃规章，但各修道院在具体实践中有很大的差异。当国王、贵族和各个主教都试图新建或改革某个修道院的时候，他们经常被另外一所修道院的名声尤其是修道院院长的声望吸引，从而向其求助。在德意志地区北部，戈尔泽的约翰格外活跃，但他的影响完全是属于个人的。在他死后，他的声望就逐渐为勃艮第地区的克吕尼修道院所超越。这座克吕尼修道院建于909年，并且先后由多位极具影响力的修道院院长进行管理。在11世纪奥迪罗院长（994—1049年在任）和于格院长（1049—1109年在任）治理的时期，克吕尼修道院和它所改革的修道院之间逐渐形成隶属的关系，尽管它与不同的修道院之间的关系亲疏程度相差极大。其结果就是，隶属于克吕尼修道院的修道院数量迅速增长。在998年，仅有38座修道院隶属于克吕尼，而到了于格院长去世的时候，克吕尼修道院已经控制了数百座修道院。这些附属修道院的重要性并不在于附属于克吕尼修道院的数量之多——尽管克吕尼修道院院长对附属修道院享有广泛的权利，但是对它们的管理很松散——而是在于这些修道院摆脱了地方主教的控制。这对实际和法律上享有教会领地的贵族有很大的益处，因为它依附于一个遥远的上级，而非当地一个可能和自己存在利益冲突的上级。与此同时，这给予了这些修道院一个选择机会，使其在受到当地领主的压迫或威胁时，或者当地主教故意找麻烦时，可以向高于本地领主的机构上诉。对国王而言，克吕尼修道院则不是一个迫在眉睫的威胁。克吕尼修道院的院长对国王非常尊敬，一般不会在其王国内挑战他们对教会享有的权利。这些修道院院长偶尔还会在对立的教宗和国王之间充当调停者的角色。但即便如此，国王对克吕尼修道院仍然满怀戒备，因为这些修道院臣服于一个不受他们影响的权力中心，动摇了他们对修道院控制的根基。

到11世纪末，一种新的更加艰苦的修道形式开始显现出强大的吸引力。旧式的修道院过于依赖世俗社会，因为他们的许多活动都以礼拜活动为中心，尤其是为其建立者、捐助者和那些已经被吸纳成为修道团体成员的人们祈祷的活动。在这种情况下，修道院的许多新成员都是被父母送来的儿童。这种事不仅问题不大，而且是父母的福音。因为除非分割他们的领地，他们无法给孩子任何保障。同样，新成员见习期时间短也不甚重要，因为这是给予那些希望在去世前短暂成为修士的人的一种恩惠，使他们能够从修道团体的祈祷中获益。一个修道院领地供养的修士团体的规模大小，献给上帝和他的圣徒们的建筑的壮观程度以及举办重要宗教仪式的方式，都影响着他们拥有财富的正当性。克吕尼修道院的教堂中最壮观的就是其中的第三座，当克吕尼修道院的修士们第一次在这里进行日课的时候，一个修士描述，这一段时间这里“每天都像过复活节一样”。但到12世纪，上述所有现象都出现了问题：接受儿童为修士和短暂的实习期使很多不够资格的人成了修士；修道院的财产使修士陷入了关于财产的冲突；壮观的教堂是陷于物质世界而非从中逃离的体现。这些思想并非此时才出现，但是在12世纪它们才开始获得关注。这些现象也证明了不仅此前出现小股的隐修士是正常的，而且很快出现一个在规模上足以和克吕尼修道院相抗衡且逐渐抵消其影响的修会也是必然的。西多会于1098年起源于勃艮第第戎附近的西多，到1153年已包含350家修道院，并且遍布欧洲。这其中大部分修道院都位于偏远地带。这种情况正好满足了捐献者们的需求，他们可以将无法从中获益的土地赠予这些修道院。这也满足了那些修士的需求，他们可以远离世俗世界及其关怀，同时还能重新将体力劳动引入修道生活中。这个修会的崇高理想，有时被其攻击者恰当地描述为极度的幻想。它对附属修道院的管理比克吕尼修道院的更为紧密，这体现在他们为整个修会制定了一份条理分明的总章程。

如果克吕尼修道院所代表的利益和理想隐含着对国王的宗教地位的威胁，那么西多会发展了这些思想，并且将其与自身的新理念相结合。这些修道院组成的修会是比克吕尼修道院更强大的威胁，因为它们的组织更加紧密。当“红胡子”腓特烈一世坚持承认一名对立教宗的时候，德意志地区的西多会作为一个整体追随总修会的领导，拒绝承认他的身份；而勃艮第地区和德意志地区的克吕尼修道院却承认了。这导致了两个修会之间的关系破裂。比这更严重的是，西多会主张实现理想的方式是将人对上帝的义务置于优先地位，他们拒绝同世俗世界的舒适生活妥协，而克吕尼修道院却对其妥协了。西多会还蔑视充当世俗权力检验标准的事物。虽然此前某些教士一直支持这样的主张，但是作为一个新的修会，其成员全部坚持这种主张则是史无前例的。

教会内部第三个反制国王宗教地位的发展趋势，就是教宗权力的增长，这也是对其地位反制作用最为明显的一个因素。尤其是在政治统治崩溃的地区出现了两种情况：各地教会和圣徒之间的相互竞争；教会在面对世俗力量的掠夺时的脆弱性。这两个因素使得教会迫切地渴望这样一个机构，它既可以将一个教会置于另一个教会的附庸之下，使它们免于向世俗权力低头；它还可以把这个教会及其财产置于自己的保护之下，在世俗权力侵害它们的时候能够发出圣彼得的憎恶（绝罚）。对德意志的奥托一世而言，教宗的合作对于对抗持反对意见的德意志主教、建立马格德堡大主教区非常重要，同样教宗对波兰的保护使这里的统治者免于受到德意志世俗和宗教的双重统治。与此同时，如果有明显的证据证明在选举过程中存在违反规定之处时，教宗可以撤销这次选举；因此法兰西的休·卡佩在10世纪90年代不能任命他中意的候选人为兰斯大主教。11世纪，教宗更加积极地行使其权利；在德意志的亨利三世于1046年进行教宗制度改革之后，教宗开始到意大利之外的地区巡视（尽管有时候是作为意大利混乱的政治环境的逃难者），而且开始干预当地的事务，这种干预常常是具有决定性的。为了调查权力滥用并且鼓励上诉，他们还派遣枢机主教和教宗特使，有时还给予地区主教这种权力，这经常引发地区主教同僚的抱怨。

教宗采取这些措施是因为他们和他们周围的人都逐渐相信，教会的一切都难以令人满意。在他们看来，世俗价值观正在侵蚀教会，甚至已经掩盖了上帝的信息。从一开始他们就针对两种行为：教士结婚的倾向，以及通过送礼或者许以金钱或土地以获得圣职或者圣俸（即买卖圣职）的行为。这其中有很强的经济因素，已婚教士容易将教会财物送给妻子或者孩子，并且可能将其教堂遗赠给自己的孩子，而买卖圣职者则容易以其教会为代价犯下罪行。然而改革的宣传并不强调这些因素，而是强调教士作为圣礼执行者的角色：在圣餐礼中置于象征基督重生的饼上的手不应被不洁活动玷污。但是事实证明执行这些规定很困难，一些地区的教士宣称自己有结婚的权利，他们甚至试图谋杀那些推行教宗禁令的主教（如美因茨大主教西格弗里德）。几乎在任何地方，人们都不可能阻止教士的儿子成为教士。主教们的合作是实行这些改革的必要因素，但是当买卖圣职的指控对主教和对他们的下属一样适用的时候，改革通常就会失去他们的支持。主教经常抱怨，这些指控背后往往隐藏着教士之间、他们出身的贵族家庭之间的恶意对抗，如果这些对教廷的上诉得到关注，他们的权威就受到损害。主教们的这些抱怨有时是有道理的。

这种不满在格里高利七世（1073—1085年在位）时期达到顶峰，尤其是在德意志主教之间，亨利四世的统治时期麻烦不断，其间他任命的少数主教经常被指控买卖圣职。亨利自己则被指控同意了这些买卖圣职的行为并且包庇买卖圣职者，而且他在意大利任命三个主教区主教的行为严重地侵犯了教宗的权利，因为教宗声称这是他自己的主教区或者他已经为这些教区任命了主教。在1076年1月的沃尔姆斯帝国议会上，亨利和他的大部分主教联合起来并且免除了其对教宗格里高利的服从。这一事件导致的冲突是教宗史上的一个里程碑。格里高利开除了亨利的教籍并且要求其封臣强迫亨利向教宗臣服，最终他指定了一位德意志王公莱茵费尔登的鲁道夫为德意志国王。而亨利则在压力之下于卡诺莎觐见格里高利并与之和解，但随后他就成功地用一个更听话的教宗取代了格里高利，并且拒绝承认坚持格里高利改革的教宗继任者。到1106年亨利去世的时候，他依然未恢复教籍。

这次冲突双方都出版了大量的小册子证明自己的观点。国王是否有权插手教会事务由次要问题变为了主要问题，是这些小册子讨论的核心问题。从11世纪早期起，国王就开始授予教士戒指和权杖，象征被授予的职位和教会的领地。假如有人提名了一位不受欢迎的候选人，国王有最终的决定权，他可以通过取消授职仪式终止任命程序。格里高利七世试图阻止亨利沿用这种习俗，他的继任者乌尔班二世（1088—1099年在位）和帕斯卡二世（1099—1118年在位）通过了一系列宗教决议，试图在所有地区都禁止这项习俗。他们这样做是基于宗教原因而非政治原因：如果主持圣餐礼的手与握刀剑的手联合，则圣餐礼有被玷污的风险。出于同样的原因，他们禁止教士向世俗人士臣服。国王可以罢免宗教人士的规则就此被拒斥。同时，尽管国王可以在教会反抗地方贵族侵犯的时候给予必要的支持，但若他和地方贵族一样将其权力用于压迫教会，则同样可以被处以开除教籍的惩罚，这种做法逐渐被承认。最终在1106—1107年，英格兰国王和法兰西国王分别与教会达成协议，1122年德意志国王在沃尔姆斯宗教会议上与教会达成协议。虽然这些协议都未能得到长久执行，但是这些协议都认可国王可以出席主教选举会议并且将主教领地授予成功当选的主教。因此冲突双方就授圣职权礼达成一致，从此授圣职权礼就有了带有误导性的名称。

这个冲突在实践中取得的成果远不如理论上的成果，但并非无足轻重。从此，尽管国王在主教选举中仍然有很大的影响，但不再能决定选举结果。如果国王试图推翻一个已经当选的主教，经常会导致主教向教廷提出诉讼，尽管这种诉讼的受关注程度因政治因素的考虑而不同。因此，教宗强力介入政治的可能性成为国王必须考虑的重要因素，有时候不得不放弃其他青睐的候选人。与此同时，对国王而言，庇护主教免受其下属的控告以及教宗或教宗特使的判决变得越发困难，这立刻为主教的行为确定了一些不可触碰的底线，以及减弱了他们在第一时间寻求国王帮助的意愿。

12世纪文艺复兴

基督教世界和教会内部的发展改变了王权的本质。其他的知识潮流则有不同的结果。在12世纪，古罗马的先例与一股探寻知识和艺术的潮流结合，产生了格外丰硕的成果；“文艺复兴”这一术语并非误用。法律或许是最早受影响的领域。罗马法在欧洲北部大部分地区被部落习惯法取代，这些习惯法几乎没有被收集整理过，也几乎没有被有意识地修改过。11世纪以前几乎没有国王沿用其加洛林前辈的习俗或者颁布新的法律。两个因素有助于改变这种状况：一个因素是意大利大部分地区都保存了罗马法，这些地方经常有日耳曼国王到访；另一个因素仍然是意大利人。从格里高利七世开始，教会制定了相当数量的教会法。在1140年前后，意大利法学家格拉蒂安对教会法进行了整理编辑。他试图通过辨识隐含的原则将相互冲突的规定统一起来，然后将其用最清晰的表述扩展至类似的案例中。这些判例并不是立法，但是能让法律更有效力。教会法的制定是教宗的权力，它所引发的立法行为促使国王开始效仿教宗。

罗马先例的再创造和转变触动了思想和艺术的所有领域，尽管相比之下在一些领域更流于表面。古典时代文学通过修士的著作几乎被完整地保留下来，并且修士是主要的历史著作编写者。很多情况下，他们会将当时及之前不久的历史记录下来，并将其置于自创世以来的整个基督教历史叙事之中。因此，罗马人的历史被纳入上帝的历史的框架中。而同时，罗马历史学家则以更为独立的方式影响后代历史学家。他们的历史记载重要人物的作为，并且以他们对国家的贡献评价其作为，超自然事件则只寥寥数笔。这两方面的影响都可以在11世纪以后欧洲北部的历史学家的著作中看到。其结果就是出现了一种历史写作方式，它为权力提供了用世俗语言建构的新基础，也提供了一系列的评价标准。它的代表人物被人们依据这些标准评判，并且被指出其中的不足之处。

10—11世纪，神学同样是修道院把持的特权，随后是主教学校的特权。12世纪，一些学校开始吸引不在学校任职的著名学者，这些学者并不依靠学校的薪俸而是依靠收取学费维持生活，这就是巴黎大学的起源。伶牙俐齿，随时准备挑战古老的教条或者同事的教条，以及回应新的趋势，这些都是成功教师的标志。其中最有代表性的人物就是皮埃尔·阿贝拉尔。他告诉学生，隐藏在行动背后的动机是判断行动是否正确的标准。他还乐于指出《圣经》中不同表述间的矛盾。这对他同时代的一些人而言太过超前，导致他于1121年和1140年两次被谴责，并最终在克吕尼修道院中离开人世。除此之外，他的教导影响了那些没有他那么富有争议性的同事和继任者。亚里士多德的著作经过托莱多和西西里的学者翻译之后被越来越多的人知晓。人们也开始重视这种可能性：世上存在着自然秩序，而上帝并不直接干预。但是这一论点如何不减损上帝的全能？这一问题尚无定论，但是学者已经就此展开讨论。

相同的发展趋势在这一时期的艺术和建筑中也有所体现，而法兰西地区的表现同样比其他地区更显著。其特征是一方面艺术与建筑表现出更加写实的趋势，试图通过特征而非寓言画来塑造形象；另一方面通过对教堂结构的调整，最大限度地强调光线的重要性，象征着上帝的影响。这一时期不再采用罗马时期的技术方法，尤其是在肋拱的使用上，但这种改变是缓慢的，而非突然变化。11世纪末克吕尼修道院建造的一座体量特别巨大的教堂保留了所有的传统，但却有两处炫人耳目的特色：一是在教堂后殿的一圈祈祷室，每一间都献给一位圣徒，为整个教堂东段提供自然光线；二是飞拱的使用，在建筑不足以支撑房顶时，飞拱的使用可以平衡水平方向和垂直方向结构，这使得建造更大的窗户成为可能。12世纪40年代，在重建圣德尼修道院教堂的过程中，人们有意识地使用这些技术创新。在随后的一代人中，这些技术在法兰西一系列哥特式教堂的建筑中得到运用。拉昂大教堂和巴黎圣母院是这场技术革新运动最早的成果，之后是12世纪末的沙特尔教堂；此后，这种风格占据了统治地位，而且如此令人印象深刻，甚至对很多人而言它们成了中世纪的标志。在其他地区，这些创新扎根得很慢；在德意志地区，尽管更大规模的建筑迫使其做出一些技术变革，但这里的流行趋势是追随罗马和意大利的先例。与其他领域一样，德意志地区的艺术沉浸于一个越来越无法恢复的世界。

德意志及其周边地区

在这三个世纪绝大部分时间中，德意志王国的地位比西欧地区更高。919年亨利一世继承王位时，人们很难预料到这种状况。康拉德一世将亨利指定为王位继承人，他的继承只在他自己的领地萨克森和康拉德的领地法兰克尼亚得到承认。在使用武力迫使士瓦本公爵和巴伐利亚公爵承认其王位失败后，亨利被迫以同意他们任命各自领地内的主教和接管王室领地的条件换取这两位公爵的承认。在做出这些让步之后，他似乎失去了王权的一些基本要素：供统治者和他的随从们在全国巡回审理案件时休憩的地产，可以任命可靠仆人的职位。到亨利去世的时候，这些特权已经恢复了，但是"狮子"亨利的事例提醒我们，这之后很久公爵们都在试图获得和他们前辈同样的权利。在德意志历史的进程中，国王无法轻易地建立自己的权威和传统，彻底的王公贵族统治也并非无可避免，实际情况在两者之间剧烈地摇摆。

亨利一世继承王位建立在两个基础之上。一是作为一名精力充沛的战争领袖，他能够将丹麦人的威胁抵挡在他的公爵领以北，并且在933年给马扎尔人以沉重打击。自从在906年摧毁摩拉维亚王国之后，马扎尔人就威胁到了整个德意志东部地区甚至更西部的一些地区。他们的威胁使公爵们极不情愿地成为亨利一世的同盟，并将其他的一些统治者，以波希米亚的瓦茨拉夫为主，置于他的最高统治权之下。亨利得以继承王位的另一个基础就是其家族柳多尔夫家族的崛起：912年他继承父亲奥托的爵位成为萨克森公爵。当时禁止近亲结婚的法律尚未完全确定，教士还没决定要提出这项法律，但是这已经成为事实：若干辈的血亲之间不能通婚；一度规定七代人之内的亲属不能通婚，但是这并没有被严格执行。因此，一个新的王朝就可以对前朝加以利用，因为他仍然可以自由选择最有政治优势的婚姻。这一基础本质上就是破坏性的，但是它有利于帮助亨利从他的女婿[1]吉塞尔伯特公爵手中夺回洛林，并且这也是他的儿子及继任者奥托一世能够成功的一个主要条件。

在亨利的基础上，奥托能够将德意志王权发展至巅峰。他的成功也受益于环境因素的影响。在东方，他在从易北河到奥得河的区域内发动了一系列针对异教徒斯拉夫人的战争，这些异教徒同样威胁到了梅什科一世统治下刚成立的波兰公爵领；这些战争为他强迫他人臣服提供了领地和人

[1] 英文原版误作姐夫。

力。在西方，他在加洛林家族和罗贝尔家族断续的冲突中受益匪浅，因为冲突使洛林的贵族不愿推翻他的统治，因为一旦这么做，他们就几乎无法从法兰西获得任何帮助。在德意志地区内部，他让他的亲属与其他公爵家族通婚。这可以保证士瓦本和巴伐利亚与他站在一边，而洛林则被送给了他的一个女婿。在南方，意大利的政治动荡为他提供了大量干涉机会。这为奥托在951年带来了意大利国王的王冠，在962年带来了神圣罗马帝国的皇冠。除此之外，这还为奥托带来了很多圣物，他把这些圣物送给了东部地区的主教区和修道院。他将主教派往远离故乡的主教区任职，当主教区周围地区不太平时，这就创造了另一个支持他的力量。同时，他还成功地将军事义务加于教会，以保卫东部的边界，并且在发动远征时要求教会提供军队。虽然奥托利用这些机会达成了斐然的成就，但他依然处于一个极其危险的时期。他的继兄和弟弟都把自己视作国王的候选，并且相继发动叛乱；其他的公爵也认为自己是王位的继承人，这其中就包括他的儿子士瓦本伯爵柳多尔夫，因为他担心奥托和意大利的阿德莱德的婚姻将妨碍他继承王位。运气保住了奥托的成就，当他面临最严重的反叛，也就是柳多尔夫的叛乱的时候，马扎尔人新一轮的进攻打破了对立的格局。国王和叛军再次团结起来对抗马扎尔人的威胁，并且于955年在奥格斯堡附近的莱希菲尔德取得了一次决定性的胜利。

奥托的这次胜利使他成为处于领导地位的君主。紧接着他就被拥戴为皇帝，尽管实际上他的加冕礼还要等教宗方便的时候进行。就当时的情况而言，他所建立的王国尚无瓦解的危险。在接下来的两个世纪中，围绕将王国作为整体继承所产生的纠纷经常出现，并且没有人正视它已经分裂的现实；而在国王和王公之间的冲突则主要出现在继承问题和双方在各自领地内的权利问题这两个方面，而非国王的最高统治权的问题。在德意志地区之外，其最大的影响是在东部地区。奥托的胜利促使他竭力争取建立马格德堡大主教区，并且最远将传教士派往基辅，这有助于加快征服斯拉夫人的速度。同时，奥托的胜利还消除了主要来自新出现的波兰和波希米亚公爵地的威胁，使马扎尔人定居下来。马扎尔人最终建立了一个令人畏惧的政权，就是后来的匈牙利王国。这三个国家内部之间的冲突使德意志国王得以取得对波希米亚永久的领主权，以及间歇性对匈牙利的领主权。另外，对斯拉夫人的领土的征服还带来了波兰人的贡品。但是他们之间的联系非常脆弱，需要持续地通过武力来恢复，只有波希米亚被纳入了德意志王国的边界。从长远来看，这些发展具有非常重要的意义；如果德意志的国王以其邻国为代价能够换取人们的臣服，他们现在在意大利只要做同样的事情就可以了，那里没有一个稳固的政权能阻止他们前进。

最早意识到这一点的德意志国王是奥托的孙子奥托三世（983—1002年在位）。他的父亲奥托二世（973—983年单独统治）追随奥托一世的脚步，插手干涉法兰西王国的麻烦事务，并将德意志王国的东部边界扩张到了奥得河。他在意大利南部的灾难性失败导致了982—983年斯拉夫人的大叛乱，德意志王国的边界再次止步于易北河。在10世纪90年代，奥托三世发动了一系列旨在恢复领土的战争，但毫无成果，这或许是促使他停下来思考的原因。而另一个原因可能是令人尊敬的流亡主教布拉格的阿达尔贝特在波美拉尼亚遇难的事故。1000年，奥托三世前往他位于格涅兹诺的墓地朝圣，并且建立了一个大主教区，直接听命于罗马。第二年，他在埃斯泰尔戈姆为匈牙利人建立了一个大主教区。同时，圣物被送往那里，奥托也承认波列斯瓦夫为波兰半独立的统治者，尽管后者直到1025年[1]才正式自立为王。在将东部事务处理妥当，且西部法兰克的国王和贵族不再能在洛林制造太大危险后，奥托三世在意大利度过了自己统治后期的大部分时间。他在多大程度上设想革新帝国作为基督教各王国联盟的领袖，以及这个设想到底在多大程度上具有现实性？这个问题吸引着自此以后的历史学家，但他们根本无法得到回答，因为奥托在21岁时就不幸早逝了。

不像他的先辈们，奥托三世并没有留下继承人。他过世后发生的事情

[1] 英文原版误作1024年。

就是将来一连串麻烦的预兆，因为他的侄子巴伐利亚的亨利，即亨利二世（1002—1024年在位）的继位遭到了另外两位权贵的反对：迈森的埃克哈德和士瓦本的赫尔曼。他们每人都有强有力的追随者，分别是波列斯瓦夫和马格德堡大主教，而他们的反对显示着柳多尔夫家族所建立的国家的脆弱性。埃克哈德通过婚姻与波列斯瓦夫结亲。很多时候这些贵族与王国内外的贵族缔结的关系给予他们支持和联系，这些支持与联系使得他们变得难以操控。因此，当埃克哈德被刺杀时，其结果是将亨利拖入与波列斯瓦夫的战争，这场战争覆盖了亨利统治时期的大部分时间。对马格德堡大主教而言，他面临的是从他的主教区降级，这个主教区吞并了他之前的主教区。国王可以任命自己信任且有能力的人为主教，但是各教区之间的争端仍然有可能让他们站到国王的对立面。亨利在德意志度过了他统治期间的大部分时间，但这或许不能代表他有意识地反对其先辈的政策，这只是简单却十分必要地试图弥合奥托去世时王国被撕开的裂缝。他给予教会更多的贵族权利，尤其是萨克森地区的教会，这表明他希望能够获得一个可靠的政治基础。

康拉德二世（1024—1039年在位）的继位标志着德意志王权历史的第一次主要的改朝换代，因为亨利二世没有留下继承人。这样的变革会削弱王权，有时王公们会为了获得土地或权利决定是否支持国王。如果国王的权力基础转移到了他已经持有土地的地区，那么王室土地和权利就非常容易被视为筹码。但同时，这些变化还可以提供强有力的支持。康拉德让他的儿子和继承人亨利三世（1039—1056年在位）与来自丹麦的新娘联姻，在此之前亨利并没有被任何婚姻束缚。亨利自己却因为随后与普瓦图的阿涅斯的婚姻而饱受诟病，这次婚姻是他维护对勃艮第王国的控制的重要手段。勃艮第国王鲁道夫在1032年没有留下继承人就去世了，在这样的情况下勃艮第王国加入了德意志王国。康拉德二世和亨利三世追随他们前辈国王的先例，利用东部三个国家的继承争议维护对这些国家的最高宗主权，并且试图至少实际控制意大利北部。为了维护他们在德意志王国的地位，他们采取了两个危险的权宜之计。第一个是康拉德在成功对抗士瓦本公爵恩斯特的叛乱时所采用的，即通过向其附庸提供安全的封地并保障他们土地的继承权而解除他们对士瓦本公爵的附属关系；第二个是亨利在洛林所用的，即干涉公爵的继承，并且坚持使其分裂。每个措施都有值得辩护的理由，前者成功地平定了一场危险的反叛，后者则阻止了一个统一的洛林的出现。因为如果洛林公爵与法兰西国王达成和解或和其他在这一地区比之前有更多利益的强大的王公达成和解，那统一的洛林可能造成巨大的危险。和这些眼前利益相比，这些措施还有长期的后果。操纵封臣的继承是封君维持其领主权的基本手段之一，同样没收不履行义务的封臣的土地也是，当这些权力被限制之后，大贵族发现他们若不做出更多让步就很难让其附庸履行相应义务。不仅如此，这还可能导致当国王要继续给他们增加义务的时候，附庸会提出质疑和反对。同时，国王干涉继承问题的倾向刚好侵犯了大贵族的权利，他们现在被禁止干涉有关他们自己人的继承问题。其结果就是贵族怨气沸腾，并使德意志地区滑入大叛乱的边缘。亨利三世在1056年去世的时候，留下尚在襁褓中的亨利四世为继承人，很多人不希望他继承王位，“免得他和他父亲一样”。正像很多时候一样，最强大的国王留下了最棘手的遗产。

亨利四世的年幼给了那些心存不满的人机会，并且让其他贵族得以增强实力。虽然他的先辈已经在影响、土地和财富积累方面取得了一系列突出的成果，但是这样做的代价是侵犯了贵族自认为不可剥夺的权利。一些摄政者趁机巩固他们自己的地位，尤其是科隆大主教阿诺和不莱梅大主教阿达尔贝特，他们还帮助其他贵族恢复或获得他们的权利。国王直接持有的公爵地被授予了大贵族，其中士瓦本被授予了莱茵费尔登的鲁道夫，巴伐利亚被授予了萨克森人诺德海姆的奥托，萨克森被授予了奥多夫·比隆，他参与了巴伐利亚反对亨利四世的行动，随后接管了很多国王领地，阿达尔贝特则获得了不莱梅主教区的很多领地。当亨利成年的时候，他面临着一个不能回避的问题：任何恢复他所失去权利的尝试都只能使那些牺牲他的利益而取得巨大收获的人支持他的对手，因为他们非常担心自己会成为亨利的下一个对象。亨利尝试恢复萨克森的王室领地并试图保卫这些土地的行动激起了一次叛乱，当1075年的叛乱被平定之后，他施加于叛乱领袖的严厉惩罚又迫使他的支持者三思。教宗格里高利七世在1076年开除了亨利的教籍，这给了贵族机会，但是并没有引发随后的内战。在亨利与格里高利在卡诺莎和解之后，莱茵费尔登的鲁道夫当选为国王以取代亨利。

这件事情引发的战争对亨利十分有利，鲁道夫于1080年受伤而死，亨利可以毫无顾虑地在意大利发动一系列针对格里高利七世的战争。然而他的成果很不稳固，部分是因为他对支持者的封赏，例如将士瓦本授予霍亨斯陶芬家族的腓特烈，加强了这些土地的其他主张者的反对情绪。并且渐渐地，这些情绪纠结成了无法释怀的敌意。因此每一次成功都伴随着新的叛乱，教宗乌尔班二世和帕斯卡二世巧妙地鼓动了这些叛乱，他们先支持巴伐利亚公爵韦尔夫，他的儿子与托斯卡纳的玛蒂尔达结婚，随后又支持亨利的儿子康拉德（从1092年开始）和亨利五世（从1104年开始）的叛乱。随着亨利四世的年老，对他的支持者而言，与他的继任者搞好关系的需求变得很明显。他令人不愉快的统治在波希米亚和奥地利公爵的叛乱中结束，他们之前对亨利都很忠心。他被自己的儿子俘虏，王室徽记被没收。1106年他去世的时候仍然处于被开除教籍的状态，因此他在列日的墓地也未被祝圣。

亨利五世的继位并未解决德意志王国的问题，因为情况已经脱离了他的掌控。在这种状况下，为了迫使教宗帕斯卡二世承认他任命主教的权利，他在1111年皇帝的加冕礼上绑架了教宗，这一行动导致了教宗的彻底反对，是非常缺乏政治智慧的。由此导致的开除教籍的处罚给予了因为其他理由想要反叛的人充足的借口，其中值得注意的是叙普林根堡的罗退尔，他被亨利任命为萨克森公爵，还有莱茵地区的大主教们，亨利将他们的土地授予了他的支持者以换取他们的结盟。因此在王公们迫使亨利和新教宗于1122年签署《沃尔姆斯宗教协定》达成和解之后，贵族们依旧反对他以及他的继任者，即叙普林根堡的罗退尔（1125—1137年在位）和霍亨斯陶芬家族的康拉德三世（1138—1152年在位）。康拉德和他的兄弟士瓦本的腓特烈在罗退尔统治的很长时间里都与他不和，而罗退尔则转而与他的女婿巴伐利亚公爵“傲慢者”亨利建立联系，并且准备将萨克森公爵和王位都交由他继承。当罗退尔去世时，他的这些计划被挫败了。因为权贵们选举实力强大的亨利为国王不能得到任何好处。相反，支持康拉德则可以获得很多利益，这其中很多都是以牺牲亨利的利益为代价的。在这个基础上，奥地利的利奥波德和他同父异母的兄弟亨利·加索米尔格特获得了巴伐利亚，而“熊”阿尔布雷希特则获得了萨克森。在1142年，“傲慢者”亨利的遗孀的去世使得通过婚姻达成妥协的尝试失败了，而西西里的罗杰二世和匈牙利的盖佐二世的干预则使得整个情况变得更加糟糕，他们支持反对派，以预防康拉德干涉他们的内政。当士瓦本公爵“红胡子”腓特烈一世继承他的伯父康拉德的王位时，利益的分化以及德意志权贵中的反对派这两个问题能否解决依旧没有答案。

“红胡子”腓特烈一世（1152—1190年在位）是自亨利三世以来最伟大的德意志国王，但和亨利三世一样，他取得如此巨大的成就是以牺牲德意志王国的未来为代价的。他的第一个挑战就是平息已经持续一个世纪之久的敌意和领土争端。“傲慢者”亨利的儿子“狮子”亨利重新从阿尔布雷希特手中获得了萨克森，并且很快在那里建立了稳定的领主权。不久之后，他又被授予巴伐利亚的土地。作为补偿，亨利·加索米尔格特被授予奥地利，并且给予他在领地内事实上的自治权，在边境地带之外的领地还可以免除其军事义务。而对腓特烈而言，他要在勃艮第、士瓦本和南萨克森巩固权力，而这最终导致了他和“狮子”亨利的冲突，因为他的行动阻碍了亨利在这一地区的主张。同时，他试图恢复在意大利的帝国权利，这个时机相当不错。在1153年的《康斯坦茨和约》中，教宗尤金三世借助他的帮助对抗罗马元老院；而在意大利南部，在罗杰二世去世之后，西西里王国能否继续存在尚未可知。同时，如果腓特烈重新获得帝国在意大利的权利的话，他将获得可观的税收，还有土地。在“狮子”亨利的叔父韦尔夫四世将那些土地卖给腓特烈之前，那些土地多数都是属于韦尔夫四世的。这些前景看起来都非常令人乐观；同时，为了获得权力和新的财富来源并且不致破坏他和他的权贵之间脆弱的和平，干涉意大利事务几乎是腓特烈唯一的选择。

在这一过程中，腓特烈进行了多年艰苦且耗资巨大的战争，直到《康斯坦茨和约》彻底保住了他的大部分胜利果实。这场战争对德意志王国的影响有些矛盾。美因茨和科隆的大主教，也是他在意大利的主要军事领袖，在战争中几乎耗尽了他们主教区内的资源，而另一些贵族则利用国王对军队的迫切需求而提出了更多的要求。这些贵族中最重要的就是“狮子”亨利，他最终开始向往获得一个王室的职位，并且希望获得国王在萨克森残留的领地，从而使自己的领地变得完整。当腓特烈拒绝他的要求的时候，亨利拒绝向其提供军队。而这时（1176年）腓特烈在伦巴德激战正酣，正是迫切需要军队的时候。四年之后，腓特烈利用亨利在萨克森引起的敌意，剥夺了他的公爵地，而事实上亨利被从他自己的领地上驱逐，这些领地被授予许多权贵，其中主要包括科隆大主教、阿尔布雷希特的儿子和维特尔斯巴赫家族。这是非常危险的行动，因为这使权贵之间平息已久的领地仇恨和对抗重新爆发。当时亨利和他的儿子们获得了萨克森的一些领地作为部分补偿，这有助于维持德意志的和平，这期间腓特烈离开德意志参加十字军，并在半路去世。尽管年老的亨利已经打算接受现状，但是他那些年富力强的儿子们并不打算接受这些损失。

腓特烈的儿子和继承人亨利六世（1190—1197年在位）和他们就其利益达成了一些和解。亨利六世在征服西西里王国的事业上投入了大量精力，他还设想了更宏伟的计划，尽管这些计划被证明是失败的。为了取得这些成就，他就要竭尽所能平息德意志王国内部的事端。“狮子”亨利重新获得了吕贝克，但不幸的是，这并没有阻止亨利的长子抛弃国王的军队，向教宗切莱斯廷三世申请了一份诏书，这份诏书规定只有教宗本人可以开除亨利家族的教籍，而主教没有这个权力。随后，他举兵反叛了。这次叛乱被镇压下去之后，亨利六世才继续征服西西里。但是，尽管取得了如此巨大的成就，在1196年的维尔茨堡帝国议会上，他还是没能说服王公同意他的各个王国的可继承性。1197年他去世的时候，王公们没有选举他年幼的儿子为国王，而是分别选举他的兄弟士瓦本公爵腓力，以及“狮子”亨利的一个儿子不伦瑞克的奥托为国王。只有时间能分辨这是否比之前的事件对王权的损害更大。

德意志的国王尽其所能地维护其王权，结果在王权的目的、特权和责任在很大程度上还未明确的时候，在这个国家内的领主权依旧沿着一直积累的分裂趋势发展的时候，国王的行动导致了普遍的反感，这是德意志的悲剧。国王同时承受着对其传统和宗教基础的挑战，而他的世俗对手缺乏试图定义国王行为的边界的倾向和意识。相反，王公们围绕不同的王位候选人时进行千变万化的组合与重组，并且期待他们支持的人给予他们慷慨的回报，期待他们可以拥有最美好的未来。尽管并非他们的本意，但这种行为的结果，就是在国王作为神权领袖和战争领袖的角色早已过去的情况下，国王无法获得土地、权利、人员、法律和风俗的支持，以保障其统治的安全性。

法兰西王国

这一时期，法兰西王国也经历了一块大领地政权的兴起和衰落，但那不是法兰西国王的领地。它的起源很大程度上要归功于国王的偏见，而当这一领地政权崩溃的时候，法兰西国王趁机走到前台，这同时也是一个稳定持久的国家发展的良机。这个即将衰落的政权起源于“天真汉”查理时期，他将鲁昂及周边地区授予了维京人领袖罗洛，以此防止他的进攻。到10世纪末，罗洛的后代在此基础上获得了更多的土地，并且形成了诺曼底公爵领。1066年，诺曼底公爵威廉通过征服战争成为英格兰国王。此后，这个政权的统治在资源和权力方面超过了法兰西北部的其他领主，包括权力局限于巴黎周边地区的法兰西国王。威廉在1087年去世的时候，他的领地分别由他的各个儿子继承，但这并没有持续很久。他们的封臣的利益并不适合分别继承导致的双重附庸。由于拥有更多的资源，英格兰国王比诺曼底公爵在统一所有领地方面占据着更有利的地位。这时已经有迹象表明，这些发展将强化诺曼底公爵在法国的地位。诺曼底公爵声称法兰西国王必须前往他的领地来接受他的效忠。1106年，当英国国王亨利一世从他的哥哥手中征服诺曼底时，他开始宣称自己将不会作为诺曼底公爵向法国国王效忠，因为国王不能效忠别人，只能接受别人的效忠。再到下一代人，亨利的女儿与安茹伯爵杰弗里的联姻将盎格鲁-诺曼领地扩张到更大的范围。最终他们的儿子继承了英国王位，即亨利二世，他同时还是诺曼底、曼恩和安茹的领主，并且通过与普瓦图和阿基坦的女继承人埃莉诺的婚姻获得了这两块领地，而埃莉诺此时刚刚与法国国王路易七世离婚。在这种情况下，亨利[1]得以使得所有欧洲大陆领地对他效忠。但是，他和他的继任者能否继续这样做仍悬而未决。

在某种意义上，法兰西王国的历史进程与德意志王国的历史进程是相反的。法国最混乱的时期在最开始；到了13世纪，局势对它变得更加有利，之前的冲突已经平息，法兰西逐渐形成统一的国家。它没有受到边界扩张的机会的诱惑，也没有因为外部的威胁而成为一个不成熟的国家。当统一国家形成时，人们自愿接受它，有意识地完善它，并因此国祚绵长。这些因素在当时很少见。安茹家族领地的衰落发生得非常迅速且出人意料，法国王权突然大范围扩张是意外的收获，而非长期有意努力的结果。但是如果在这一时期，法国的王权没有衰败到几近消失的地步，那么这些事情可能永远不会发生。

[1] 英文原版作“路易”，据前后文文意，此处当为“亨利”。

法国王权的衰败可以分为两个阶段。第一阶段是加洛林家族和罗贝尔家族围绕王位的冲突时期，这场冲突持续了10世纪的大部分时间。第二阶段则是在卡佩王朝于987年继承王位后，享有的非凡的稳定时期。其间卡佩家族的王权不受干扰，也不被挑战。冲突是一个更为明显的因素。887年，“胖子”查理退位。之后，巴黎伯爵厄德被选为国王，但这并没有导致王朝的更迭。在厄德去世之前，他不得不承认由“天真汉”查理继承王位。然而，厄德的当选为他的后代们提供了可资借鉴的先例，他们可以利用“天真汉”查理无力保护其继承地位的条件。厄德之弟罗贝尔在922年就曾经效仿，而在罗贝尔死后，他的女婿勃艮第的拉乌尔也同样效仿了这一先例。这一时期中，法国的情况与亨利三世以后的德意志王国并无太大差别。大封建主在这一时期出现并且地位得以巩固，尽管其中一些存在时间很短。国王的赏赐、篡位以及强权的共同作用导致了这些大封建主的出现，每个封建主都受到邻邦获封进程中各种恐怖事件的刺激，因此这些封建主很自然地想利用卡佩家族和罗贝尔家族之间的冲突，甚至煽动他们之间的冲突，因为一个潜在的国王通常比一个在位的国王更加慷慨。一旦这种利益分化出现，之后有两种情况可以将其终结。一种是其中一个家族或者其他竞争者消失，另一种就是大封君的实力变化，他们有时变强到不需要惧怕国王，有时变弱到国王不需要对他们采取特殊行动。

尽管厄德的后代和亲属并没有在936—987年间拥有王位，但他们在想要取得王位的时候总有机会去获得。加洛林王朝的路易四世（936—954年在位）、罗退尔（954—986年在位）和路易五世（986—987年在位），时时刻刻都面临着罗贝尔的儿子“伟人”休和孙子休·卡佩的威胁。这种环境下，在大贵族攫取王室职位、权利和土地的时候，在他们试图控制大教堂的时候，正如韦芒杜瓦的赫伯特以他的儿子的名义在兰斯所做的，在他们毫无顾忌地谋杀他们的对手的时候，国王只能坐视不管。外部环境也不令人乐观。马扎尔人和萨拉森人的攻击来去如风，这让法国国王甚至来不及像奥托王朝国王那样作为伟大的战争领袖出现。同时，洛林地区已经被纳入了德意志的范围，法国国王让这一地区的人们重新臣服于他的尝试并没有成功，而德意志王权的强大也使得这种计划得不到人们的欢迎。当法国国王试图在德意志王权微弱的时期强迫洛林附庸时，他的举动严重地侵犯了大贵族的利益，使他们转向支持罗贝尔家族；当兰斯大主教阿达尔贝隆在987年为休·卡佩加冕为法国国王的时候，他的亲属在凡尔登的利益起到了决定性的作用。

当休登上王位的时候，休战的两个条件都具备了。加洛林王朝幸存的候选人，路易五世的叔叔洛林的查理因为与一个骑士家庭联姻而失去了继承的资格，但导致他失去继承资格的更可能是因为他在罗退尔和奥托二世之间的变节行为。同时，法国北部的领主们尽管还没有最终确定边界并巩固自己的地位，但他们中的大多数都到达了一个转折点，继续扩大冲突所导致的风险远大于获得的利益，所以查理对王位的主张并没有获得很多支持。简而言之，休在获取王位的时候，国王的权力已经所剩无几，这是他所建立的王朝能够持续三百余年的主要因素。10世纪的冲突还以另一种方式影响了王权。在加洛林家族和罗贝尔家族统治时期，国王通过婚姻建立重要的同盟，例如他们都与奥托一世的姐妹结婚。在11世纪的大部分时间里，在政治上对卡佩家族最为有益的婚姻都因为近亲通婚的禁令而被禁止，或者他们不顾这一禁令坚持缔结婚约，王权就容易受到挑战。这一状况在鲁西家族的族谱中有所体现，该家族在休获得王位时期与他们关系密切。在11世纪，他们没有记载任何与王室的联系，直到12世纪后半期路易七世时期，国王的权力开始恢复之后，他们才开始吹嘘自己与王室的关系。

这些发展导致的结果就是休的儿子罗贝尔二世（996—1031年在位）、孙子亨利一世（1031—1060年在位）和重孙腓力一世（1060—1108年在位）统治时期是法国王权发展史中的最低谷。一些大封建主，诸如阿基坦的威廉五世和布卢瓦的厄德，都努力试图获得意大利、勃艮第和洛林地区的继承权，而未曾受到国王的阻拦或者妨碍；另一些封建主，例如安茹的富尔克，在法兰西北部地区开拓并建立了强大的领地，法国国王间歇性的反对对他们几乎不会造成阻碍；诺曼底的威廉则通过征服英格兰建立了强大的、幅员辽阔的盎格鲁-诺曼领地，其阴影笼罩了所有法国北部的领主，包括国王。在这一时期中，卡佩家族只获得了极少的土地，其中收获最丰的就是勃艮第公爵领。但是为了使亨利一世的哥哥放弃对国王的宣称，他们不得不将其转让给他。与此相比，腓力一世时期获得的加蒂奈和布尔日就只是很小的补偿了，尽管它们是国王可以安全地享有的领地，而勃艮第还不是国王可以稳定地控制的领地。各个封建主之间断续的危机使国王有机会偶尔干涉他们之间的事务。例如亨利一世帮助威廉公爵在1047年平定诺曼底的叛乱。腓力一世曾经试图帮助布卢瓦-沙特尔和安茹对抗诺曼底，以保证他们之间的力量均衡。尽管这些干涉行为有助于保持国王干涉的权利，以及各个贵族的臣属地位，但除此之外，这些活动没有更多的影响。不过，腓力一世至少还保留了一项尊严。国王保留了对大约超过三分之一的法国主教的任命权，但是他并没有像德意志的亨利四世一样冒着和教宗发生全面冲突的风险保护这项权利，或者保护主教免于格利高利七世在法国的特使——强势的里昂的休的调查和惩罚。这样的抉择是明智的，因为很多主教的土地和政治权力都已经转移到了他们主教座堂驻地城市的伯爵和子爵手上。在格利高利的改革中，法国国王获得的利益比失去的多，因为坚持主教由主教座堂的教士团选举的做法，使大的贵族家族想要把亲属推上主教职位的尝试变得更加困难，也更缺乏吸引力。其结果就是，在公元1100年之后，法国越来越多的主教来自小贵族家族，而非来自大贵族，这很可能是因为他们的力量较小，不足以成为其他地方权势及其亲属或是教士团的潜在威胁。而对这些小贵族领主而言，当那些伯爵或公爵侵犯他们的利益或者支持他们对手的时候，他们能有一位能够提供帮助的家族成员。而国王插手这些事务的余地，既取决于这些对立派别的对抗强度和持久性，也取决于大封君对这些派别不同的控制程度。但是总体来说，从12世纪开始国王干涉的余地扩大了很多。这一时期中城镇的发展——其中一些城镇还获得了公社的特许状，同样给国王提供了类似的干涉机会。通过授予这些城镇特许状，国王可以限制不合作的主教或封君的权力。而为了获得这些主教或封君的支持，他也会拒绝颁发这些特许状。

因此，到12世纪开始的时候，事情的发展变得对王权有利。同时随着时间的推移，卡佩家族不会再明显地触犯近亲通婚的禁令，这使他们可以利用政治婚姻的机会促进王权的发展。法国王权发展的转折点是路易六世统治时期（1108—1137年）。路易对法国王权发展的巨大贡献在于将王室土地，即王田稳定地控制在自己手中，同时摧毁了那些对旅行者和商人违法征收赋税的领主的城堡，并在这些地区建立了自己的城堡来征收税款。他的举措和其他的封君的做法并无二致，但是他的传记作者圣德尼修道院院长絮热将他描述为基督教国王的理想形象，称他保护教会和穷人免受邪恶势力的侵扰破坏，同时还将他描述为圣德尼修道院的捍卫者和领袖，称他是法国的圣徒。这些记载提供了其他封君不具备的意识形态方面的基础。同样的趋势还表现在他通过触摸治愈患有结核病的穷人这样的事情上。路易在国王直属领地之外也非常活跃，他高超的外交技巧和一次偶然的战役尽管不能使英格兰的亨利一世不情愿地效忠于他，但是在1135年亨利去世之后，这两个因素使亨利一世未来的继承人以及内战中的竞争者效忠于他。在佛兰德斯，当"好人"查理于1127年被谋杀后，路易的干涉阻止了其爵位由亨利的亲密盟友继承。这样的干涉有助于恢复国王和大贵族之间的联系。这些举措和路易的前辈所做的没有区别，但是它们更加长久有效，因为亨利一世的强势破坏了法兰西北部地区的政治平衡，这迫使他的对手与法国国王结盟。有两个事件可以说明法国国王权力的恢复：第一件事是在1124年，当亨利的女婿德意志王国的亨利五世入侵法国的时候，法国几乎所有的大贵族都派遣了代表团支持国王；另一件事发生于路易统治的末期，阿基坦公爵在为其女继承人埃莉诺择婿的时候选择了路易的儿子和继承人，希望埃莉诺的利益可以得到保护。而此时，阿基坦基本不受国王权力的影响。

事实证明这场婚姻并不持久。在1152年，埃莉诺与路易七世（1137—1180年在位）离婚，并且与诺曼底公爵亨利结婚。亨利很快成为英格兰国王、安茹和曼恩伯爵，即亨利二世。无疑，对法国国王而言，过大的领地和权力比亨利一世时期的领地和权力危险性要小一些，因为这一更为巨大的领地和权力有利于国王和大贵族之间建立更加紧密的联系。路易七世的第三段婚姻是与香槟的阿黛拉的结合。在余下的统治时期中，路易和她领地的领主的关系都比较友好，而他的儿子腓力二世（1180—1223年在位）的第一段婚姻是与埃诺的伊莎贝拉的结合，腓力二世从中获得了巨大的政治利益，围绕着她的嫁妆产生的纷争，一直持续到她去世为止。同时，英国国王亨利二世和他的继任者理查（1189—1199年在位）所统治的巨大领地为法国国王提供了巨大的干涉空间。尽管亨利和理查一直在巡视的路上，但他们还是没有太多时间去巡视很多领地，因而难以察觉这些地区因为不满而导致的叛乱。这样的问题在亨利统治的后期更加严重，他的儿子们开始为争夺遗产份额而参与叛乱，路易和腓力都第一时间为他们提供支持。亨利的儿子们相继在别人的鼓动下要求他授予土地。每个儿子都对父亲的安排感到不安，都被鼓动参与叛乱，这个过程从他们刚成年就开始。路易在1169年的《蒙米拉伊和约》中将授予亨利长子土地作为一个基本条款。这种状况在理查统治的时期仍在继续，他的弟弟约翰同样被鼓动参加叛乱。类似的手段同样被运用于亨利的附庸；在1173—1174年反对亨利的大叛乱平息之后，路易将不得剥夺叛乱者土地作为和约的一个条款。

这种做法在很多方面都有助于卡佩家族的发展。他们作为亨利的封君，对他的附庸权利的维护，就意味着在战争中掌握主动权的是他们而非亨利；战争在亨利的土地上进行，而非在他们的土地上。因此，安茹家族不得不在所有地方都时刻做好准备，而卡佩家族可以更加从容地利用他们的资源，决定进攻的时间和地点，通过摧毁土地而消磨亨利军队的抵抗意志。安茹家族过度依靠他们在英格兰的资源来支持他们的战争，在理查参加十字军和被德意志国王俘虏期间，腓力利用理查不在自己领地的机会获得了诺曼底地区的一些要塞。在此之后，理查更加依靠英格兰的资源。但是十字军战争和为理查支付赎金几乎耗尽了英格兰的资源。此外，英格兰严重的通货膨胀以及无法调整税收数目以应对货币贬值，都一定程度上将英国国王置于日渐不利的地位。在腓力通过与埃诺的伊莎贝拉的婚姻获得阿图瓦、亚眠和韦芒杜瓦，以及有效地扩大了王田之后，这种趋势更加明显。1194—1197年的大饥荒打击了腓力的战争努力，同时也打击了理查的战争努力。但是法国王田的经济复苏尚未达到转折点，英格兰却达到了。英国过多的人口导致了通货膨胀，并且给国王、封君及其封臣之间的关系带来了巨大的压力。这时，运气再一次青睐了发展后来者。

12世纪见证了一种更加世俗化的、实用主义的统治理念的出现。这种理念以国王对人民做出的贡献来评价国王，当国王对人民造成伤害的时候，他所施行的就是暴政。这种状况的出现，一部分原因是历史研究的发展，一部分是因为在圣职授受权之争中旧的神授王权观点受到了冲击。但是，这种理念也是贵族规范他们统治的反映，确定附庸对他们的义务，同时又承认他们附庸的权利。无论这些过程是否牵涉国王的事务，国王都时刻做好准备，来处理人们对其封君的诉状。还有另一个进程也有利于卡佩家族，因为它限制了金雀花家族按其权利处理附庸事务的自由，同时促使这些附庸相信如果封君滥用其权力的话，支持国王对抗自己的封君是完全正确的。

这些趋势在理查于1199年去世的时候表现得尚不明显。没人能预料金雀花家族的土地将在五年之内被法国国王，尤其是腓力二世剥夺殆尽。腓力二世本人可能是最没有想到的那个。当时他还在加强巴黎的防御工事，并且组织一批学者反驳一个预言，这个预言称卡佩家族将只能统治法国七代人的时间，而他自己就是第七代国王。这或许是命运给他的最终的优势：因为他的实力的真正本质还没有完全显现，他的对手所做的一切都正中其下怀。

斯堪的纳维亚和欧洲东部

最后，我们还需要注意斯堪的纳维亚半岛和欧洲东部三个国家——波兰、波希米亚和匈牙利的政治制度的发展。决定这些国家历史发展的最重要的因素都来自国外，而非国内。东部三国的发展是受其西部毗邻的强大的德意志王国的影响，而斯堪的纳维亚半岛的发展则是在东方和西方做海盗所提供的机遇，以及在9—10世纪期间支撑其强大扩张的掠夺物和来自伊斯兰的白银供给的中断。

在上述的东部三国中，匈牙利是遭受西边的邻国干涉最少的，同时也拥有充足的机会来凝聚对王权的支持，并将其合法化。从10世纪马扎尔人部落松散的联盟转变为匈牙利王国的过程相对平稳，这是因为只有团结才能有足够强大的力量抵抗德意志王国和拜占庭帝国的干涉。同时，只有团结才有足够强大的实力在12世纪大部分时间中建立对克罗地亚的统治。尽管有很多围绕王位继承的冲突，但金矿和银矿以及大规模的王田使匈牙利国王的实力非常强大。而波兰则不够幸运：它没有那么多机会发展为一个统一强大的国家，因为它虎视眈眈想占有的波美拉尼亚和其他斯拉夫人的土地，也同样为德意志国王和权贵所觊觎。从亨利二世时期开始，德意志王国就与异教部落结盟，以防止出现一个强大统一的波兰。波希米亚公爵领位于波兰的南面，是三个国家中与德意志联系最紧密的，因此它能够建立对摩拉维亚的统治，使波兰放弃对这一地区的主张。到了1138年，波兰强盛一时的皮雅斯特王朝的统治者分裂为几个对立派别，每一个派别都希望获得德意志王国的帮助，因为它可以满足他们的要求。与此同时，波希米亚则相对稳定，但代价是在事实上它被并入德意志王国，虽然它是在自己的普舍美斯家族公爵的统治之下。弗拉蒂斯拉夫二世在亨利四世镇压萨克森的反对者时提供了帮助，而且他代表腓特烈带领庞大的军队进军意大利。因此，国王赠予他一顶王冠，这是对这个附庸地位的小小补偿。在亨利六世去世后德意志王位空缺的时期，波希米亚得到了喘息的短暂机会。

在讨论斯堪的纳维亚的历史的时候，有一个具有讽刺意味的事实，那就是阻止他们扩张的强大国家大多是他们自己建立的。诺曼人在塞纳河流域的定居点吸引了移民而非战争分子。劫掠并且发动针对英格兰的全面入侵的可能性对维京人内部的团结起到了强大的刺激作用，然而一旦这个目标实现，这种刺激作用也就没有了。定居者和领主在新征服土地上生活，他们对征服其他没有吸引力的土地已经没有了兴趣，因为这既浪费精力，还要冒着失去生命的危险。当诺曼人占领英格兰之后，维京人历史的这一篇章就结束了。在北方群岛、爱尔兰和冰岛的进一步的劫掠和征服活动为维京人的传统保持着一丝活力，但是不能再为他们提供更多的推动力，来促成现在已经不必要的政治统一。

在斯堪的纳维亚半岛的三个国家中，只有丹麦保持了稳定和统一；挪威和瑞典都长期处在政治动荡的境地。外部压力是促使他们保持统一的主要因素。丹麦或多或少一直承受着来自德意志王国的压力；而对另外两个国家而言，它们偶尔会受到来自丹麦的压力。与波兰和匈牙利一样，这些国家最早都是出于政治原因接受基督教，以防止被其基督教邻国征服。但是只有在丹麦，基督教会成为支持国王的重要力量。斯堪的纳维亚半岛地理环境的基本特征导致其分裂为由若干城镇组成的区域社会，这些小的社会多数沿海岸线分布，对其无法行使中央政府的职能。在这一时期中，我们所熟悉的政府的基本特征，只有在丹麦才能够被辨认出来；当继承争议发生的时候，争议的一方或双方都寻求德意志国王或者大贵族的帮助。就像皮雅斯特家族中的竞争者一样，这些派别有时会承认德意志国王的领主权。同时，丹麦还发展了和萨克森很相似的封建贵族政治。对它的邻居而言非常幸运的是，丹麦从此不再派出曾经蹂躏了欧洲北部海岸绝大多数地区的维京战帮。他们两次征服了英格兰的大片地区，还烧毁了包括汉堡在内的很多城市。对丹麦人而言，这意味着他们被贬逐到欧洲历史上非常边缘的位置。

重新审视上述提到的这些地区，我们发现，这三个世纪中欧洲北部的历史最引人注意的特征，就是欧洲政治版图变化之小。大封建主的发展是很普遍的，同样普遍的还有相对的和平和繁荣。关于王权的一种观点已经发生了决定性的改变，而建构另一种观点的材料已经准备好了。除了这些巨大的改变，在12世纪结束的时候，法国还看不出政治统一的征兆，德意志王国的分裂也未露出迹象。一系列剧烈的动荡已经呼之欲出，但当它们真正发生的时候，人们仍十分震惊。无论“狮子”亨利还是“红胡子”腓特烈一世都未超越其时代；他们在行动的时候都怀着与数个世纪之前的许多前辈和对手相同的自信。最终，正是这种自信，甚至是对变化的无视，造成了令人震惊且出乎意料的影响，这种影响将会在13世纪的欧洲迸发。

| 第四章 |

欧洲北方入侵地中海地区，900—1200年

罗斯玛丽·莫里斯

古老的帝国，全新的挑战

“萨拉森帝国和罗马帝国，凌驾于大地上所有的帝国之上，光芒四射，就像天空中两座最闪亮的灯塔。”

此语写于大约914年，正值牧首尼古拉一世之时。当时的世界上有两个政权享有绝对的荣誉与尊重：一个是以巴格达为中心的阿拔斯王朝，近东地区的统治者；另一个是罗马帝国，在4世纪以后，它以新的基督教首都君士坦丁堡为中心。这两个国家的统治传统都可以回溯至久远的过去；东部帝国的人们总是声称他们是罗马人，而地中海东岸的统治者同样热衷于宣传自己的穆斯林传统，声称他们的历史可以追溯到先知的时代。但公元900年以后这些宏大的帝国概念有多少是和现实吻合的呢？在牧首的世界观中，西部地中海世界的土地和统治者毫无地位。他对拜占庭帝国在其附近的势力经常受到挑战之事只字不提。他所描述的是世界本该成为的样

子，而非现实的情形。到了1200年，对所有人而言，他们都需要面对全新的现实。罗马帝国这一旧理念虽然还很强大，但已经被重新阐释了。而在地中海世界的许多地区，旧帝国——拜占庭、加洛林和穆斯林帝国的权力已经被更小、更地区化的国家取代，这些国家有的甚至只有一座城市的规模。集中化的权力被侵蚀了，将广袤的领土连结起来的纽带已经不再是单一的政治权力，更多的是宗教和文化传统。

这种状况在被称作“拜占庭共同体”——君士坦丁堡的直接政治权力或其强大的文化势力控制下的区域中表现得最为明显。在公元900年后的三百年中，帝国的军队将其版图扩张到6世纪以来的最大范围。但是很快，事实证明在外部新的突如其来的威胁面前，拜占庭帝国无力维持其统治。10世纪是拜占庭扩张和再征服的伟大时期。这其中最引人瞩目的是在三个主要地区的扩张：东部边界、意大利和巴尔干半岛部分地区。在东方，帝国于873年在恰拉西安（卡帕多西亚）、911年在塞巴斯蒂亚（萨马里亚）、916年在利堪多斯（恺撒里亚东部）、934—944年间在泰夫里卡（幼发拉底河以东）分别设立了军区将军。10世纪末，在塔尔苏斯、狄奥多西奥波利斯（今埃尔泽鲁姆）和范湖东北的亚美尼亚塔龙地区也设立了军区将军。在意大利，伦巴德和卡拉布里亚两个军区的设立标志着拜占庭在意大利南部地区权力的重建。这种权力在皇帝尼基弗鲁斯二世（963—969年在位）时期达到顶点，他还在意大利设立了一个新的高级军事总管的职位，总理拜占庭在意大利领土的行政。在巴尔干半岛，9世纪末斯特里蒙、尼科波利斯（两地均位于北希腊）和达尔马提亚地区各军区的设立，标志着拜占庭重新控制了之前被斯拉夫人和阿瓦尔人攻占的土地。11世纪初，巴西尔二世（976—1025年在位）在成功地征服了保加利亚地区以后，在那里建立了更多的军区。

取得这些成就的手段本身就对帝国的统一构成了威胁。在“黑暗时代”中，拜占庭通过将人民撤入防守坚固的城市，或者进行防御性游击战来抵抗侵略。现在它转守为攻，这就需要新的战略和领导方式。在7世纪时，以土地为基础的军民合一制度下的农民兵，现在需要将自己装备成重装骑士。这个转变花费甚巨。在10世纪，我们会发现像福卡斯、阿古鲁斯、杜卡斯和科穆宁（这些家族在公元1100年前都出过皇帝）这样的大家族的成员在各行省拥有大量地产且以军人为职业。伴随着军事上的成功而来的是更大的野心；声名显赫的将军尼基弗鲁斯·福卡斯于963年携东线与克里特岛的胜利之势，通过武装政变为自己加冕，攫取了皇帝的权力。在11世纪这是经常上演的剧情，并且成了拜占庭局势动荡的主要原因：因为一旦一个地方总督成功，那如何阻止其他总督效仿呢？当强大的军事皇帝，诸如巴西尔二世统治时，通过强硬的政治手段（如没收实力过于强大的附庸的土地），他可以阻止实力强大的省份的离心化趋势。在11世纪，由于各个家族都竞逐帝国的最高权力，因此中央政府的权力不断受到省份派系的挑战。在皇帝阿莱克修斯一世·科穆宁（1081—1118年在位）重新建立稳固的王朝之时，帝国内的政治分裂已经造成了严重的后果。

这其中最重要的就是在面对突厥游牧民族在小亚细亚地区的严重侵扰时，拜占庭无力抵抗。而小亚细亚无论在人力还是粮食生产方面，都是帝国至关重要之地。突厥入侵者第一次出现在亚美尼亚是在1016—1017年。11世纪末历史学家埃德萨的马修将其形容为世界末日。但是直到11世纪40年代，这些“浑身沾满鲜血的残忍野兽”的出现才得到拜占庭评论者们的普遍注意，这时他们的军队已经开始毁灭帝国最东端的数个军区，紧随其后的游牧部落侵占了安纳托利亚高原上的草场。亚美尼亚和他们在格鲁吉亚的附庸统治者尽力延缓他们的进攻，但是最终被迫向北逃入高加索地区或者向南逃入奇里乞亚地区。在此前一个世纪如此成功的拜占庭军队，现在不是陷入君士坦丁堡权力斗争的泥潭中，就是尝试着阻挡向帝国西部地区的攻击。1071年，拜占庭在曼济科特（在今土耳其东部）战役中失败，而且皇帝罗曼努斯四世·戴奥真尼斯（1068—1071年在位）被突厥人俘虏；同一年，诺曼军队占领了拜占庭在意大利地区的首府巴里。这是非常重要的历史事件。这种情况过去也曾出现过：拜占庭帝国从一个如此遥远的首都，维持如此漫长的边境的防御已经力不从心。在1097年十字军军队第一次到达君士坦丁堡前，拜占庭已经向西方发出了一系列求救信息，希望得到帮助，共同对抗异教徒。作为回应，很多“法兰克人”加入了皇帝日益增长的多国混合雇佣军，这其中有日耳曼人、瓦兰吉人（斯堪的纳维亚人）、俄罗斯人，甚至还有英格兰人。

11世纪后期的战事的代价是耗竭了帝国的税收。11世纪早期货币成色的下降可以视作增加流通中的货币的尝试，以应对农产品和手工业产品的增加；但是到了阿莱克修斯一世·科穆宁统治时期，对帝国资源消耗最严重的是武装征召军队以抵抗东方的突厥游牧民族横跨多瑙河的袭扰，以及诺曼人在意大利和巴尔干半岛发动的进攻。无怪乎奥赫里德大主教狄奥菲拉克特在11—12世纪之交时抱怨说，在巴尔干地区的帝国军队和征税官就像蝗虫一样。君士坦丁堡对于该行省的困境也缺乏关心。阿莱克修斯一世·科穆宁的财政改革和征税体系改革采取了一些手段，以补救帝国财政的损失。但是，他的官僚热衷于揭发各种逃税机构尤其是大修道院，使得行省上的权贵们与君士坦丁堡的政府离心离德。

12世纪拜占庭的命运在某种程度上时来运转，无论是在领土上还是财政上。科穆宁王朝的皇帝，阿莱克修斯一世、约翰二世（1118—1143在位），尤其是曼努埃尔一世（1143—1180年在位），都依靠十字军恢复了小亚细亚的土地，但是他们未能恢复10世纪时的帝国边界。他们和塞尔柱突厥统治者的条约至少保证了安纳托利亚西部地区免受进攻。曼努埃尔还尝试恢复拜占庭在意大利的领地。扩张失败的主要原因，是包括教宗在内的潜在盟友的不值得信任、疾病以及一个老问题——无法越过如此遥远的距离为部队提供增援。但是君士坦丁堡中央政府重新征服它最远的省份之一的失败还有更重要的原因，这个原因不仅适用于意大利，同样也可以解释巴尔干半岛的情况。

拜占庭利用宗教、外交和文化而非军事作为武器，在巴尔干地区建立了霸权，这在11世纪保加利亚扩张的威胁被消除后非常有效，但到了12世纪这些手段已经失效了。塞尔维亚、克罗地亚和达尔马提亚的地方政权在君士坦丁堡审慎的支持下进行统治。而更远的匈牙利王国，从1000年起就实现了基督教化，看起来怀着感恩之心接受了拜占庭的政治庇护。但在12世纪后期，地方政权统治者的领土野心大大膨胀，这将拜占庭拖入了一系列战争之中。匈牙利王国向亚得里亚海的扩张导致了巴尔干西部地区的政治势力的重新组合。在承认匈牙利对克罗地亚和达尔马提亚的统治后，拜占庭对匈牙利王室内部冲突的失败干涉达到了顶点——这严重威胁到了位于亚得里亚海另一端的拜占庭的老盟友威尼斯。1166年斯特凡·尼马内亚领导塞尔维亚人起义，1185年两名保加利亚贵族彼得·阿森和伊凡·阿森[1]领导起义，这导致了事实上独立的保加利亚国家的建立：尽管君士坦丁堡并不承认这个国家，但在法理上不得不接受这一现实。

为什么拜占庭之前尝试过且有效的间接统治手段在12世纪失灵了呢？或许首要原因是它太过传统了。在与新迁入民族结盟时，拜占庭并非单单将他们笼罩于拜占庭霸权的政治光辉之中，而是要使得他们无法像以下犯上的诺曼人，或是欲壑难填的突厥人一样，为自己攫取政治权力。但是，新迁入的民族都已经拥有了宗教信仰，他们不能接受拜占庭将他们整合进一个东正教“共同体”的努力。结果拜占庭人不得不战斗，并且对这些“野蛮民族”的军事胜利就成了衡量帝国成就的主要依据。在1176年的密列奥塞法隆战役中，突厥人决定性地战胜拜占庭之后，拜占庭想要使这些野蛮民族臣服就更加困难了。不仅如此，在12世纪的最后三十年，这一直是拜占庭的科穆宁家族和安耶洛斯家族间爆发大规模冲突的托辞。军事上的日渐衰微，以及周边旧日盟友的离心趋势都加剧了君士坦丁堡的分裂。在曼努埃尔统治时期（1143—1180年），帝国转向西方寻找盟友，但在以条约和婚姻为条件结盟的同时，危险也随之而来。地中海世界西部的城

[1] 英文原版作“彼得和阿森”，实则阿森是姓氏，彼得是名，正文中“两名保加利亚贵族”指的是彼得·阿森和伊凡·阿森两兄弟。

市——热那亚、比萨和威尼斯之间的冲突，以及神圣罗马帝国皇帝的野心都被带到了拜占庭和君士坦丁堡。曾经满怀自信进行扩张的帝国中心，在1204年变成了西方领土扩张野心的目标。

10世纪也是伊斯兰世界大变革的时代。这一时期中，位于巴格达的阿拔斯王朝彻底瓦解，很多独立的穆斯林国家取得了长足发展。这些国家之间的团结不是通过忠于巴格达而表现的（因为在埃及建立了一个对立的法蒂玛王朝），而是通过将阿拉伯语作为通用的官方语言，以及重要的宗教仪式（如一年一度的哈吉，也就是麦加朝圣）团结在一起。较为偏远的穆斯林省份，如伊弗里基亚（在今突尼斯、的黎波里塔尼亚和阿尔及利亚以东一带），仅仅象征性地交给巴格达一点赋税，到了926年巴格达几乎收不到来自埃及、叙利亚、摩苏尔和伊朗的很多边远地区，甚至是伊拉克本土的财政收入。因此，可以很容易地发现，阿拔斯王朝崩溃的根源不是军事失败，而是财政破产；10世纪阿拔斯的动荡很大程度上是因为无法供养作为其统治基础的大量军队。哈吉拉（Kharaj），即中央政府官员每年征收的土地税逐渐被两种形式替代：可靠性无法保证的包税人；或数量不断增加的伊克塔（Iqtas）[1]，就是将一个地区的税收指派给个人，他们提供一定数量的军队或者金钱，并逐渐成为地方领导者。这些离心的趋势为遍布首都的党派所加剧。其中有两条突出的联系线索：宗教和政治。

由于在伊斯兰世界中哈里发是唯一的合法统治者，因此很多势力都试图控制他。阿拔斯宫廷就是一个阴谋丛生的场所。阿拔斯的权势者为了保持自己的地位会招募军事力量，通常由雇佣军首领和从突厥或山地民族中招募的雇佣军组成，这些雇佣军首领在政府活动中扮演着越来越重要的角色。在10世纪早期，波斯士兵中的三兄弟，也就是白益王朝的建立者，攫取了伊朗和巴格达的权力。理论上讲，他们是代表阿拔斯进行统治，而事实上在1055年突厥人控制哈里发之前是他们在控制哈里发。

[1] 中世纪部分伊斯兰国家采取的封建采邑形式。——译者注

哈里发在他宏伟的宫殿中成了事实上的囚徒，狱卒则是拥有足够军队支持的人。这一时期，军事制度发生了非常重要的变化。9世纪以降，突厥人提供了大量军队，他们的游牧文化为军队带来了骑兵机动和骑射技艺。但是，招募他们的条件是为他们的部落提供牧场，而通常这些牧场上已经有长期定居的族群。这样一来军队结构发生了变化。军队不再接纳主流的、定居的穆斯林族群。这种变化不断加剧了局势的动荡，因为对立的集团为了控制国家机器而不断争斗，地方军事将领在他们自己的区域内成为事实上的统治者。

伊斯兰世界动荡的另一个主要因素就是什叶派和逊尼派的分裂。在白益王朝统治时期，十二伊玛目派开始从单纯的宗教派别发展为政治力量，该派别信仰以穆罕默德的堂弟和女婿阿里为首的十二个伊玛目。该派别信徒诋毁对最早两任哈里发的纪念活动，相反他们纪念早期什叶派领袖遭到谋杀的日子，并将这些纪念日发展为节日。他们开始崇拜阿里家族成员的墓地。这一信仰在巴格达的商人群体中格外盛行。然而哈里发依旧沿袭旧的逊尼派传统，强调他们对于先知早期的追随者以及最早的四位哈里发的崇敬。11世纪早期，逊尼派的影响在城市中恢复，同时1003年哈里发拒绝一位杰出的什叶派成员担任大法官，并且在军队中任命逊尼派突厥人担任重要职位。双方日益强硬的态度使局势日益紧张，972年，当一支军队被派遣对抗拜占庭帝国时，在离开巴格达之前，它的突厥指挥官就改变命令，转而攻打白益王朝及其追随者。

因此，在11世纪突厥入侵之前，伊斯兰世界就已经分裂了。处于中心地位的是两个各自有独立行政体系的哈里发，外围则是一系列稍小的国家，如位于阿勒颇和摩苏尔的哈姆丹家族、控制巴勒斯坦部分海滨城市的一些小家族、控制里海地区的库尔德人以及控制叙利亚沙漠的贝都因王朝。正是这些最边远的地区将拜占庭和西方的基督徒卷入冲突，而哈里发无法提供有效的军事支持则是10世纪拜占庭和11世纪第一次十字军运动取得成功的一个原因。权力的分散所带来的唯一好处就是为穆斯林的行政人员和学者在那些自立的地区统治者宫廷中找到职位和获得庇护提供了更多的机会。10世纪被称作“伊斯兰文艺复兴时期”。在这一时期，伊斯兰学者将古代的文学瑰宝留存下来，科学与艺术也开始走向繁荣昌盛。

12世纪伊斯兰世界的再次联合可以看作基督徒卷入近东局势的直接后果。那些能够在与拉丁王国的战争中获胜以及能从全伊斯兰世界征召军队加入圣战（jihad）的将领，获得了政治上的主动权。伟大的埃米尔萨拉丁是12世纪后期抵抗十字军运动最著名的领袖，他和他的家族几乎一手造成了埃及法蒂玛王朝的衰落。他打败了哈里发的主要支持者——苏丹的军队。在萨拉丁于1171年去世的时候，阿拔斯哈里发被迫在开罗的清真寺中承认他是伊斯兰世界唯一的领导者。

在西方，查理曼的单一帝国设想和罗马公教世界高度重合，但是独立于以君士坦丁堡为中心的帝国。这种理念在公元900年之后再度强势登场。由于罗马本身在这个计划中扮演着重要的角色，因此，神圣罗马帝国皇帝很多包藏着其帝国野心的政治活动不得不在意大利举行。德意志人在奥托王朝皇帝统治时期的扩张促使他们不只将自己视作国王，并且要恢复从查理曼时期继承的中世纪王国的疆土。奥托一世在951年干涉伦巴德的借口就是应意大利国王罗退尔二世（947—950年在位）的遗孀阿德莱德的请求，后者请求奥托打击她的政敌伊夫雷亚伯爵贝伦加尔（950—963年在位），因为他曾经自立为国王。同时期，由于阿尔卑斯山以南的很多统治家族都卷入了意大利北部复杂的政治斗争中，所以奥托也格外注意控制通往他王国南方的关隘和通道。教宗约翰十二世向奥托寻求保护，以抵抗贝伦加尔在罗马附近的攻击，这是更有决定性的因素。奥托于962年2月被加冕为皇帝，这是对他作为教宗保护者的角色的承认。如此一来便开启了“罗马帝国的复生”这一历史进程。教宗和皇帝之间是相互依存的关系；奥托一世与约翰十二世之间签订的条约中有条款规定，新当选的教宗应当宣誓履行对皇帝的义务，但危险的是条款并未明确宣誓的具体内容。作为回报，皇帝应当保护教会的利益和圣彼得宗座的安全。到10世纪末，帝国在意大利的活动分为相互联系的两部分：在帝国意大利领地上努力建立政治霸权地位，以及保护教宗的安全。

在接下来的数百年中，帝国的势力频频干涉意大利北部的事务。在康拉德二世继位的第一年，米兰主教阿里贝托就保证米兰将效忠皇帝。随后康拉德二世前往惩罚帕维亚的市民，因为他们发动暴乱并摧毁了城中的王室宫殿。康拉德提醒市民，这座宫殿不仅仅是一座私人建筑，更是国家的象征。1026年，康拉德在前往罗马参加他的加冕礼时，镇压了一次拉韦纳市民反对帝国官员的叛乱，并接受了卢卡的臣服。11世纪30年代帝国的一系列远征，目的是使更多城镇臣服。以我们现在的眼光来看，用当代历史学家维波的话说，这些远征"造成了大规模的混乱，……并且使这些城镇联合起来对抗他们的领主"，成了开启同时期一系列市民运动的标志性事件。

皇帝给予教宗的帮助经常包含对罗马城桀骜难驯的贵族的管理。很长时间以来，教宗的位置都是罗马城派系斗争中势力最大的派系的囊中之物。在西部帝国皇帝开始对这一职位加以关注之后，更有能力的人开始掌握这一职位。很多来自帝国的教士当选为教宗，例如奥托三世年幼时的导师，同时也是杰出的学者欧里亚克的热贝尔，就是后来的教宗西尔维斯特二世。这些教宗从北方带来很多能力出众的教士担任教廷的行政官员。教宗从来都未曾忽视来自罗马暴徒的危险，所以他经常被迫从罗马逃离，但是现在这种恶性影响能够稍有减轻，因为皇帝时刻准备着提供援助。尽管如此，这些联合所依据的原则并非一成不变。教宗领导的改革运动的两大原则是反对教士的世俗化和重新定义教会内部权力和权威的基础。尽管这场运动在基督徒生活的所有方面都产生了巨大的反响，但是它对教宗与皇帝关系的影响却格外深远。11世纪的神圣罗马帝国皇帝，例如亨利二世和亨利三世，都非常热衷于支持改革派的修道团体，以及废除教士恶习。但具有讽刺意味的是，正是他们的支持，鼓励了像尼古拉二世和格里高利七世这样的改革者的改革脱离控制。1059年的《教宗选举条令》规定只有由少数高级教士组成的团体可以选举教宗，也就是后来的枢机主教团；罗马市民和教士的认可程序应当在选举之后进行。这份文件中只是含混地提到选举中“皇帝应当享有他所应得的敬意”。但年轻的亨利四世对此并不认同，他自幼就被教导对教会恰当的管理是他的职责，他也坚持这个观点。实际上，日后即使是在西欧最虔诚的平信徒中，许多人也非议教会的观点。但是该观念的发展：教会不受世俗力量的管辖，以及更重要的，圣彼得赋予教宗的灵性权力高于授予任何世俗统治者的灵性权力，这两种观念导致了一场涉及神学层面和政治层面的冲突。

这些观念从根本上重新定义了皇帝和教宗双方的角色。教宗身边聚集了越来越多的神学家，他们坚持圣彼得的继承人所拥有的精神之剑高于皇帝所拥有的世俗武器。如果这种说法正确的话，皇帝权力的所有基础，尤其是他所宣称的对欧洲的世俗领导权，都将成为被质疑的对象。争论双方都转向12世纪学校的“新人”寻求帮助，以期他们在争论中提供人力和智力支持。双方的争论持续了整个中世纪。同时，整个西部欧洲的宫廷都发展了更有效率的行政体系，同样教廷也吸引了很多有能力的教士为其服务，处理12世纪不断涌向教廷且日益增加的事务，诸如司法上诉、投诉和逐渐增加的组织十字军的问题。传统是教宗使用的最有力的武器之一，并且借助诸如享有盛名的教会法律师格拉提安这样有才干的人，回溯教宗的档案，重新发掘教宗被遗忘的权利。但皇帝的支持者同样利用传统捍卫皇帝的权利。对他们而言，皇帝干涉意大利事务的合法性来自罗马法，因为正是在《查士丁尼法典》中明确规定皇帝拥有处理帝国世俗事务不可撼动的最高权利以及保护教会的责任。12世纪，博洛尼亚的学校以法律训练闻名，这里培训的学生既可以为教宗的最高权威辩护，也可以为皇帝的论点寻找理论意义的支撑。

因此，1154年皇帝“红胡子”腓特烈一世再次充满自信地入侵意大利。自此至1183年康斯坦茨议和的三十年中，他发动了一系列针对教宗和意大利城市的入侵。这一时期的联盟令人困惑，在这错综复杂的状况中，腓特烈干涉意大利的动机才得以体现。其中一个动机在他处理伦巴德地区的一些小城市（诸如洛迪）的上诉时得以体现，这些小城市要求抵抗米兰日益增长的权力。在皇帝最高领主权的旧伪装下，他承诺要恢复帝国的公义以及旧日的和平。作为回报，寻求皇帝帮助的城市应当承认其帝国权利。有趣的是，1158年四名来自博洛尼亚的律师起草的《隆卡利亚谕令》主张，皇帝有权征收封建税，用以维持已被征召的帝国军队；对城市征收通行税和人头税；以及最重要的，皇帝个人拥有财产和司法的最高领主权。皇帝应当指派帝国官员监督这些权利的行使。

如果《隆卡利亚谕令》得以实施，帝国在意大利的权力将得以大大恢复。但此时的政治现实使任何恢复强大帝国权力的尝试都必然会遭到破坏，这一谕令变成一纸空文就是这一现实的佐证。意大利北部各种组织对蛮横干涉其政府形式的尝试的反感程度，更甚于他们对于强大近邻夺取领土的反感。教宗为他们的政治活动提供了神学依据，而他们尝试通过与皇帝的敌人，即北部城市以及南部诺曼王国的联合，对抗帝国领土潜在的扩张活动。这是一场危险的游戏，其局势因1194年年轻的皇帝亨利六世继承西西里王位而发生巨大改变。同时也是在这场政治游戏中，帝国这个名号有了真正的、现实的政治重要性。拜占庭存留了帝国的理论却失去了帝国的很多实质内容。与此不同，德意志对帝国旧时核心地区意大利的宣称，一度为帝国提供了现实的领土基础，这是其他地区所不具备的。这种基础在查理曼的继承者的西部领土中当然是不存在的。

在查理曼帝国崩溃之后，法兰克的国王们在南部地区和西班牙边区已几乎没有影响。尽管很多法兰克特许状能够上溯到位于卢瓦尔河以北的那些遥远的国王统治的时代，但是这些特许状在地中海各行省很少见到。罗讷河谷是勃艮第王国的边界，再南面的地区，由于加洛林王朝原有的行政体系的崩溃，出现了众多地方贵族王朝。在南部地区，最强大的是图卢兹家族。11世纪时，图卢兹家族控制着从罗讷河到昂古莱姆，从比利牛斯山向北到奥弗涅山脉的广大地区。他们在这一地区的主要对手是巴塞罗那伯爵。

在雷蒙德-贝伦加尔一世统治时期（1035—1076年），巴塞罗那的领地向北扩张，其边界越过比利牛斯山，到了卡尔卡松地区。一个独一无二的加泰罗尼亚政治实体开始出现。当雷蒙德-贝伦加尔四世与阿拉贡国王的女儿成婚并且成为国王的继承人时，加泰罗尼亚的实力大为增长。12世纪时，新生的加泰罗尼亚王国曾和图卢兹发生冲突。阿拉贡政权在法国南部地区的扩张在1196年国王阿方索二世去世时戛然而止，此后他的两个儿子分别继承了他的土地，佩德罗获得了阿拉贡和巴塞罗那，而阿方索获得了比利牛斯山以北的地区。

南部地区的大家族扩张领土和扩大影响力的方法都十分相似，因为在这一地区，公法和土地持有这两种罗马传统依旧被保留下来。土地的完全所有权，或称自由持有权在南部地区非常流行，这意味着领主的权力并不能包含于其授予封臣的土地中，这与卢瓦尔河以北的封建土地并不相同。持有土地的前提条件甚少包含效忠这一条；土地授予的条件经常是地租而非封建义务。很多土地的授予有其时限，而非世袭。因此封建关系并不能被当作领主权扩张的基础。作为代替，这一地区的大土地持有者专注于扩大自己的领地（尤其是通过明智的联姻），以及获取追随者的效忠誓言。作为回报，这些人经常被任命为城堡主，负责建造那些数量不断增加的要塞。这些要塞在10世纪成为抵御穆斯林进攻的防御中心。当这些城堡主本身变为新骑士家族的权力中心时，他们的野心通常会受到这个地区更强大的家族的限制。这其中有两个主要因素。其一，各区域的贵族家族推行的统一公法的流行——而非北部部分地区推行的地区私法，有助于区域观念的形成而非地区身份的认同。以罗马法为样本的法典编纂，例如1150年巴塞罗那伯爵颁布的《加泰罗尼亚习惯法》，就是这种理论假设的实际体现。不仅如此，图卢兹和巴塞罗那均建立了自己的行政体系，尤其是税收体系。这是伯爵强调自己权力的另一种手段。其二，图卢兹和巴塞罗那伯爵均参与了另一个领域的各种活动，也就是教会的改革和与之相伴随的圣战和十字军运动。这相较于其在领地内的行政体系的任何其他进步更能提高两个统治者的名声。图卢兹伯爵雷蒙四世是第一次十字军中的一位领袖，在此之前他已经在攻打西班牙境内的异教徒。到12世纪，他的继承者们同样对圣地的事务兴趣浓厚。巴塞罗那伯爵和其他的西班牙国王则积极参与基督徒对西班牙的再征服运动。他们不是这些活动仅有的受益者，小贵族们也热衷于参与此类事务。他们不仅从中获得给予胜利者的土地和战利品的回报，而且通过领导这些军事远征，宣示在贵族家族中的领袖地位。与他们作为改革教会和修道院的慷慨赞助者相伴而来的是，南部的大贵族成了扩张性不断增强的拉丁教会的急先锋。

灵性的改革与禁欲主义的挑战

政治权力的重新分配仅仅影响了地中海世界的一小部分权贵精英，而像在穆斯林世界一样，在整个基督教世界也出现了新的需要解决的问题：信徒如何更好地侍奉上帝，并且确保自己可以获得拯救。尽管传统上这一时期被视作拉丁教会与希腊教会冲突不断增加的时期，但是地中海世界在精神领域的发展是如此惊人的相似。我们有充分的理由相信，在地中海的东西部之间有相当程度的灵性交流。

例如，东西方对各种形式的修道生活的热情都日渐高涨。当然，修道主义起源于东方，并且10—11世纪的东方教会保留了多种形式的修道生活。他们并非强制大量修士加入修会，而是仅仅要求他们遵守圣巴西尔留下来的通用规则。有两种修道形式最为流行：住院修士，也就是集体修道，以及个人修道。第二种修士单独住在小房间中，有时相互离得很远，但他们每周要相聚一次进行祈祷。集体修道的形式强调将个人意愿升华为集体意愿的德行，而且这种形式强调服从于院长的必要性；而个人修道则更强调个人精神境界的提升，以及独自对抗魔鬼的诱惑。个人修道延续了沙漠教父以来的隐修传统。在10世纪的拜占庭，出现了将两种修道形式相结合的修道院，阿索斯山的新修道院就是这种变化的代表。尽管这座山在9世纪因在此隐修的修士闻名，但直到圣阿塔纳修建立大拉夫拉修道院之后，这种起源于小亚细亚西部的新型的混合式的修道形式才开始有一定影响。包括拜占庭皇帝在内的赞助人帮助修建了很多新的建筑，绝大多数修士都居住在这些新建筑中，过着集体的修道生活。只有极少数，在灵修上特别精进的修士可以离开修道院，到附近的地方过独自隐修的生活。虽然人们依然在创办传统的、在城市中的修道院，但是这种新的修道生活从理论上允许每一位修士都拥有达到精神生活的更高层次的可能性。其吸引力从在阿索斯山修道院生活的修士数量的激增中体现得格外明显（大拉夫拉修道院到1100年有多达一千名修士）。

同样在西部地区，人们对禁欲生活的热情和修道生活现状的不满也表现得非常明显。至于这在何等程度上受到拜占庭世界的影响依旧有很多讨论。意大利南部地区的这种现象的出现一定与拜占庭有所联系，诸如圣尼尔（格罗塔费拉塔修道院的建立者，卒于1005年）这样的希腊修道领袖在拉丁地区都广为人知，而且位于卡西诺山的本笃会修道院同时得到神圣罗马帝国皇帝和拜占庭皇帝的庇护。意大利的很多拉丁修道院都强调禁欲生活的重要性，诸如11世纪早期圣罗穆亚尔德在卡马尔多利建立的修道院，1036年约翰·瓜尔贝托在瓦隆布罗萨建立的修道院，以及著名的神学家彼得·达米安所在的阿维拉纳的修道院。瓦隆布罗萨修道院是集体修道的形式，但是他们雇佣世俗兄弟从事修道院的体力劳动，这保证他们可以专注于灵修。在卡马尔多利和阿维拉纳，隐修士们围住在各个修道院的周边，这看起来非常像拜占庭的修道方式。

在意大利其他地区、法国南部地区和西班牙，修道院改革由克吕尼修会领导。尤其在罗马，克吕尼修道院院长厄德曾经六次到访这里，他的改革热情获得了元老院成员阿尔贝里克的支持，他允许厄德在他位于阿维蒂诺的一座宫殿中新建圣玛利修道院。11世纪，像苏比亚科和法尔法这样的大修道院都接受了克吕尼修道院的管理，尽管受到了其修士强烈的反对。克吕尼修道院的成功依赖于地区世俗领主的支持，他们将其领地内的很多修道院都置于克吕尼修道院的控制之下。在西班牙北部这种情况更为显著，尤其是在莱昂–卡斯蒂利亚的阿方索六世的领地内。他的妻子勃艮第的康斯坦斯是克吕尼修道院院长于格的外甥女。其他一些位于南方较有影响力的改革派修道院同样依仗当地贵族的庇护和实际的帮助，例如本笃会位于马赛的圣维克多修道院。贵族对于教会的关注毋庸置疑；无论是在拜占庭还是西欧，其形式都表现为赠予教会土地、金钱和特权，但是当这些涉入教会的形式与新的神学主张相冲突的时候，问题就出现了。塞尔达那伯爵基弗雷德以10万苏勒德斯金币的价格为其子买下纳博讷大主教的职位。这是改革派所禁止的买卖圣职，但这正体现了伯爵认为其家族必须在领地内的教会统治体系中拥有恰当的位置的想法。修道院的世俗保护者经常为修道院的正常运转捐献财物，并且改善修道院的地产。11世纪末，君士坦丁堡牧首禁止这种行为，其初衷是要维护教会财产不可侵犯的原则，但同时他也在挑战世俗人士表现其虔诚的一种传统方法。因此，为什么这种主张在强大的世俗利益团体中会获得如此广泛的支持呢？

一个有说服力的解释是，11世纪的改革运动不仅获得了教会最高层的支持，更是民心所向。在南部地区，政治权力支离破碎，“上帝的和平”运动获得了广泛的响应，在11世纪30年代，一系列的大公会议在罗讷河流域召开，其目的就是宣誓保卫和平。包括图卢兹和巴塞罗那在内的很多贵族，都试图成为教宗的直属封臣，以在地方上获得更高的声望（同时也防止其他贵族攫取自己的头衔）。在民众之间，朝圣是被鼓励的行为。人们将其当作忏悔的表现，而这一时期最受欢迎的朝圣地包括罗马、孔波斯特拉甚至耶路撒冷。这些地点都坐落于地中海世界的人们的旅行范围之内。朝圣者们发现了新的有影响力的圣徒崇拜的中心：在意大利南部的加尔加诺山发现了大天使米迦勒的神殿；1087年在巴里建立了新的圣尼古拉教堂，里面供奉着商人从小亚细亚的米拉、甚至是遍布圣物的君士坦丁堡偷盗来的圣徒的遗骨；罗马也未能从这种灵性外化的热情中幸免，因为11和12世纪在罗马建立了大量的教堂，这有助于帮助提高教宗的名望和形象。

因此，那些没有与教宗产生直接冲突的领主可以从改革中获益良多。但是，如我们所见，基督教信仰对于无信仰者的具有攻击性的要求产生了重要的政治后果，而这其中暗藏危险。东西部教会之间关于教会内部最高领导权的争论导致双方的猜疑不断增加。这种猜疑更因为双方神学和仪式上的不同而加剧。因此矛盾的是，当时双方较此前更为广泛的双边交流反而加剧了互不信任感。比起这些，更危险的一个问题是，一些人以教会无法许可的方式寻求精神世界的提升。

教会打击的那些异端总是相信他们是在实践基督的教导，即使和教会的代表所宣称的真理相冲突。然而从教会的观点来看，异端信徒信奉任何被教宗直接或间接谴责的信条，或者是面对证明他们错误的证据的时候，他们依旧拒绝听从教会的教导并且坚持他们自己信仰。无论异端信徒的信仰有多么真诚，这都被视作摧毁真正的信仰的恶魔所为。他们就是在基督肢体中传播感染与疾病的主要源头。

异端并不单单是地中海地区的现象，然而，毫无疑问，对西部异端最重要的影响来自其与东部的联系。12世纪异端本质的变化就是这种联系的体现。11世纪，异端表现为远离现实世界，并且过基督教导的赤贫的生活。由贡都尔夫所领导的一群意大利人就很好地诠释了这种行为。贡都尔夫和他的追随者拒绝承认教会财产的合法性以及所有教会礼仪的外在象征——铃铛、焚香和圣坛。他们否认圣礼，尤其是洗礼，因为他们认为如果人们过着义人的生活，那么洗礼完全是流于表面的累赘。而如果生活堕落，那么罪人在接受洗礼之后，也不会使其生命得到提升。他们依靠简单的手工劳动生活。以皮埃蒙特的蒙福尔城堡为中心的另一群人，其信徒中既有普罗大众，亦有地方贵族，他们同样表达了对官方教会结构和教条的失望。他们认为，罪的赦免，不应当成为教士的特权。他们否认罗马教宗的权威性，支持其领导者杰拉德。在城市中，这种新型的“清教徒”有破坏性更大的后果。帕塔里尼派，即米兰的“拾荒者”，其领导者埃勒姆巴尔德出身于一个小骑士家庭。在他的领导下，这一派别在1056—1075年间对米兰城的和平构成了巨大威胁。他们不仅攻击圣安布罗斯大教堂的教士腐败和道德沦丧，还建立了自己的教堂，在那里，独身教士为人们提供他们需要的灵性方面的服务。帕塔里尼派最初获得了改革运动中的重要人物，如格里高利七世和彼得·达米安的支持。事实上他们以过于热情的方式关心的那些问题，同样也是改革派教宗所考虑的。但是他们日益增多的暴力行为使大众改变了对他们的看法，转而反对他们。埃勒姆巴尔德最终被他的对手谋杀，很多该派信徒从米兰逃离。教宗为了增加其自身在米兰教士间的影响，放弃了对他们的支持，转而支持逐渐出现的新的改革派教士。无论是米兰的帕塔里尼派还是后来传播到其他城市，如布雷西亚、克雷莫纳和皮亚琴察的帕塔里尼派，虽然他们的主张，从严格意义上讲，从来都没有超过教会的改革会议决议的范畴，但是他们行动的狂热性导致他们被视为异端，因为他们质疑了教会作为规范教士行为的唯一权威，并且声称世俗人士有权反对错误的教会法，这些都是教会无法容忍的。然而帕塔里尼派对教会的攻击为12世纪异端的发展埋下了隐患。相较于那些满足于在相对避世的地方依照福音的教导来生活的小团体，12世纪广泛传播且公开的布道挑战了教会的基础信条。这些运动的中心在意大利北部和朗格多克地区。这其中的一些派别，如里昂地区的瓦尔多派和意大利北部地区的卑微者派都有悠久的历史。卑微者派的信徒多为纺织工人，而彼得·瓦尔多的很多信徒则是商人。他们散尽家财，过一种贫穷的生活。

12世纪中期，出现了两位略有不同的、非常活跃的人物：布鲁伊的彼得和修士亨利非常活跃。他们的教导显示出了比人们所提出的使徒般的简朴生活更加极端的特征。修士亨利先是在法国北部地区活动，然后于1145年到达图卢兹伯爵的领地，宣讲不举行圣礼的云游教士的合法性，以及取消弥撒的必要性。他的教导在很大程度上和布鲁伊的彼得相似，然而，他们这样的培特罗布西派对教堂建筑、信仰的外在表达以及为已故之人祈祷等诸多宗教实践的谴责，都清楚地显示了其与东地中海异端传统的联系，尤其是鲍格米尔派（Bogomil）的影响。

对拜占庭的神学家而言，教士鲍格米勒的信徒不过是“肮脏的摩尼教徒”，也就是4世纪的异端摩尼教的后继者。摩尼教导人们，一共有两个创世的源泉，即善与恶，而尘世的所有生物都是恶的作品。被囚禁在肉体的牢笼中的人的精神只有在人死的时候才能获得自由，而人在世的唯一目的就是努力从物质世界的恶中逃离。鲍格米勒派明显属于这种二元论传统，但其在保加利亚和巴尔干半岛北部的信徒同样抵抗君士坦丁堡教会的权威，以及随着巴西尔二世的征服战争不断落入拜占庭控制地区的不断增加的希腊语教士。鲍格米勒派远非一些现代希腊历史学家所主张的“民族主义抵抗”。10世纪，东正教教士科斯马斯所对鲍格米勒的宗教实践记录表明，这些宗教实践给东正教教会机构以及它最根本的教条都带来了挑战。道成肉身不过是一种错误的信仰，因为基督怎么可能将自己化身成一种完全恶的东西呢？因此随之而来的就是救赎同样是无效的，圣礼也是，因为这些过程中所使用的东西——酒、面包和水从本质上都是被污染的。二元论者对教会和它的神圣容器——圣像、圣画和十字架本身都毫不关心。他们实践一种简单的信仰，仅仅以主祷文作为其唯一的祈求，并且相互进行某种形式的忏悔。

正是这种带着对教会组织的批判的二元论宇宙观表明了各个运动，诸如培特罗布西派、修士亨利的追随者以及影响最广泛的清洁派与东部的异端传统之间的联系。罗马教会面对着巨大的挑战，因为这些不可接受的信仰正在通过不能接受的方式传播。云游布道者将这些异端带到了那些尚未建立教区的地区，以及那些土地所有权过于破碎以至于平信徒与教士之间无法形成基本庇护联系的地区。清洁派的“完人”避免食用所有通过生殖活动制造的食物，其生活极端正直且贫穷。这些人的存在是对当时教士世俗化的鲜活批判，也是对教会无法在其布道过程中传播信仰的见证。无论异端在哪里出现，都是正统教会有所缺陷的例证。在地中海东部，坚持希腊语作为仪式语言使巴尔干半岛的斯拉夫语民族逐渐远离东部教会；在朗格多克，人们对教会的反对主要是针对长期不在教区的教士个人，如纳博讷大主教，在1190—1212年都不在他的教区；另一种反对情绪爆发于那些世俗教育发达而教士教育落后的地区。但是异端同样是一种社会变动的信号。信仰异端的商人和新的城镇领袖，都是准备好要和传统决裂的人，并且质疑当前权威存在的基础。他们在政治权威衰退的地区（意大利、图卢兹领地）势力强大，而在巴尔干地区的势力稍小。图卢兹地区在伯爵雷蒙四世离开前去参加第一次十字军的时候，就进入了异端政治冲突的时期，而事实上在巴尔干地区，拜占庭的政治权力从未像君士坦丁堡的宣传的那样稳固。

西部教会对异端的回应，首先是调集力量进行说服。到12世纪80年代，朗格多克官方正式对异端团体进行定罪。纳博讷大主教伯尔纳·戈塞林在对韦尔多派异端进行了一次询问之后，针对这些人的信仰活动颁布了一份并无实际效果的谴责令；蒙彼利埃的威廉三世则表达了他对异端的反对；在阿拉贡，阿方索二世和佩德罗二世分别于1192年和1194年颁布了禁止异端的法令。米兰大主教摧毁了一座异端学校，这座学校在12世纪90年代非常活跃。教宗最终于1184年开始领导反对异端，颁布了谕令，坚持主教在关于异端的所有事务中有审判权，并且要求当有人在教区内报告异端活动或者怀疑异端活动时，主教应当在教区内建立相关机构进行询问。同时，教宗要求世俗统治者要协助主教进行上述活动。其长远的影响就是使正统教会开始意识到，他们需要组织正统教士共同努力对大众进行再教育。12世纪早期的西多会修士，包括圣伯纳德在法国南部地区非常活跃，但是直到13世纪多明我修会和规模程度都稍逊一筹的方济各修会开始他们广泛的传教活动，教会才在解决那些以城市为基地的异端问题上取得进展。异端在公元1200年以后的持续存在，尤其是在朗格多克的农村地区，需要一些更加严厉的办法处理——宗教裁判所和军事镇压。

拉丁基督教的扩张：西班牙——一个边疆社会

宗教上的差异在基督教国家内部引发了紧张情绪，但从11世纪开始，圣战，也就是一场针对信仰上的敌人的正义战争，这一概念越来越频繁地被援引，以使针对非信仰者的攻击合法化。从西班牙到圣地，基督教势力在穆斯林世界的扩张是这一时期最引人注目的发展之一，而且这是基督教社会和穆斯林社会内部深远的结构变化的反映，同时也是这种变化的催化剂。

在西班牙，“再征服运动”一直被视作单纯的政治术语，用来描述这个军事扩张的时期。这个时期中基督教诸国王满怀着十字军的热情，不屈不挠且不可避免地领导了对西班牙南部的穆斯林王国的征服。实际上，无论是过程还是最终的结果都复杂得多。到1200年，穆斯林在西班牙和葡萄牙许多地区的统治走到了尽头，但是伊斯兰文明在伊比利亚半岛人民的生活中的影响无处不在。尽管十字军的意识形态在西班牙社会的骑士精英阶层中有很大的影响，但是导致再征服运动的首要动力来自其他方面。

伊比利亚半岛的历史发展可以用“边疆经历”这个术语来准确地阐释，即在这里，人口超过地理环境的承载能力，迫使其走上殖民和对外移民的道路。人力资源的不足导致社会约束和习俗的松弛，对杰出军事将领的需求则促使一些出身卑微的人掌握了权力。这是一个一夜之间就可以造就英雄的时代，例如著名的熙德（约1043—1099年）。

10—11世纪基督教势力的分布可以清楚地反映地理条件的决定性地位。两个基督教王国分别位于半岛的西北部和西班牙中心大高原的东南部。阿斯图里亚斯王国的宫廷由国王奥多尼奥二世于914年迁往莱昂，新的首都位于加利西亚到阿斯图里亚斯的道路与从杜罗河到埃布罗河的道路交汇点。从这里，莱昂国王可以抵御来自南部的穆斯林的入侵。10世纪中期，在伯爵费尔南·冈萨雷斯统治时期，卡斯蒂利亚从莱昂分离出来并组成了一个独立的王国。另一个基督教的权力中心在大高原的东边，比利牛斯山山麓地区。从加洛林王朝的边区中形成了一些强大统治者治下的稳定政权：纳瓦尔、阿拉贡（1035年之前是王国），以及位于地中海沿岸、巴塞罗那伯爵领导下扩张的加泰罗尼亚地区。阿斯图里亚斯和加利西亚的人们将穆斯林赶到了杜罗河及以南地区，这是他们取得的第一次胜利。到1085年，卡斯蒂利亚王国的领土已经到达了塔古斯河畔；而在12世纪初，阿拉贡和加泰罗尼亚在埃布罗河流域已经建立了稳固的统治。

在这一时期，基督徒和穆斯林的领土之间并没有确定的边界。权力建立在占据要塞以及对支离破碎的穆斯林小政权征税的基础上。这些小政权继承自强大的科尔多瓦哈里发穆斯林政权。这些小国内部相互争斗，很容易成为周边基督徒国王所使用的被恰当地称作“敲诈保护金体系”的牺牲者。当时出现了一种叫作平等税（parias）的费用，这种费用就是穆斯林小国向基督教王国支付一定数量的金钱，以在对抗自己穆斯林对手的时候获取军事帮助。这种平等税成了基督教国王的一项常规收入；阿方索六世从格拉纳达的统治者阿卜杜勒那里曾经一次性征收总计3万第纳尔以及额外的每年1万第纳尔作为平等税。

这种依靠敲诈而获利颇丰的体系能够成功运作主要依赖两个因素：这些穆斯林小君主无力在穆斯林内部形成长久的同盟，同时基督教力量成功地巩固了他们所获取的领土。定居在免受穆斯林侵扰地区的基督徒居民的存在，为抵御穆斯林的反击提供了必要的防御措施。10世纪“莫扎勒布”，也就是阿拉伯化的基督徒移民，在伊比利亚半岛北部的定居，以及随后鼓励比利牛斯山以北的人来此殖民的措施，为巩固基督徒进攻的成果提供了必要的人口。西班牙的诸国王鼓励他们在比较危险的区域定居。作为代价，农村地区的土地制度主要是自由持有。城市享有各种特许状，这些特许状赋予了这些人高度的自治权。在很多地区，中小地产占据主导地位。这些中小地主的活动甚少受到封建制度的制约，他们甚至经常自己挑选领主。中央高原占主导地位的畜牧业对牧地的需求为领土的扩张提供了更多的借口。这些定居者也对保证他们自己的安全，免遭外来攻击有浓厚的兴趣。在城镇中建造安全的避难设施也是非常重要的。新占领的城市，如萨拉曼卡、瓜达拉哈拉和阿维拉（这个城市有坚固的花岗岩城墙和88座防御塔）都是由其定居者自己控制的，他们的城镇特许状反映了组织防御和进攻的重要性。这些城镇通常都有非常详细的说明，明确城镇的民兵组织，城镇军事力量的指挥机构，贵族阶层服役的义务以及战利品的分配。在像西班牙这种边疆社会中，财富可以通过劫掠的收益积累，那些出身卑微的人很渴望加入骑士（caballeros）的队伍中，这些骑士因其作战英勇而获得其地位，而非因出身或是拥有次级贵族（hidalgos）之类地位而高贵。那些出身低下的人享受着和低等贵族出身的人相同的地位。

11世纪末期，这个基督徒社会的坚韧程度面临严峻挑战。在1085年卡斯蒂利亚的阿方索六世的军队占领托莱多之后发生的事件，表明了作为胜利者的基督徒，对战败的穆斯林的态度发生了根本性的变化。据传在其王后的鼓动下，他将托莱多城中的大清真寺改为了基督教堂，而对莫扎勒布为穆斯林市民提出的宗教宽容的提案置之不理。至此，塔古斯河以北的所有土地都在基督徒的控制之下。从比利牛斯山以北来的军队将这种征服的希冀变为现实，但是他们也将自己的态度以及偏见带到了这一地区。在克吕尼派修士的鼓动下，当地莫扎勒布的仪式被禁止了，取而代之的是罗马的仪式。他们还鼓动西班牙的诸国王将自己视作教宗的封臣，并鼓动他们随时准备摧毁被认为是不正确的宗教实践，或者在为信仰而非仅为土地发动的战争中承担领袖的责任。根据后来阿拉伯编年史作者马卡里的描述，在这种沉重的宗教氛围中，“阿拉贡和纳瓦尔的国王‘战士’阿方索一世派出使者……召集所有的基督教国家参与并帮助他”继续征服埃布罗河流域的其他城镇。计划对萨拉戈萨的攻击是1181年图卢兹一次大公会议的主要议题。在这次大公会议上，贝阿恩的加斯东、比奥格尔的琴图洛、卡尔卡松子爵这样的重要领主讨论对这座城市的围攻计划，他们此前都参加了在圣地的战斗。教宗格拉西乌斯二世赦免了所有参加战斗的人的罪。此后教宗尤金三世于1148年修正了十字军运动的谕令，认定西班牙为十字军运动的合法区域。由此，十字军运动在12世纪的伊比利亚半岛全面展开。这里出现了模仿圣地圣殿骑士团和医院骑士团的军事修会：1158年的卡拉特拉瓦骑士团和1175年得到教宗认可的圣地亚哥骑士团。教宗鼓励西班牙的骑士在自己的家园打击异教徒，而不是背上十字架前往东方。

在穆斯林之间，也出现了类似的宗教上强硬化的倾向。在托莱多沦陷之后，塞维利亚的穆尔台米德向北非穆拉比特的统治者求援，要求一起抵抗阿方索六世。这些新的军队帮助抵挡了基督徒前进的脚步，但是他们还带来了一种更为严肃和好战的穆斯林意识形态。这是对文化丰富却虚弱无力的分裂王国统治者的妥协政策的鲜活批判，也是对“圣战”观念强有力的宣传。穆拉比特及后来者阿尔穆哈德人在12世纪的大部分时间中控制了穆斯林西班牙地区，并且压制了基督徒的军队。直到托莱多大主教罗德里格·希梅内斯在意大利、法兰西北部、德意志和普罗旺斯鼓动了一次十字军之后，大量的基督徒军队才在1212年的拉斯纳瓦斯-德-托洛萨战役中给予阿尔摩哈德人致命的打击。

宗教态度的极端化对于西班牙本土的传统贻害颇深，但是伊比利亚半岛仍然提供了基督徒、穆斯林和犹太文化交流的绝佳场所。在意大利人克雷莫纳的杰拉德（1114—1187年）的领导下，托莱多出现了一所影响深远的翻译学校，这所学校吸引了来自全欧洲的学者。这里的学者翻译活动的主要领域是科学和数学著作，例如穆斯林科学家阿威罗伊（1126—1198年）的著作。这些译作中保留了很多希腊知识，而这些知识此前在西欧早已失传。在杰出的克吕尼修道院院长“可敬者”彼得于1141年到西班牙游历时，他委托一个翻译团队将《古兰经》和其他一些较短的穆斯林文献从阿拉伯语翻译为拉丁语，这个团队反映了托莱多学者的世界性：很可能来自拉特兰的凯顿的英国人罗伯特；来自巴尔干北部地区的赫尔曼；来自托莱多的彼得是一名莫扎拉布；还有一位来自托莱多的穆斯林穆罕默德。他们将提供第一手资料，这些资料可以为在学术上驳斥穆斯林信仰提供弹药，而且还增进了西欧的神学家对伊斯兰教的理解，将他们从那些传说的深渊和已经失去活力且千篇一律的猜想中解救出来。犹太学者同样做出了巨大的贡献。他们可以在拉丁语、希伯来语和阿拉伯语著作间自由穿梭，并且经常在翻译的过程中扮演至关重要的角色。一些杰出的学者为这一时期的文化成就添上了犹太文化的独特一章，如摩西·麦蒙尼德（1135—1204年），他可能是《摩西五经》最伟大的评注者。在相对次要的层面上，彼得·阿方索（即皈依基督教的犹太人莫瑟斯·塞法迪）在他的著作中将很多东方的传说故事传到西欧，乔叟和薄伽丘都从他的故事中获取了灵感。中世纪的人们所熟知的很多乐器都来自摩尔人。基督徒、穆斯林和犹太人的冲突与交流不仅为中世纪欧洲的意识形态和文化发展提供了动力，而且推动了其想象力的发展。

意大利南部：同化的政治

10世纪，对意大利和平的威胁来自穆斯林的劫掠。克雷莫纳主教利乌特普兰德这样描述当时的情况：由于进攻可能来自法拉科西内（位于法国西南部的中世纪村落）的萨拉森人，也有可能来自北非的穆斯林，因此情况更加危险，“以至于来自西边和北边的人们进入罗马之前，几乎必然会被这些人扣押，并且只有在支付大笔赎金之后才可能获释从而进入罗马，前往使徒门前进行祈祷”。伦巴德、拜占庭和教宗的联合军队在915年成功地将萨拉森人的威胁从加里利亚诺河河口地区清除，萨拉森人在法拉科西内的基地亦于973年被摧毁。但是萨拉森人对意大利南部地区的威胁并未消除，当地贵族亦无力将其赶出该地区，这为神圣罗马帝国皇帝的干涉提供了理由。982年，奥托二世从萨勒诺南征，并且声称他是来“保卫基督徒”的。这场战争最终以灾难收场：年轻的皇帝的军队在塔兰托被打败，次年他在罗马去世。这为北方军队的进一步干涉提供了机会。

日后关于这一事件的传说性的历史记录，模糊了诺曼雇佣军来到南意大利的背景，但是他们涉入这一地区的政治，又一次证明了当地的政权无法保证本地的安全。拜占庭占领地区的城市（如巴里）发生了针对其距离遥远的政府（即拜占庭）在当地的代表的反叛（而中央政府本身的注意力正集中在对保加利亚的战争上）；伦巴德地区的王公为了穆斯林侵袭这一经常存在的危险争论不休。这两个因素为骑士团体提供了广阔的活动空间，而这些骑士都仅仅忠于自己的领主。诺曼骑士于1016年[1]出现在加里利亚诺河以南地区，最早仅仅是“卖命的”：一些来自诺曼底地区不太显赫家族的骑士，他们将为任何分给他们一部分战利品的人作战。然而很快他们拥有了获得永久性回报的可能性。诺曼骑士雷纳夫于1030年成为阿夫萨伯爵，这也标志着诺曼人在这一地区的永久性定居。最为著名的冒险家是奥特维尔兄弟。他们证明了军事才能和外交技巧在一个时刻准备着战争的社会（如西班牙）中可以带来怎样的回报。奥特维尔在一支300人的诺曼军队中参加了1038年拜占庭对西西里的失败的进攻。当发现他们暂时无法劫掠阿拉伯酋长囤积的财富的时候，许多诺曼人加入了君士坦丁堡皇帝的军队；另一些人，包括奥特维尔兄弟，则转而向他们之前的雇主开战，并且取得了一系列胜利。在这个阶段，他们还保持着一丁点对当地贵族的忠诚。威廉·德·奥特维尔于1042年当选为诺曼伯爵，承认伦巴德贵族萨勒诺的盖马尔为领主，而他的同父异母兄弟罗贝尔·吉斯卡尔则冒险与强大的伦巴德女王公希塞勒加塔结婚。但是诺曼人能够从相互冲突的权力争夺中获益的特点很快显现出来。

1047年在卡普阿召开了一次有皇帝亨利三世参加的会议，诺曼人对意大利南部地区的权利与财富的主张得到认可。尽管这一行为意图强调帝国对意大利进行安排的权力，但事实上这在法理上承认了诺曼人在这一地区的领地的存在，并且忽视了那些被诺曼人夺取土地的领主的权益。教宗

[1] 英文原版误作1017年。

则担心这个危险的外来者会与帝国结盟，因此被迫对其予以承认。教宗利奥九世（1049—1054年在位）一度希望能够利用复杂的局势重新获得教宗长期主张的贝内文托地区。但是他的军队在1053年的奇维塔特战役中被诺曼人极不光彩地打败，六年之后，教宗尼古拉二世在梅尔菲会议上承认阿夫萨的理查德（雷纳夫的侄子）为卡普阿的领主，并且承认罗贝尔·吉斯卡尔为阿普里亚、卡拉布里亚和西西里（在当时基督徒控制该岛几乎已经是板上钉钉的事）的领主。实际上直到三十年以后，罗贝尔的弟弟“大伯爵”罗杰才完全控制西西里——尽管主要城市巴勒莫已经于1072年易手，陶尔米纳酋长国于1079年沦陷。

两大事件标志着诺曼人的权力在意大利南部地区的最终建立，以及重要的新联盟的形成，其影响波及整个地中海地区。1080年，皇帝亨利四世为了获得罗贝尔·吉斯卡尔在反对教宗问题上的支持，向其提供帝国圣职授受权作为回报，但罗贝尔·吉斯卡尔并未向他宣誓效忠，相反却宣誓效忠于教宗格里高利七世。1130年，罗杰二世加冕为“西西里国王、阿普里亚公爵和卡普阿公国领主”。在政治上，教宗的承认意义不大；诺曼人依旧以其利益为主导。1085年，教宗格里高利七世向诺曼军队请求帮助，对抗向罗马进军的帝国军队。结果他引狼入室，导致罗马城被他们洗劫。之后教宗发现自己实际上成了诺曼人的囚徒。但是从意识形态角度讲，教宗将南意大利和西西里的土地授予诺曼首领是后者获得国际认可的重要步骤。建立一个王国是他们从默默无闻到成为贵族这一过程的最终步骤。诺曼权力在南意大利“不可遏制的崛起”这一事实不能简单地理解为骑士们在军事上的优势地位，尽管这确实是重要原因。但只有他们最重要的财富——西西里岛被他们牢牢控制之后，他们的未来才有了保障；正是在这场对异教徒的胜利中，教会的支持为诺曼人提供了他们梦寐以求的高贵身份。11世纪80年代由罗贝尔·吉斯卡尔及其儿子塔兰托的博厄蒙德所领导的在巴尔干对抗拜占庭的战争，进一步确立了他们作为信仰先锋在当时人心中的地位。这场战争也被视作与分裂教会的希腊人进行的正当的战争。意大利的诺曼人和教宗之间的“特殊关系”偶尔也会出现危机，但是他们都怀有改革教会和传播信仰的热情，这使西西里在1095年第一次十字军中成为必然的兵源地。对于像博厄蒙德这样的人而言，由于他们在意大利的继承权仍然存在诸多问题，所以在东方获得土地的可能性以及能够为基督教世界而战的机会，这两者都使得参加十字军成为他们难以抗拒的选择。

与西班牙的情况不同，诺曼人并没有带来移民。他们成了凌驾于伦巴德、拜占庭和穆斯林的农奴、行政人员和教士之上的统治精英，虽然这些人依然有着其他领主和传统的记忆。最早一批诺曼定居者并没有将其政治文化传统强加于他们征服的地区，而是将之与当地的政治文化传统相融合。尽管拉丁教会发展稳定——尤其是很多希腊修道院的财产被赠予拉丁修道院，但是其他信仰也同时存在。这些新来者并不把自己称为诺曼人。他们的国王被称作“西西里人的国王”。这样，诺曼统治者就把自己置于地中海最有权势的基督教统治者——拜占庭皇帝的庇荫下。他们专断的统治、呆板的仪式和垄断的国家经济管理制度都沿袭了希腊的传统。国家许多行政机构都有拜占庭或者伊斯兰的源头，尽管其中有很多明显的诺曼式官职，例如最高司法官（justiciar）、司宫（chamberlain）和治安官（constable），但是他们背后的王权所拥有的无处不在的权力，在当时欧洲北部地区是没有的。

正是这种有着东方色彩的统治影响着当时的西西里文化，并且必须指出的是，这使其统治者在来自北方的人和东方的人看来都不是猜忌而是崇拜的对象。穆斯林作家伊本·朱拜尔在1184年惊讶于他在巴勒莫发现的担任高级职务和任职于宫廷的穆斯林之多，并且指出他们可以自由地保留自己的信仰。这些国王都资助来自东方的学者：伟大的阿拉伯地理学家伊德里斯为了纪念罗杰二世写了《国王罗杰之书》；希腊学者尤金尼奥斯将托勒密的《光学》从阿拉伯语翻译为拉丁文；还有一位叫亨利的学者，人们以苏格拉底在叙拉古的学生亚利斯提普之名赞誉他。他将柏拉图的希腊语著作《美诺篇》和《斐多篇》翻译为拉丁语。后两位学者都在威廉一世（1154—1166年在位）的宫廷中任职。当很多人都涌到萨勒诺的欧洲顶尖医学院学习的时候，也有一些人到阿普里亚学习希腊哲学，例如12世纪著名的英国学者索尔兹伯里的约翰。这个国家文化上的多样性在其历史遗迹中也可见一斑：从巴勒莫王宫教堂的阿拉伯式的屋顶到博厄蒙德位于普利亚区卡诺萨形似穆斯林圣墓的陵墓；从切法卢大教堂后殿雄伟的东正教样式的耶稣全能像到巴里的圣尼古拉教堂，这座在意大利人埃利亚斯（拉卡瓦修道院院长）指挥下建造的教堂充满了鲜明的伦巴德建筑元素。

诺曼扩张如果依照其内在逻辑继续下去，会不会推动他们征服整个拜占庭帝国，这仍充满争议。但是尽管西西里人不断掠夺巴尔干半岛沿岸（1147年发生了臭名昭著的绑架希腊底比斯丝绸手工者的事件），还有因占领拜占庭帝国在南意大利的土地所引发的与拜占庭帝国持续的敌对状态，但并没有明显的证据证明他们有全面攻击拜占庭帝国的计划。他们也没有积极参加十字军在近东与伊斯兰国家的作战。他们更喜欢从日益增加的奢侈品贸易中获取丰厚的利润，这依赖于北非和埃及的大港口，因此他们和临近的阿拉伯国家保持着友好的关系。他们偶尔向拜占庭帝国表示友好，成功地平衡了对教宗的支持，并且通过联姻与欧洲国家，如卡斯蒂利亚、纳瓦尔乃至英格兰，建立友好关系。但也正是这种国际层面上的外交政策导致了西西里的诺曼王朝的衰落。威廉二世，由于没有合法的男性继承人，遂将其姑姑康斯坦斯嫁给皇帝“红胡子”腓特烈一世的儿子亨利六世，这一举动遭到很多传统诺曼家族的反感，并且在1189年威廉去世后引发了内战。亨利以争取其妻子的继承权为理由南征。经过惨烈的战争，最终他于1194年在巴勒莫加冕为西西里国王。王国的财富现在被用于霍亨斯陶芬家族保持其在神圣罗马帝国的权力，而西西里王国则成了教宗和皇帝之间国际政治游戏的一颗棋子。

十字军控制下的巴勒斯坦：殖民经验

1095年，教宗乌尔班二世在克勒芒给第一次十字军布道。四年后，耶路撒冷城陷落了。西欧人征服之迅速保证了这次扩张行动的成功。尽管拜占庭对参加十字军的许多战士的桀骜不驯有所担心，但无论从任何角度，他们都相当赞同十字军的目标。小亚细亚和叙利亚的穆斯林国家都无力阻止数千不屈不挠的十字军战士抵达圣地。最早出发的一批人，由“隐士”皮埃尔和戈蒂埃·桑斯–阿沃尔带领，被称作平民十字军。他们在通过巴尔干半岛时一路打家劫舍，于1096年晚秋时节到达君士坦丁堡。他们坚持通过博斯普鲁斯海峡到达比提尼亚，在那里他们立即遭遇突厥人，并大败而归。由西欧经验丰富的贵族所领导的军队则更为小心。他们在君士坦丁堡集合所有的部队，之后才穿越小亚细亚半岛。拜占庭迫切希望充分利用这些经过战火洗礼的骑士。在这些十字军领袖于1096—1097年在君士坦丁堡过冬期间，他们之间达成了很多相互提供帮助的协议。一些西欧的军事领袖向皇帝宣誓效忠，因为拜占庭人也非常熟悉他们所说的“拉丁人惯例的誓言”。然而毫无疑问，阿莱克修斯一世和圣吉勒的雷蒙（即图卢兹伯爵雷蒙四世）达成了某种协议，商定拜占庭军队在十字军穿越安纳托利亚高原的时候提供支持，作为回报，十字军在征服帝国原来的领土之后，需要将其交还给拜占庭帝国。

第一次十字军运动的转折点是安条克围城战。十字军从1097年10月21日开始围城，一直到1098年6月3日；随后伊斯兰军队从伊拉克行军前来，将十字军围城军队包围。可怕的物资匮乏折磨着这些刚刚从横穿安纳托利亚高原的远征中幸存下来的人，食物和饮用水严重短缺，目击者记载了那些出身卑微的士兵和曾经的骑士（这些骑士既失去了马匹，也失去了重新获得马匹的手段，这等于失去其社会地位和金钱）的野蛮行径，其中甚至有吃人的暴行。圣吉勒的雷蒙的牧师阿吉尔的雷蒙谴责军中纪律废弛的生活，因为这使远征处于危险的境地，同时他生动地描述了教士指挥的赎罪行伍和禁食活动。在这种极度激昂的情绪氛围中，6月15日传来了令人兴奋的消息：有人发现了据信是刺进耶稣肋部的圣枪。幻象和迷梦指引着皮埃尔·巴托罗缪和瓦伦斯的斯蒂芬找到了藏有圣枪的地方，随后类似的精神体验在军中传播。6月底他们终于击败了包围他们的穆斯林军队，很多人都说看见有圣徒骑着白马在空中领导他们的进攻。基督亲自在幻象中现身，斥责他们在征服耶路撒冷过程中的拖延。这些筋疲力尽的十字军战士似乎从这些报告中获得了新的决心，想要继续前行。并且在底层战士中，弥漫着迫不及待继续行军的情绪。然而，圣吉勒的雷蒙和塔兰托的博厄蒙德因是否应当将安条克的控制权交还给拜占庭帝国爆发了激烈冲突，这导致军事行动被推迟。结果博厄蒙德将这份战利品窃为己有。他并没有将安条克的控制权交给拜占庭皇帝的代表，其理由是，由于得到十字军在城外将要被全歼的错误情报，皇帝阿莱克修斯撤回了他的军队，并且准备返回君士坦丁堡。博厄蒙德坚持认为这场背叛使任何同盟条约都变得无效。拜占庭在意识到博厄蒙德无意放弃他的战利品时，笼统地给拉丁人，尤其是博厄蒙德本人贴上不守信的标签。这种“欺诈”行为很快就恶化了拉丁–拜占庭之间的关系。

圣吉勒的雷蒙最早带领一批军队出发，继续南征。这对解决十字军的僵局十分重要。他或许已经意识到，与其在安条克逗留，进行毫无成果的权力争夺，不如继续投身于圣战理想，从而获益更多。他的军队沿着巴勒斯坦沿海地区迅速前进，避免漫长的围城，收到当地穆斯林统治者的金钱之后就和平离开，继续前进。1099年6月初，十字军军队在耶路撒冷城外扎营，在短暂的围城之后，7月15日耶路撒冷沦陷，十字军士兵在城中大肆屠杀犹太人和穆斯林居民。

现在基督徒控制了耶路撒冷；但是十字军将何去何从呢？包括法兰西国王的弟弟韦芒杜瓦的休、诺曼底的罗贝尔（即罗贝尔二世）和佛兰德斯的罗贝尔等贵族在内，很多人认为他们的誓言已经实现，于是带着很多作战经验丰富的士兵走上归途，这些士兵成功地从艰苦的长征中幸存下来。但对其他人而言，在圣地定居并且享受在西欧不可能获得的社会地位更具吸引力。但是这里的新政府如何组织呢？西班牙和意大利南部地区的行政系统中可以任用很多穆斯林和希腊人专家，与这两地不同，在圣地政府中雇佣穆斯林是完全不可能的。事实上，除了拉丁基督徒和与之结盟的叙利亚与亚美尼亚的基督徒，所有人都被视作潜在的敌人。耶路撒冷王国和与之相连的埃德萨、安条克和的黎波里实际上都是后来殖民地的早期形式。征服者的习俗、价值观和服饰都被强加于当地居民身上。他们的新家园总是被西欧人称为海外领地。这表明对很多同时代人而言，巴勒斯坦的十字军国家尽管受到诸多东方文化的影响，但它们仍然被视作西方社会的延伸。而且他们在东方组织的国家可以提供一种有趣的视角，以发掘他们所认为更好的政府形式。

君主制或许是最显而易见的组织形式，但是耶路撒冷的新政权统治者的设计存在很多问题。阿吉尔的雷蒙记载道，尽管一些很有影响的贵族将王冠给予他的领主圣吉勒的雷蒙，但是被他拒绝了，因为他认为基督在耶路撒冷以“犹太人之王”的名义被钉上十字架并被加以荆冠，他自己不配在这座城中加冕为王。随后，在一次伴随着阴谋诡计的不甚清楚的选举之后，布永的戈德弗鲁瓦被任命为统治者，享有“圣墓保护者”的头衔，很多后世的历史学家，如出生于巴勒斯坦的伟大历史学家提尔的威廉就认为他是耶路撒冷的第一位国王。这个新统治者和其他十字军国家的关系同样不甚清楚。戈德弗鲁瓦的弟弟鲍德温在十字军期间在埃德萨建立了一个伯爵领。戈德弗鲁瓦去世之后，鲍德温被加冕为国王，他将埃德萨变为王室的一块封地，由耶路撒冷国王分封出去，但是安条克和的黎波里伯爵领一直保持着更独立于王国的地位。只有在它们的领主被俘、太年幼无法有效统治以及女领主统治（不能领导军队）时，耶路撒冷的国王才能够在这些地区施加影响力。国王无疑是王国内这些新贵的封建领主，因为是他授予这些贵族封建权利，无论是土地抑或税收。由于在王国内安全且富饶的土地供应永远不足，国王更多地授予金钱。新近的研究表明，耶路撒冷国王在12世纪中期以前都享有非常大的权力。他是战时的总司令，在犹地亚和撒马利亚占有大片领地，垄断着染色业、制革业、捕鱼业和炼铜业，并且从关税和对商业活动以及朝圣之路征收的各种过路税中获得了巨大的收益。但从12世纪中期起，各种问题开始显现。定居东方的第一次十字军参与者的后代现在有时间巩固他们的领地，并且通过婚姻形成了明显的贵族“阶层”。从西欧新来的人发现他们很难立足，而且国王为了说服人们留下来保卫王国而将自己的土地大量分封，使得国王自己的土地大为减少。那些出生于东方的人对于后来参加扩张活动的西方人（如1147年第二次十字军的骑士）敌意日益增长。12世纪后半期，国王的权威因贵族的叛乱和大地主逐渐增强的独立趋势而进一步削弱。12世纪80年代在面临阿拉伯进攻的危险时期，围绕王位的继承而发生的残酷的派系斗争愈发严重地削弱了王国的实力。

正如耶路撒冷国王的地位与西方国王的地位类似一样，王国的其他机构也和西方有很多相似之处。正如所有的殖民地一样，征服者将自己的宗教机构也带到这里。拉丁教士在城市落入十字军之手时，就立即进入市内。1099年，一位拉丁主教急匆匆地在耶路撒冷设立了教座。希腊主教的回归遭到了拒绝，这是引发拜占庭敌意的另一个因素。修道团体也随之而来。新来的统治者允许叙利亚基督徒保留他们的教士，最重要的是他们可以进入那些神圣的场所，例如耶路撒冷的圣墓大教堂。但是和意大利南部与西班牙一样，在东方这些拉丁王国中，拉丁教会享有最高地位。然而这里的教会并不是克吕尼改革之后的欧洲教会。耶路撒冷的国王在高级教士的选任上比当时的西欧统治者能够施加更大的影响。罗马与圣地之间遥远的距离，使教宗几乎不可能在这些地区施加很大的影响；同时，教宗也需要支持国王，因为是国王负责保护圣地、保障每年复活节前来东方朝圣的船只的安全，这也使教宗很难对那些不符合教会法的宗教活动提出强有力的反对。

保护圣地是耶路撒冷的统治者最主要的任务。在这一领域，一些西欧的做法被引入圣地。军队以封建的形式组成，从国王处领受封地或者收入的人有义务在战时响应国王的号召。有经验的战士总是处于稀缺的状态。1100年，圣地可能只有大约300名骑士和大约1200名军士，王国的立法机构为了缓解这种状况制定了以下措施：允许妇女和其他后代继承土地，并且依此提供军事服役；禁止已经持有一块封土的骑士再次获得封土；当一块土地的主人回到欧洲并且一年零一天还未回来时，允许其他人迁居、耕种并且持有这块土地。圣地还见证了一种新的骑士形式的发展：军事修会的兄弟会。施洗者圣约翰骑士团，即医院骑士团的前身，是在第一次十字军东征之前照顾前往耶路撒冷朝圣者的人们；圣拉撒路医护骑士团参与照顾麻风病人；圣殿骑士团和后来的骑士团，例如条顿骑士团和圣女蒙特瓦骑士团，则是战士的兄弟会。他们遵守修道誓言和纪律，献身于保护圣地的守卫活动中。如圣伯纳德这样有影响的教士认为修士使用武力并无不妥，他们是以“基督的战士”的身份作战的。军事修会守卫着圣地的各大城堡，他们在东方战争中积累的经验使他们成为王国防御中不可或缺的组成部分，尽管他们并不完全服从命令。

在海外地区维持拉丁国家的权力存在很多困难，主要原因是几乎没有法兰克人居住在乡村地区。他们几乎全部定居在城市地区——除此之外，他们只在城堡要塞等少数地区居住。要巩固他们的权力就必须不断征战，1144年穆斯林军队占领埃德萨，并且阿拉伯军队在伟大的将领努尔丁、赞吉和萨拉丁的领导下团结起来，这使得拉丁王国的战斗越发困难。耶路撒冷王国几乎没有自己的船只。他们依靠意大利城邦的海军征服海岸城市，以及对抗强大的埃及海军，以保护贸易和朝圣之路。如我们所见，它不得不回报以一些特权。尽管很多时候这些外来的海军援助是不可或缺的，但是意大利城邦和穆斯林国家之间获利颇丰的贸易，就意味着这些城邦在地中海东部的行动随时可能使自己的宗教利益和经济利益陷入互相冲突的境地。

第一耶路撒冷王国于1187年覆灭，然而很明显，在某种程度上从

1099年法兰克人占领这座城市的那一刻起，基督徒在哈丁战役中迎来灾难性失败的结果就是不可避免的。后世再未有第一次十字军运动那般的热情；耶路撒冷王国从诞生开始就一直在防御；这个王国的本质在于建立基督教对圣地的完全控制。结果是相应地在同样程度上引发了穆斯林异曲同工的想法：重新征服圣地是关乎荣誉的重要事务。但是，即便在重新征服耶路撒冷之后，“圣地问题”仍然在很多西方基督教世界的领导者心目中占据着至高无上的地位。13世纪，十字军的理想发生了重要的改变，尽管如此，基督徒统治圣地的旧梦想依然非常具有说服力。

长途贸易的兴起

东地中海地区拉丁王国的建立是国际贸易的重要推动力，但意大利从服务于地区性市场需求到覆盖远距离地区的国际贸易的商业活动扩张早在9世纪末就开始了。伦巴德平原北部的城市已经与远至英格兰的广大地区建立了联系。《城市荣誉指南》成书于10世纪末11世纪初，里面提供了大量早期意大利北部城市帕维亚贸易机构的详细内容。这份文件详细列举了针对各种商品的税收，其中包括马匹、奴隶、羊毛、亚麻、锡和刀剑，以及城中很多商人团体被授予进行贸易的通行证和权利。盎格鲁–撒克逊人不需要缴纳税费，但是作为回报，他们需要向主管贸易的当地官员提供礼物，诸如白银、猎犬、盾牌、长矛和刀剑等。而威尼斯商人为了免缴关税，向他们提供诸如丝绸和金钱等礼物，但同时还要和意大利南部城市萨勒诺、盖塔和阿马尔菲的商人一样，给予当地官员香料和金钱等礼物。帕维亚政府官员的权力不仅仅在城中施展，上述文件中列举了这座城市在阿尔卑斯山山口的十处海关。只有那些前往罗马朝圣的人才可以被免除征税。这条路线上南部的城市也同样将其权力扩张至城外，如维切利、阿斯丁、维罗纳和克雷莫纳。

然而到了1000年前后，伦巴德地区主要的贸易城市变为了米兰。这其中有地理环境的因素，但最主要的推动力来自政治活动，如952年皇帝奥托一世将贸易的权利授予“圣安布罗斯的教会”。从这个很小的起点，米兰迅速成为意大利北部地区最主要的贸易城市，从贸易中获得的税收不仅成了民众的财富，而且成了外部政治势力对米兰进行政治干涉的一个原因。

更南部的城市则通过海上贸易积累财富。其中阿马尔菲和威尼斯这两座城市早在公元1000年之前就开始了广泛的贸易活动。对于两地的繁荣，我们的很多证据都来自阿拉伯旅行家和地理学家的著作，因为这两座城市分享了穆斯林商业和贸易活动的利润。作家伊本·哈克尔在他977年的著作《诸王国及交通之书》中写道，阿马尔菲是“伦巴德地区（这里指意大利南部地区）最为繁荣的城镇，也是最高贵、地位最杰出、最富裕和辉煌的城镇”。阿马尔菲的繁荣建立在与穆斯林世界进行贸易的基础上。996年，据传有大约200名阿马尔菲的商人在亚历山大里亚遭到攻击，因为此前一支准备攻击拜占庭的阿拉伯舰队在那里被烧毁。尽管这一数据有所夸张，但是反映了阿马尔菲商人巨大的贸易规模。

在拜占庭帝国境内的贸易是威尼斯繁荣的基础，尽管威尼斯的商人早在9世纪就出没于亚历山大里亚地区，并且他们也是971年拜占庭皇帝约翰·齐米斯基斯谴责的对象，因为他们打算将武器卖给穆斯林。《城市荣誉指南》写道，威尼斯是“一个从不耕耘、播种或者收获葡萄的国家”。而且到9世纪末，他们控制了伦巴德波河流域大量地区和亚得里亚海沿岸的贸易。10世纪，他们在亚得里亚海沿岸的势力扩展到安科纳地区。在亚得里亚海另一边，威尼斯成为伊斯特利亚和达尔马提亚部分地区的保护国，帮助他们抵抗斯拉夫海盗的进攻。保障亚得里亚海的安全畅通一直是威尼斯的第一要务，因为它与东方以及意大利其他地区的贸易都要通过这条通道进行。不仅如此，达尔马提亚沿岸和一些小岛给威尼斯提供了谷物供养其人民，并且在11世纪以后为其提供木材以建造更大且更便宜的船只。威尼斯商人在君士坦丁堡日益增长的特权地位从10和11世纪的一系列帝国文件中可以反映出来。992年，巴西尔二世同意威尼斯的商品进入君士坦丁堡所缴纳的关税低于其他竞争对手（犹太人和伦巴德贸易商人，以及来自巴里和阿马尔菲的商人）所应缴纳的关税。大约一个世纪之后，帝国皇帝将君士坦丁堡金角湾沿岸的一块黄金区域授予威尼斯商人从事贸易活动，并且免除他们在爱琴海各港口进行贸易的通行税和其他税种，但很可能没有免除他们在黑海的税务。威尼斯在东地中海地区海上的扩张通常归功于他们签订的这些条约。而这些条约和特权也成为拜占庭和威尼斯政治关系博弈的筹码，按照帝国意愿终止或者恢复。10世纪时威尼斯和帝国关系出现紧张局面的原因，多数情况下都是因为拜占庭富有技巧地操纵威尼斯的贸易权利，并且支持威尼斯的竞争对手，尤其是热那亚和比萨。1111年比萨商人同样被授予了他们在君士坦丁堡的货栈，并且帝国保证他们不会受到威尼斯人的攻击。12世纪60年代，比萨宣誓效忠拜占庭皇帝。各个贸易团体之间相互的敌意最终于12世纪60年代和70年代在城市中导致了一系列暴乱，并且在拜占庭帝国内部引发了不断增长的反对拉丁人的情绪。

威尼斯商人的野心的舞台是在东地中海地区的贸易扩张，而热那亚和比萨的商人则发展与北非穆斯林城市的有利可图的贸易。热那亚通过布日伊等港口向北非地区出口货物，其中主要包括布匹，即由伦巴德商人从米兰和帕维亚运来的厚粗棉布、来自西班牙和德意志的亚麻以及无纺棉，以及来自东方经热那亚通过海上运输到北非的纺织与皮毛工业需要的染料、宝石、香水和香料。而热那亚商人则从北非进口皮毛产品、谷物和明矾（用于染布时调染料）。比萨同样在北非拥有贸易站。这两座城市和威尼斯一样在耶路撒冷都有利益，都获得了贸易的权利，并且在十字军从穆斯林手中夺取耶路撒冷之后获准在城市中建立社区，作为条件，它们要为十字军提供不可或缺的海上力量援助。

长途贸易并不仅仅局限于地中海的基督教世界。穆斯林作家兴奋地列出了出入于伊斯兰世界的商品，而穆斯林更加重视他们与东方的贸易，因为这方面的利润最为丰厚。伊本·哈克尔10世纪写到凯鲁万统治时马格里布是最大的城市。这个活跃的港口出口诸如丝绸、羊毛和混血女奴等商品，而位于从苏丹开始的商路尽头的西吉勒马萨则提供了巨额的通行税退税。

穆斯林和基督徒商人并不经常前往对方的土地进行贸易，在很多情况下，意大利商人承担了欧洲大陆和地中海沿岸之间的中转贸易商的功能。而犹太商人在整个地中海地区都特别活跃，尤其是在皮毛贸易和奴隶贸易上。9—10世纪拜占庭与东欧的斯拉夫人进行的战争，使得犹太人在凡尔登的奴隶市场能够提供丰富的奴隶资源。这些奴隶最终被卖往各哈里发政权。随后，犹太人开始将东方的奢侈品卖往西方，其贸易横跨基督教世界内部与穆斯林世界。

地中海地区长途贸易的发展需要新的商品融资、远航组织以及债务处理的方法。海上通道仍存在巨大的危险；很多商品的价值很高，这就需要一个支付体系，而不仅仅是依赖于实物交易或者大量货币的运输；商业关系的复杂性——中间人和中介机构经常需要调和各种原则之间的矛盾——这些迫切的需求促使高度发达的贸易体系的出现。热那亚的公证机构记录显示出两种常用的资助贸易远航的方式：克门达（the commenda）和合伙贸易（the societas）。前者投资人提供商业冒险所需的全部资金并且获得全部利润的四分之三，剩余的四分之一归属他的旅行代理人；后者是投资人待在家中并且提供商业冒险所需资本的三分之二，旅行代理人提供三分之一，最终的利润则由双方平分。前者的一个特点是只有商船回来之后投资人提供的借款才能够获得回报，到12世纪末，这种方式使用得越来越多，这表明存在一个日益增加的小投资人团体，他们希望尽可能多地从其投资中获利。当然在意大利贸易城市中存在很多实力强大的商业精英，如沃尔塔、布龙和乌索蒂马尔[1]家族（他们的名字恰如其分），至少热那亚

[1] 意大利语，意为利用海洋。——译者注

的情况表明其居民中有很大一部分人涉足某种形式的海外贸易探险活动。

这一时期地中海世界商业的重要性不仅影响了作为其基础的城市社会的地理结构，同样也影响了其社会结构。无论是基督教城市还是穆斯林城市，他们都以集市系统组织其贸易区域；交易相同商品的商人的店铺和货物被安排在同一区域，这样有利于竞争并且使消费者获益。零售商和贸易者的近距离接触有助于他们形成团体凝聚力，这长时间以来都很明显。但从10世纪开始，商人阶层和其他城市阶层还是要求在城市的政治生活中拥有更重要的地位。最重要的转变发生在意大利，这里没有强大的中央政权，这使得城市和乡村地区一样能够建立他们自己的独立政府。11世纪很多市镇都发生了剧变，人们发动暴动反对现有的权威——诸如主教和伯爵，并且建立了一种新的机构：公社。

城市的自由与市民政府

正如城市生活产生出它们自己的经济机构形式一样，它们也发展了自己的基于团体和协会基础之上的政治结构。公社最初是一种维持和平的市民团体。这种政治形式在意大利发展得尤为充分。以前它经常被视作全新的事物，但是新近的研究表明公社不过是中世纪的人们找到的另一种方法，用来联结集体成员，因为他们很多事情都是集体进行的。但是为什么这种政府形式在11世纪及以后在很多意大利市镇出现，仍然是一个值得思考的重要问题。城市的市民可以通过很多形式团结起来，如市民的身份认同，在很多情况下，这种认同都是从罗马时期流传下来的，而公证人和律师的存在就是这种传统得以传承的载体；意大利的主教区都很小，很多城市都有主教座堂，主教经常扮演社会领导者的角色，而城市的主保圣人则照看这些对他们特别崇敬的忠诚信徒；很多土地持有者都居住在城市，因此市民的团结不仅局限于城市之内，而且延伸到了乡村地区。

例如在米兰，城市中有三个主要团体：大地主（the capitanei），他们在农村和城市都有财产；小地主（the vavassores），他们经常服务于前者；以及城市中的商人和专业人员（the cives）。843年皇帝将教会的土地授予大地主，此后他们的权力迅速增长。但在11世纪，皇帝更青睐小地主，以削弱大封臣的力量；通过1037年的封地法令，小地主成为他们土地的自由持有人，并且减少了对领主的义务。很多迁往米兰的小地主与城市中的团体，如律师和商人等，出于共同的原因一致反对大地主。正是出于这样的联合团体，那些因为共同的目标而团结起来的人们，组成了公社。城市中的这些团体通过选举产生他们的领导——执政官，当选者通常来自显赫的家族。人们通过这种方式保护自己的利益不受权贵或者其他势力（如教会）的侵犯。

从本质上讲，这些以共同目标与活动为基础的市民团体并无创新之处，但11—12世纪的政治环境意味着这些团体的影响力日益扩大。例如在米兰，大主教在城市的政治活动中一直扮演领导者的角色，而这一职位的任命权对于教宗与皇帝而言都有巨大的利益，二者都宣称对伦巴德地区享有宗主权，双方都希望他们提名的候选人可以被城市的市民和教士接受。并且随着关于米兰领主权的斗争的持续，控制着城市的贸易和土地财富的团体在双方之间左右逢源，获得了最大的利益。在意大利北部其他城市，对帝国各种主张（如帝国收取赋税和贸易通行税以及在意大利征收的支持帝国军队的费用）的敌意根植于公社政治需求的最深处。1081年皇帝亨利四世认可了比萨的习俗，同意在未取得由市民大会选取的12名代表的同意时不会任命托斯卡纳的长官。热那亚的习俗表明了在城市利益方面希望进行改变的内容：司法独立以及召开法庭的权利，这个法庭可以审判有关土地、继承问题和商业纠纷的案件；免除外来政治势力强加的赋税，以及有权限制外来移民的涌入。

到了1150年，公社的领导者经常被称作执政官，这很明显是沿袭了古代的传统。各地的执政官数量不尽相同。1140年维罗纳由7名执政官共同签署了一份文件。奥尔维耶托 1157年有两名执政官，但是到了1170年和1172年增加为4名。在执政官之下就是城市中的上层人士组成的议事会，1200年时奥尔维耶托的议事会有100名成员。比萨的执政官与其他很多城市一样，宣称其权威是“公民大会的人们”授予的，但是这不能被视作任何形式的民主选举权的表现。那些宣誓保卫公社的人都是来自城市中显贵家族的成员；工匠阶层和贫穷的市民并不能够直接参与到城市的政府之中。城市中激烈竞争的权贵家族都集体卷入政治生活中，正是这种现实意味着在很多时候他们之间内部争夺权力地位的斗争更甚于抵抗外来政治势力的斗争。在威尼斯，尽管很多传统的统治家族，例如奥尔索莱奥家族、坎迪亚尼家族和莫罗西尼家族仍然控制着城市，但是很多其他的团体逐渐削弱这些大家族的政治权力。到了12世纪末，旧时的公民大会（arengo）消失了，取而代之的是一个由480名成员组成的公民大会（maggior consilio）。这个公民大会的成员是由威尼斯每个区的两名代表选举产生的。1185年，这个体系被进一步修改，公民大会自己选举出一个由40人组成的委员会处理立法事务。所有这些安排都不是民主的，其初衷也不是民主的。到了1200年，意大利北部和中部的很多城市都和威尼斯一样，一个由大家族和既得利益团体组成的、非常具有吸引力的小圈子把持着权力。

中央政府权力的缺位，是意大利北部地区公社政府兴起的原因，也是其导致的结果。尽管对这种“非自然”的政府形式充满敌意，但无论是教宗还是神圣罗马帝国皇帝最终都要接受它们。“红胡子”腓特烈一世攻击米兰，以恢复“正义和正确的政府”。为了对抗皇帝，1167年伦巴德地区的城市组成了伦巴德同盟，开了众多城市以民兵组织的力量狂热反击帝国军队的先例。腓特烈在1183年签订《康斯坦茨和约》，承认这些城市有权利组成伦巴德同盟，这标志着神圣罗马帝国政府认可了这些城镇拥有某种程度的政治自由，尽管这并没有阻止神圣罗马帝国皇帝干涉这些城市的政治事务。同样，教宗阿德里安四世于1157年接受了由奥尔维耶托的执政官做出的效忠宣誓，以此来表明对这座城市的支持，从而接受公社的存在。

之后，教宗利用这座城市来管理教宗国内的领地。

然而到了12世纪末，公社这种政治形式的弊端显现无遗。在军事作战或者公社遇到危险时，它缺乏有决策能力的领袖，造成了过去经常为一件事而任命一个执政官的情况。到12世纪，派系政治的问题日益凸显，追索权都掌握在执法官手中，担任这个职位的有时候是帝国代表，但经常是有一定任期的外人。1170年在维泰博，一个类似于镇长的职位——代理镇长（rector）诞生了。1171年，这个职位在奥尔维耶托也出现了，在佩鲁贾则于1174年出现。在公社任命这些人维护公社的独立时，这一职位有先天的危险性。这些人可能会青睐城市中的某一个派系，但更多的时候他们有可能为自己寻求权力。中世纪晚期意大利城市中出现的独裁政府，其隐患早在公元1200年之前就埋下了，并且在城市统治精英中不同的利益集团之间难以调和的矛盾中体现出来。

上帝守护之城的衰落

第四次十字军东征攻击了君士坦丁堡而非收复圣地。人们关于意大利城市在这其中扮演的角色有很多讨论。当然，意大利各个城市在拜占庭首都拥有的获利丰厚的贸易活动促使了12世纪意大利人在君士坦丁堡定居，并且导致了城市中不同的意大利人群体之间的摩擦不断增加。在意识到宫廷生活接受了西方的习俗时，拜占庭一些阶层的人们被激怒了。人们常常提及曼努埃尔一世·科穆宁将长枪比武介绍到拜占庭的失败尝试，但是更令拜占庭小贵族讨厌的是越来越多的帝国贵族与西方的贵族妇女结婚，这剥夺了他们在宫廷中提高声望的传统手段。隐藏在这些联姻背后的政治考量是显而易见的。威尼斯、拜占庭帝国和耶路撒冷王国形成一个地中海联盟，旨在形成一个包围圈，并且在可能的时候彻底从意大利南部根除诺曼人的势力。但是在1150年曼努埃尔并不成功地入侵意大利之后，政治光谱开始发生改变。拜占庭在意大利的远征行动预计沿着亚得里亚海岸一直前进到安科纳地区，而1164年匈牙利占领克罗地亚和达尔马提亚的行动获得了帝国的认可，这两件事情使威尼斯感受到了严重的威胁，威尼斯和拜占庭的古老联盟开始破裂。

拜占庭帝国衰落的最明显的表现之一就是默许帝国权力从巴尔干地区的退出。新的独立国家的出现导致了原有势力范围的丧失。拜占庭偶尔发动一些较大的行动，例如1159年曼努埃尔·科穆宁成功进入安条克，这个过程中耶路撒冷国王起了微小的作用，并且拜占庭重新获得了对这座城市的领主权，尽管只维持了很短的时间。但是1180年曼努埃尔去世后，拜占庭帝国内部出现权力的真空，这导致了严重的政治斗争。年轻的阿莱克修斯二世·科穆宁仅仅统治了三年（1180—1183年），就逐渐被远方表亲安德罗尼卡·科穆宁控制，后者是一名曾经在帝国东部作战负过伤的老兵，他的恶名传遍整个地中海东部。1185年安耶洛斯家族通过政变上台，并且在政变中安德罗尼卡在竞技场被一个暴徒分尸。贵族对过去一个世纪中科穆宁家族独占帝国权力的不满在这场政变中达到了顶点。但是安耶洛斯家族并没有摆脱派系斗争的困扰。1195年拜占庭皇帝伊萨克二世被剥夺皇位并且被刺瞎，后他的儿子年轻的阿莱克修斯四世·安耶洛斯投奔他的姑父士瓦本的腓力。在1202年发动第四次十字军东征前后，这一事件使德意志人被迫卷入拜占庭的政治运动中。在第四次十字军出发时，教宗英诺森三世是否已经完全知道了这次十字军的目标是君士坦丁堡而非打击穆斯林军队？关于这一问题，至今人们仍然在热烈地争论，尽管有确切的证据表明他对威尼斯人和德意志人的利益主导了这次十字军的行动方向感到不满。然而毫无疑问的是，威尼斯人为十字军提供了舰船运输军队，并且将其视作扩大自己在地中海东部的权力的一种手段。在经过长时间的围城激战后，1204年4月12日君士坦丁堡被拉丁军队攻陷。他们在城中的大屠杀和劫掠甚至震惊了铁石心肠的同时代的人们。

"由上帝守卫的君士坦丁格勒（Kostantingrad）和希腊之地的帝国就此在诸王的争吵之中灭亡；现在法兰克人统治着它。"

《诺夫哥罗德编年史》中充满悲伤的评论总结了拜占庭帝国对于首都陷落的震惊的反应。对很多人来说，这是帝国为管理混乱与腐败所付出的代价；对一些人来说，这是上帝对帝国结交支持教会分裂的拉丁人并且接受罗马教宗至上这种无耻观点的惩罚。尽管将君士坦丁堡的衰落描述为"不可避免"的观点可能是充满误导性的，但1100年十字军历史学家沙尔特的富尔彻已经指出了这一衰落趋势，而君士坦丁堡的陷落就是其顶点。在描述法兰克人在圣地新家园的生活的时候，他写道：我们以前是西方人，而现在成了东方人。其实东方人也成了西方人。地中海世界在贸易、宗教仪式、政治态度和联盟方面的相互依存度越来越高，正是这种相互依存将1204年对拜占庭权力的侵蚀推至顶峰。地中海成了法兰克人的内湖。

| 第五章 |

文艺复兴时期的地中海地区，1200—1500年

彼得·登利

教宗及其敌人与盟友

1202年，一位博学的隐修士约阿吉姆在他的出生地卡拉布里亚去世了。他的著作是中世纪晚期最有影响的著作之一。约阿吉姆重新划分了世界发展历程。在原有的“圣父统治时期”与“圣子统治时期”之后，他又新加了第三个时期，也就是“圣灵统治时期”，第三个时期就是地上天国。根据他的计算，人类即将走向第二个时期的结束。1260年将是向第三个时期转变的年份，这一年善恶之间爆发里程碑式的战斗，敌基督者将会现身。随着这些著作的传播，人们对世界末日的兴趣越发浓厚。这些文本当然可以有很多种阐释，所生发出来的观点随着1260年的到来和过去也产生了巨大的影响。

早些时候腓特烈二世（1194—1250年）的统治促生了世界末日的流言。他是在圣职授受权之争期间和教宗爆发冲突的最后一位伟大的皇帝。尽管将皇帝与敌基督者等而观之有些令人惊异，但是腓特烈的一些言行似

乎能够佐证这一点。他有一半的西西里血统，并且在西西里长大。腓特烈不仅仅继承了日耳曼的贵族传统，他将西西里世界性的文化化为己用，他的宫廷中有很多伊斯兰学者、占星家和珍禽异兽，据称还有奇怪而残酷的人体实验。尽管没有证据可以证明对腓特烈教义怀疑主义或者异端的指控，但腓特烈并非通过武力，而是通过与苏丹谈判，赢得了那场十字军中仅有的险胜。那时候他还是一名被开除教籍的人士。他在西西里岛上对穆斯林十分宽容，使大批穆斯林移居到卢切拉平原，并且在距罗马不足200英里（约322千米）的地方建立了一个能够坚持自己全部习俗和宗教信仰的异教徒殖民地。皇帝做出这种行为所引起的冲击尤为剧烈（或许他是有意为之）。因为传统上，皇帝在与教宗冲突时的合法性就在于他是基督教世界的世俗守护者。但这并非没有先例，在某种程度上，腓特烈二世的这种形象都是精心宣传的结果，而这种宣传很可能就是教宗授意的。在教宗的眼中，腓特烈远不止是一位不羁或者邪恶的统治者。“红胡子”腓特烈一世已经使皇帝与教宗之间逐渐升级的冲突越来越多地发生在意大利，也就是教宗权力中心附近。他的儿子亨利六世与西西里女继承人康斯坦斯的婚姻不仅预示着对教宗更大的压力，而且完成了对罗马的包围。此番前景对教宗威胁巨大，他们从1194年亨利的儿子腓特烈出生之时就开始竭尽所能阻止他同时继承两大领地。因此，腓特烈在能够对自己的行为负责任之前，就具有巨大的政治重要性。

腓特烈的少年时代恰逢在教宗史上最有能力并且最富精力的教宗之一——英诺森三世担任教宗的时期。英诺森不知疲倦地在基督教世界扩大教宗的权力和影响，干涉英法之间激烈的政治冲突，接受全欧洲统治者的敬意。然而神圣罗马帝国的未来依然是最重要的议题，而他施加的影响并不能令人满意。1197年经过两次选举之后，英诺森首先和韦尔夫家族的候选人不伦瑞克的奥托结盟，但是他最终和霍亨斯陶芬家族的士瓦本的腓力议和，因为他才是更受欢迎的神圣罗马帝国皇帝候选人。当腓力被刺杀之后，英诺森重新支持奥托，条件是要保证教宗的独立；但当奥托完全不顾这些保证甚至开始在意大利进行劫掠的时候，英诺森只剩下一个选项：支持腓特烈，支持他取代奥托成为神圣罗马帝国皇帝。因此，尽管教宗倾尽全力，仍未能阻止腓特烈将帝国与西西里联合。英诺森最终取得的成果就是对西西里的临时控制，因为腓特烈的母亲康斯坦斯指定教宗作为腓特烈该领地的监护人；并且承诺中意大利地区为独立的教宗国，这个政治承诺最早是奥托做出的，后来腓特烈又加以承认，它比指定教宗为监护人具有更重要的政治意义。

1220年刚加冕的皇帝回到意大利，这里已经成了他的基地。几年之后教宗最担心的事情发生了。腓特烈的主要目标是要在西西里重新建立秩序（西西里王国的范围已经超出了西西里岛，延伸到了意大利半岛自那不勒斯以南的地区）。然而很快他就把注意力转向了意大利北部城镇，并且于1226年在克雷莫纳召开了一次帝国议会，目的是重建帝国在这一地区的权力。这一行动迫使这些城镇重新组成伦巴德同盟反抗腓特烈的干涉，而伦巴德同盟最早就是为了反对腓特烈二世的祖父"红胡子"腓特烈一世而成立的。绝大多数的城镇都公开反抗腓特烈，后者被迫让步。直到这时候，腓特烈才不得已履行参加十字军的诺言，但是当他从十字军的行动中回来的时候才发现，他的敌人不仅仅是那些城镇，而且还有新的教宗格里高利九世，教宗英诺森三世的侄子。格里高利九世在反对腓特烈二世的问题上毫不退让，趁腓特烈参加十字军不在西部的时候，他削弱了腓特烈对西西里的控制，而且还巩固了半岛北部反对腓特烈的同盟。在腓特烈余下的生命中，他几乎不断陷于意大利北部和中部的冲突之中。格里高利九世去世之时，腓特烈不断威胁罗马，试图影响教宗选举。随后两年中，教宗一职处于空缺状态，而最终当选的教宗英诺森四世，几乎比格里高利还要坚定地反对腓特烈。新的教宗很快逃亡里昂，宣称腓特烈对罗马的压力危及了这座城市的安全。在里昂他召集了一次大公会议，在这次会议上罢黜了腓特烈的皇帝职位。腓特烈在意大利北部仍然难以取得军事上的胜利，而为了支持这场战争，西西里承受的战争负担引起了当地人们的不满和暴动。

1250年随着腓特烈二世的去世，他的功业几乎瞬间瓦解。在他三个存活的儿子中，只有私生子曼弗雷德有能力继续维持霍亨斯陶芬家族在西西里的统治，并且可以在意大利其他地区反对教宗。他于1266年在战争中败于安茹的查理一世，在贝内文托被杀。1268年腓特烈的孙子康拉丁在塔里亚科佐战役中战败被杀，霍亨斯陶芬家族的统治走到了尽头。同样，很大程度上帝国在意大利的活动也就此结束。直到半个世纪以后，另一个皇帝亨利七世才自信有能力发起另一次在意大利的征服战争（1310—1313年）。尽管他有大批军队并且在意大利引发了很大的混乱，但是他并没有机会建立长久稳定的权力。他在征战途中去世，这使这场战役戛然而止。另一位皇帝“巴伐利亚人”路易四世在14世纪20年代与教宗爆发了更为激烈的冲突，但那时意大利已经在这场冲突中处于次要地位，而且教宗和皇帝的冲突在欧洲政治中也越来越边缘化。

在某种程度上，腓特烈最严重的错误就是将意大利北部作为冲突的舞台。对西西里资源稳定的控制给了他机会，使他持续对意大利北部造成威胁，因为仅依靠德意志的资源，皇帝不可能对这一地区构成持续的威胁。而且尽管对于一位秉承了帝国传统的皇帝来说，这种行为是非常自然，甚至是不可避免的，但是他重申帝国在这一地区的权力的决定仍不合时宜。这不是数个大国之间的条理分明的冲突：在伦巴德地区，腓特烈对抗的是反复无常的独立的政治势力，它们饱受内部派系斗争的折磨，即便有意，也无力形成稳定的政策或者同盟。但是皇帝的企图对他们来说是如此的不可接受，以至于如此多的好战的城市联合起来反对他。由于错误的战略和时间观念，尤其是对这些城镇的抱负和能力的完全无视，腓特烈错过了大部分的机会。这在腓特烈对于西西里和德意志的政策中也有体现，同时腓特烈在作为传统的帝国皇帝这个角色的时候也表现得非常保守。教宗最后发现他们许多时候都是不战而胜。因为他们并不要求这些城镇臣服，而是联盟，因此相较于这位非正统而最终走向反动的皇帝而言，教宗成了这些城镇更青睐的选择。

教宗对腓特烈的反对包含几个方面。他们之间存在意识形态的对立，这是教宗和皇帝对各自角色认知冲突的延续。他们之间有领土争端，在北意大利，教宗一旦丧失对这里的影响力，将导致皇帝的控制区域更加接近罗马；在中意大利地区，教宗试图建立教宗国作为缓冲地区；南意大利地区同样是双方争执的缘由之一。在诺曼人征服西西里的过程中，教宗给予了很多帮助，这使得教宗在这一地区拥有特殊的利益。康斯坦斯将教宗指定为腓特烈的监护人这一举动就是这种特殊关系的典型表现。腓特烈在西西里恢复秩序的行动是教宗求之不得的好事；但是他将教士从政府中驱逐，并且利用西西里的资源反对教宗，就明显不是双方良好关系的体现。格里高利九世将其在西西里地区的影响作为向腓特烈开战的重要基础。在公元1250年以后，控制西西里成为教宗反对皇帝的首要原因，并且由于教宗只能依靠外部军事力量来执行其政策，因此他们不得不想方设法寻找同盟。其中最重要的就是他们与安茹家族的结盟。法国国王的弟弟查理被邀请进入意大利对抗曼弗雷德；以此为开端，教宗与法国国王延续了三代人的同盟，这个同盟因战争和双方在南意大利、后来则是意大利其他部分的共同战略利益而得以巩固。

“西西里问题”具有重大的意义。实际上，它被称为“现代政治史的开端”。对西西里自身而言，安茹家族受邀而来不仅仅意味着外来统治的继续，同时也意味着战争和分裂的延续。腓特烈在西西里重新建立了秩序，镇压了叛乱的贵族，并且加强了对行政人员的控制，这使得他们对国王更为依赖。腓特烈还为西西里制定了一部法典，建立了一所大学培养行政人员，以及一座作为很多文化活动中心的宫廷。这些成就是不容忽视的，但现在的历史学家更多强调这些行动中的利己主义，毕竟他用来控制国家的铁腕牺牲了当地的经济发展。随着安茹的查理的到来，负面影响延续的同时却没有带来任何正面影响。新的外来统治的建立带来了新的外来统治阶层，以及更多的并非用于发展西西里的赋税负担，例如拜占庭帝国的恢复，这些都引起了人们的反抗情绪，最终在1282年爆发了血腥的“西西里晚祷”事件，并且阿拉贡的佩德罗三世受邀继承西西里的王位。在大约九十年的时间里，一系列极为弱势的王权——位于那不勒斯的安茹王朝和位于西西里的阿拉贡政权，都试图在自己的土地上巩固自己的权力，并且在双方的冲突中占得先机。这对于公共秩序和国王权威的破坏程度只有对经济的破坏可以与之相比，作为曾经的“欧洲粮仓”，这里的土地变得贫瘠，人民都非常贫穷，很大程度上都是这一时期造成的。西西里作为地中海文化的交汇点曾获益良多，但是现在一系列的统治者都以其作为资源支持他们在其他地区的政策，它必须要为这种国际主义付出代价。

同盟对意大利总体上造成的后果同样重要。教宗和安茹家族的紧密同盟导致了支持教宗派或者归尔夫派以及归尔夫主义在全意大利的兴起。安茹家族不仅是那不勒斯的统治者，也是教宗在意大利半岛的急先锋。这一同盟一度使人们感觉可以为这一地区饱受纷争的政治形势带来一些和平和稳定的措施。但是事实并不如人所愿。而安茹家族和阿拉贡先后进入意大利的一个更严重的后果是，之前一股外国势力——神圣罗马帝国皇帝在意大利的利益和主张被两股其他势力取代，这两股势力看起来更现代，某种程度上欧洲的未来就在这两股势力身上。15世纪末，当法国和西班牙先后入侵意大利并且在随后三个多世纪中剥夺了意大利的独立时，他们其实仅仅是在重申由13世纪最初的那些利益发展而来的主张。就此而言，发生在13世纪后期的一系列事件既是意大利陷落这一重要转折的前提，又是其某种程度的预演。

对教宗而言，这个同盟同样是重要且影响深远的。如果教宗不想完全成为罗马和中意大利贵族压力下的玩偶，一个强大的盟友是绝不可少的。然而教宗为不断卷入盟友的军事行动付出了巨大的代价。13—14世纪一个显著的特点就是军事花费的大幅提升，而教宗成为最早体验这一变革的欧洲领导人之一。开始于英诺森三世时期的行政体系的改革以及教宗对教会控制的加强，很快就面临了严峻的挑战。一个解决方案是给予某些战争特殊的地位，例如十字军。这给予了他们道德支撑和宣传价值，以及从教士那里征税的权利。把针对基督教世界教宗反对者的战争称为十字军运动并不是新发明，但是这一习俗在教宗-安茹同盟的背景中达到最高点。这也使教宗容易受到滥用十字军运动的指责。这个同盟更严重的后果是使教宗越发依赖法国，不仅仅有作为在意大利的安茹家族的后台的法国国王，还有进入教廷的法国人。乌尔班四世自己是法国人，并且邀请安茹家族进入意大利，他还任命了足够多的法国枢机主教，以保证在本已混乱的教宗选举中出现一个新的派别。

所有这些因素在卜尼法斯八世时期以一种危险的方式一起到来。塞莱斯廷五世不问世事，于1294年退休。本笃·卡埃塔尼当选为教宗，即卜尼法斯八世，他是过去四十年中选出的第12位教宗。卜尼法斯是一位来自安茹的候选人，年老却精力充沛，是一个有些顽固的政治家。他很快就表现出超出安茹家族所期待的对个人和家族利益的浓厚兴趣。他发动了一次十字军，针对与他敌对的科隆纳家族的枢机主教。而他在归尔夫派内部的阴谋造成了一次分裂，这些都使他的同盟者与他疏远或者感到窘迫。但是他在和法国国王“美男子”腓力的关系中棋逢对手，而导致他们冲突的是税收问题。卜尼法斯和腓力之间的冲突将在下一章中讨论。在这里必须提及的是，这次冲突的后果对教宗而言是极其严重的，并且直接导致了教宗放弃罗马，前往阿维尼翁。

意大利作为教宗的驻地过于不稳定。在13世纪接下来的七十年中教宗试图通过逃离这团灾害性的政治泥沼以获得和平，并且从远方控制教宗国。然而政治活动是这一时期的唯一亮点的假设是错误的。随着托钵修士的兴盛，教宗还将成为这一时期最具有活力的复兴运动的领导者。圣方济各的理想——尽管他不如圣多明我的理想引人入胜，但影响同样深远——在英诺森三世及其继任者的鼓励下，为改革和复兴提供了“突击队”。他们精力充沛地寻求与异端战斗的机会，尤其是在城镇地区（至少在意大利如此）。这也被视作在意大利，教宗的控制是必不可少的一个原因。这种情况下，严格区分教宗的政治活动和宗教活动过于武断。如果教宗想要继续保有其行政和教牧的权力——对在城镇地区执行宗教活动的主教和教士的控制——的话，其政治权力是必要的。以此判断，比起整个13世纪，1302—1303年的冲突最后导致的戏剧性结果，对教宗国来说更具灾难性。

意大利城市国家：理想与现实

圣方济各是意大利中部阿西西（今属翁布里亚大区）一位成功商人的儿子，这位伟大的富有革命精神的人在城市中践行他的标志性的活动。他对贫穷的信奉来源于有进取心的商业阶层的巨大财富，与被迅速兴起的城市所抛弃的令人绝望的贫民之间的巨大反差。他所建立的托钵僧会对现实世界的活动非常热心，而又摈弃所有的世俗财产，这两点都同样具有革命性。在意大利，托钵僧会仍然是城市修会，主要依靠城市的慈善捐赠生活，扮演着城市信仰的核心力量并且应对城市的问题，布道，开导人们并且教育形形色色的平民。

托钵僧的活力与成功同城镇的活力与成功如此紧密地贴合并非偶然。在谈到这些城市国家胜利的奇迹的时候，法国著名的历史学家费尔南·布罗代尔有非常中肯的赞誉，认为它们或许是中世纪最为惊人的政治、经济和文化现象。中世纪晚期意大利北部和中部地区的历史很大程度上就是这些地区城市国家的历史，这一点意味着这一地区发生了许多丰富繁杂的政治活动、经济创新与垄断，以及科学技术的专业技能和文化的发展。随后的几个世纪中，欧洲其他地区都从中汲取着经验。而布罗代尔对这些城市国家的成功的强调同样证明了这一点。正如马基雅维利在16世纪初所说，政治的活力是由一种张力造成的，此张力来自这些城市国家所建立的政治体系的自身特点。我们还可以继续推论：某种程度而言，所有这些成就都是城市内部、城市与城市之间，以及城市与外部社会之间的冲突和竞争导致的。

这些城市国家的兴起源于他们反抗领主的活动，例如主教、伯爵或者其他教宗或皇帝的代表。这两个权力中心都遥不可及的势力的冲突使城镇获得了很多好处，他们可以帮助一方打击另外一方。一度教宗或归尔夫派〔Guelphs—名源于敌视霍亨斯陶芬家族的韦尔夫（Welf）家族〕，以及皇帝或吉贝林派〔Ghibellines—名源于霍亨斯陶芬家族在士瓦本的威伯林根（Waiblingen）城堡，后来成为其政治口号〕这两派的发展为城镇内部的派系以及城镇之间同盟与反同盟提供了某种结构基础。这种派系政治和城镇间的同盟是城镇政治的特点。甚至某种程度上，他们各自的意识形态在城镇间的同盟中都有所反映；在意大利中部的很多城镇，尤其是归尔夫同盟的核心城镇佛罗伦萨，其反对贵族的态度与归尔夫派的宣传非常契合。而贵族利益则披着吉贝林派外衣，尤其在意大利北部，他们的结构分明的贵族权力源于皇帝的授予。但是我们不能过于看重这些联系，以至于把每个城市都分门别类。占据城镇统治地位的派别更多地将这些标签视作方便的旗帜，可以随意放弃或者使用。

对这些新出现的公社而言，另一个主要的问题——事实上是他们能否成为可行的城市国家的测试——就是他们能否控制周边足够大的乡村地区以防御虎视眈眈的邻邦，保障自给自足的粮食并且获得足够的赋税，控制其领地内或者周边的大土地主。控制周边乡村地区的权贵是一项从未彻底完成的任务，但是使大多数乡村的权贵臣服则是建立“领土国家”的一项必要条件，这也是这些城镇国家随后的政体形式。将乡村贵族卷入城镇事务的过程始于12世纪，并且延续到13世纪。乡村贵族一旦卷入城市事务，他们就倾向于组成很大规模的家族以及家族间的同盟。当时的评论者认为这是城镇的主要污点和薄弱之处，也就是派系对立。这种对立导致了无休止的暴力以及随之而来的虚弱。而这些乡村贵族应当对造成这种状况负责。这种家族同盟的标志就是他们建立的防御塔楼，这是中世纪城市地貌的首要特征（一些地方的防御塔楼存留至今，尤其是圣吉米尼亚诺和博洛尼亚）；立法机关通过决议授权铲除这些防御塔并且限制未来的建筑不得高于市政厅之，这也是公社政权兴起的标志。城镇国家采取其他一些实际措施阻止那些不受限制的暴力，这些暴力通常和贵族有关。到12世纪末13世纪初，12世纪的执政官被执法官取代，后者是一个通过短期条约任命的非民事官员，其拥有广泛的行政权力。为了反对这些权贵的放纵行为，在很多城市出现了一种反对集团，他们被称为民众（popolo）。他们通常和归尔夫派结盟，并且到13世纪中期，他们的胜利被视为驯服暴力这种贵族传统的时刻。这种对贵族暴力的控制在一些改革，如1293年的《佛罗伦萨司法条例》中达到高潮，其中被列举的权贵家族被永久性禁止担任公职。

民众的胜利在相应的城市具有重要的意义。紧随而来的是相当精巧的城市政府以及代表当时市民精神的最好的纪念碑。但是有一些特点需要强调。它是以阶层为基础的、一个广泛的同盟，尤其是行会成员之间的同盟，无论是大行会，诸如银行家、商人以及专业人士的行会，抑或是小行会，例如手工业者或者小商人的行会。在控制了权贵之后，民众很容易在城镇中发展出派系斗争以及暴力行为；在佛罗伦萨，归尔夫派和民众取得胜利之后，很快就分裂为对立的黑白归尔夫派。那些被压制的权贵家族很快就被其他家族取代；新的商人家族通过金钱、捏造的血缘关系和新移民（gente nuova）的方式获得贵族身份。这些新的家族被旧的家族鄙夷。贵族的影响继续以其他的方式延续。在锡耶纳，很多被压制的贵族都是银行世家，他们的实际权力在严格的政治领域之外仍然不可避免地存在。贵族文化仍然渗透着市民生活：各种形式的吟游诗人传统，贵族的理想形象，以及各种各样的谄媚态度。

正如城市国家见证了永久性的社会政治变革一样，其机构也发生了变化。13世纪新出现的两种政府形式——大会议和更高等级的由行政长官（priors）组成的执行委员会——很快就取代了旧的政府形式。大会议成员一般至少为三百人，从有资格担任公职的家庭中挑选；执行委员会成员任期为两个月，负责立法和制定政策，并且对大会议负责。选举行政长官的过程和其他公职人员一样都极其复杂，而且是这种体制的愿望的体现。它包括抽签或抓阄和挑选的混合方式，有时还会伴有旷日持久的组合，以保证整个大会或者委员会不会轻易被某个派系控制。很短的任期；“特别委员会”，即在官员任期结束的时候检查他的表现，惩罚其缺点；禁止官员联合任职或者亲属同时任职，所有这些措施都是为了同样的目的，但是所有的措施最终却都没有效果。最终，这种体制的弱点——需要广泛的征求意见，不能够做出迅速或者机密的决定——引发了进一步的改进，即采用一个成员更少且有特殊权力的特殊委员会（Balie）。这很快成了保留共和政体的城镇的政府的普遍做法。

城镇的宪章都是非常理想化的，然而其市民总是无法实现这种理想。强制性地变更宪章以及强制性的立法活动，都是这些机制不能很好运转的表现。尽管绝大多数城镇的这一体系很快就瓦解了，其原因并不是其繁复的官僚制度和过于崇高的理想，事实上这些都以另外的形式幸存了下来。制度瓦解的主要原因是所有的这些选举上的微妙之处、制衡原则，不是更简单明快的“领主政府”的对手。以“强人”作为独立政府的替代物或者权宜之计的做法在13世纪上半叶就出现了，这一时期，乌贝托·佩拉维奇尼和艾泽林·达·罗马诺这两位腓特烈二世的模仿者很快为自己在意大利北部开辟了政权。他们的极端残忍标志着他们是旧式贵族的化身，而非新式的统治者；但是他们预示着后来的统治模式。

公社时期的理想主义让人们注意这样的问题：这种政府类型究竟有何成就？公社政府活动的纯粹程度令人惊叹。尽管锡耶纳并非这种政府的典型代表，但是它提供了一个很好的例证，因为在1287—1355年的九人政府统治期间，社会异常的稳定，它将政府的抱负和成就推向了极致。首先锡耶纳将其税收体系发展到了高度精细的水平。战争的花销——它曾经是归尔夫派和吉贝林派在托斯卡纳斗争的重点——保证了这一点。税收意味着对乡村的控制，因为乡村是税收的主要来源。现在保存着1263年以后锡耶纳附庸地区的列表，这些地区需要在某些节日提供蜡烛，以象征他们的附庸地位。这些乡村地区都受到锡耶纳事无巨细的规范。锡耶纳在公社的边界以南很远的地方建立新的城镇，并且通过免税的形式鼓励人们前往这个城镇定居。锡耶纳还建立了一个防御网络，并修建了灌溉体系和大坝。在城镇中也进行了类似的活动。城镇的规划达到了顶峰。建筑允许的高度、距离和材料都有相关规定，违反者要支付沉重的罚金或者将违规建筑拆除。城镇自身的建筑计划极具野心。城市中建立了供水系统，今天去这座城市的游客都会注意到那些著名的喷泉，但是他们看不到的是，为了将城外的泉水引入城中而修建的长达25千米的地下沟渠。锡耶纳将大把的金钱花在市政厅、教堂和锡耶纳最壮观的圣玛利救济院的建造和装饰上。在设计主教教堂时，为了使对手的教堂黯然失色，这些野心几乎达到了狂妄自大的地步。到14世纪，当锡耶纳的钱花完的时候，这座教堂才仅仅完成了其耳堂的部分，但是这个耳堂已经几乎达到其他教堂中殿的大小。

锡耶纳对于立法的热情可能达到了顶峰，同时涉及方方面面。在绝大多数城镇，人们生活的各个可以想到的方面都被规范了：宵禁的时间、娱乐活动中的穿着和花费（“反奢华法案”）、继承和遗产问题、监护问题、贸易、礼仪、垃圾处理、旅馆管理，甚至是妓院等方面都有相应规定。阅读这些城镇的行政档案——文件材料也是不可估量的财富——就是在发掘整个社会的精细程度。这种高度精细的社会并非简单建立在内省和自觉的基础上，其根基是足够保证城市社会发展出各方面要求的财富。经济的早熟是取得这些成就的基础，这些城镇最为繁荣的时期也是意大利城市在国际贸易中占据统治地位的时期。13世纪晚期，来自佛罗伦萨、热那亚和威尼斯的商人定期前往香槟集市。当这个集市被其他的商路和集市取代的时候，热那亚和威尼斯开辟了定期前往布鲁日和其他欧洲北部港口的大西洋航道。意大利商人通过在最大的那些北欧城市中设立固定的分支机构与之保持联系，促成了坐贾的兴起。同时它还引领了新的商业技术，如复式记账法、信用体系、海事保险和货币兑换的发展，这些新技术保障了这个商业网络体系的正常运转。意大利人还是最强大的贷款提供商，英国和法国的国王都从意大利银行家手中借款（并且偶尔拖欠债务，这会导致灾难性的后果）。

出人意料的是，城市手工业却处于从属的地位。当然，绝大多数意大利城镇都是周边地区的市场，并且很多城镇都有专门的手工业，其中最重要也是最独特的就是佛罗伦萨的纺织业。布匹的确用于出口，但是除此之外，他们操纵的很多国际贸易都是利用意大利作为地中海中心的优势而从事的贸易。当比萨和热那亚较早在地中海中部和西部建立商业帝国之后，威尼斯和热那亚在地中海东部地区进行扩张，并且与穆斯林世界建立了新的商业往来，以及与更远的蒙古帝国建立了商业联系。航位推算法的发明使得冬季航海变得可行，正是利用这项技术，威尼斯人在13世纪末建立了一个定期的国家控制的桨帆船队网络，可抵达到黑海（威尼斯和热那亚都在那里建立了殖民地）、叙利亚、埃及、非洲北岸（从坦吉尔到直布罗陀海峡）、马赛、艾格莫尔特、巴塞罗那。他们不仅完全控制了亚得里亚海，而且实际控制了更多地区。威尼斯在地中海东部地区垄断了盐和谷物的贸易。威尼斯和热那亚之间有激烈的竞争，但包括他们在内的意大利人享有对东方事实上的贸易垄断，并且到远处探险是自然而然的事情。像马可·波罗的家族那样的远行是非常正常的。作为国际贸易的中心，意大利在科技发展中也处于领导地位是自然而然的事情。在西方，玻璃的生产在威尼斯达到了顶峰，这里生产出来的玻璃可以用于餐具、眼镜和窗户；法布里亚诺是西方最早实现纸张的常规化生产的城市；机械表是意大利人的发明；甚至阿拉伯数字都是最早由一位意大利数学家引入欧洲的。

尽管有这些发展，意大利仍然处于失序状态。这些城市国家在因其智慧和创造力继续令世界和历史学家们惊艳的同时，也以其混乱而臭名昭著。“早熟”这个词非常适合这种情况。他们并不是资产阶级或者革命者，尽管他们的某些社会冲突和“前资本主义”的发明指引了未来。市民的自豪感达到了很高的程度，但是在很多方面这些城市都还很保守。很多作家都赞美这些市民的理想和美，同时也描写有血有肉的市民并不光彩的实际行为，对这些矛盾的行为总结得最好的或许是但丁。但丁的作品是对这一时期理想与缺点不可回避的评论。他被佛罗伦萨驱逐之前，在佛罗伦萨的市民传统中被养育长大，并积极参与了13、14世纪之交这座城市混乱的政治生活。他也学习了托斯卡纳的语言和文学传统，后来为其发展做出了巨大贡献。他的兴趣包括很多理论学科，如哲学、神学和宇宙学，佛罗伦萨在这些学科上都处于领先的地位。同时他的兴趣还包括古典学和爱情诗，这些在佛罗伦萨与托斯卡纳地区都很活跃。但丁最伟大的著作《神曲》是一部杰出的宗教、哲学、诗歌和政治著作，结合了政治理论家和苦难的政治流亡者的经历。他虚构了一次从地狱经炼狱到天堂的旅行。通过前无古人的奇思妙想，以及用神学来描绘死后世界，但丁将他的偶像和敌人都放在合适的位置，并且对当时整个政治形势进行了审判。《神曲》是一部横跨两个时代的著作，它既截取了当时最有活力和最有建设性的意大利城市生活——其抱负、创造力和激情，同时也深刻地表达了其“中世纪”的观点。这终究是一部宗教著作，其中进行了许多道德评判，并且至少有一种观点是完全过时的，即他认为建立普世帝国是解决所有问题的办法。总之，尽管他提出的方法不切实际，但是他的判断是正确的：只要这些早熟的意大利城市不断内斗，它们最终要被那些能够建立更强大政权的国家超过甚至蹂躏。

罗马、拜占庭和穆斯林世界

如果没有1204年那里程碑式的事件，那么威尼斯就无法获得商业上的霸权地位。在第四章中已经讨论过的，第四次十字军东征武力攻陷君士坦丁堡不仅仅是一次暴行和巨大的心理打击，也是十字军第一次在东南欧洲和小亚细亚获得巨大的领土。通过新的“君士坦丁堡拉丁帝国”的条约，威尼斯获得了其中八分之三的领土，剩下的部分被新皇帝佛兰德斯的鲍德温和“法兰克贵族”瓜分。同时，在名义上东西部教会的分裂被弥合了，罗马的教会在君士坦丁堡站稳脚跟。

然而这个帝国是短命的。被从君士坦丁堡驱逐的拜占庭人很快在两个地区重新集结——位于希腊西岸的伊庇鲁斯和位于小亚细亚的尼西亚（君士坦丁堡陷落之前，一个第三“帝国”在特拉布宗建立，并且在小范围内一直存在到15世纪晚期）。很快西欧的皇帝就黔驴技穷了。他们几乎没有来自西方的增援，并且从长时间看，当拜占庭稳住阵脚后必然会占据优势。同样在拉丁人心中，并没有如何统治这片地区以及应对拜占庭问题的概念。他们几乎未曾尝试建立同盟，以理解被征服者的心态，不论是利用其缺点或是发挥其长处。最重要的是，拉丁人显然未能充分尊重宗教在拜占庭政治生活中扮演的特殊角色。11世纪的宗教分歧使旧罗马帝国东西部的领土渐行渐远。这两部分的分裂是以宗教分歧为基础的。没有什么措施，能够比强加一个拉丁式的教会、西欧的仪式、按照“合理的”分界线重新划分拜占庭的教区结构，更能导致东方的附庸同西欧领主离心离德。宗教的团结仅仅存在于表面，而且是通过武力获得的，它从未能够正常运转。

实际上，一点压力就足以将拉丁人从他们新获得的大片领土上赶走。在拉丁人占领君士坦丁堡一年之后，与保加利亚人建立同盟的提议被拒绝，随后保加利亚人入侵并且在色雷斯打败了西方军队，迫使拉丁人很快放弃了小亚细亚的领地；塞萨洛尼基则于1224年落入伊庇鲁斯统治者之手。拉丁帝国能够持续半个多世纪的原因，并非由于拜占庭人接受了西欧外来者，而是拜占庭内部的分裂。到1240年，在精力充沛的约翰三世·杜卡斯·瓦塔特泽斯超凡的外交手段和行政预见的帮助下，尼西亚人开始崭露头角。并且由于蒙古人的入侵导致的拖延，拉丁帝国面临的压力进一步加重。决定性的事件是1259年尼西亚人在佩拉戈尼亚打败了伊庇鲁斯的霍亨斯陶芬的曼弗雷德与亚加亚的法兰克贵族的联军。这之后，1261年尼西亚重新占领君士坦丁堡就是一个可以预知的结果了。

重回君士坦丁堡并不意味着拜占庭政府不再受到1204—1261年众多事件的深远影响。例如，无论尼西亚的统治者如何有胆识且高效，他们再也无法达成十字军之前的拜占庭领土的统一。在接下来的两百年中，西方人在伯罗奔尼撒和其他岛屿的存在得到了保证。拉丁帝国的事业由安茹家族继承，他们在13世纪后期常常干涉地中海东部的事务。皇帝米海尔八世·帕列奥列格（1261—1282年在位）最担心的就是安茹家族扩张的危险。实际上，1282年一次重新征服君士坦丁堡的十字军运动，因为“西西里晚祷”事件才宣告破产（拜占庭皇帝很可能涉入了这一事件）。但是拜占庭对西方的态度，这时已经从抵制升级为了憎恨。这种态度非但没有帮助解决帝国的问题，反而引发了更多的问题，这是非常矛盾的。避免西方扩张的最好方法——后来也是获得西方支持对抗突厥人的最好方法，就是修复双方的分裂。但每一个试图与教宗和解的皇帝都引发了国内宗教主流势力更深的分裂，甚至常常是暴力的反抗。

同样，在财政和经济事务上，拜占庭皇帝惊诧地发现他们竟任凭自己刚刚驱逐的势力摆布。威尼斯和热那亚在东方的贸易霸权，意味着他们在和拜占庭帝国进行贸易的时候，只能用剥削来形容。同时皇帝只能通过授予土地拥有者各种特权或者免除其赋税来获得其支持，而这种行为进一步减少了皇帝获得的税收。由于能够控制并且征税的领地越来越少，皇帝日益贫穷，不得不缩减国防开支，并且越发依靠威尼斯和热那亚的军事支持，由此不得不被迫卷入这两者之间一直以来的对抗。现在这些对抗开始引发一系列的战争，多数战争发生在拜占庭的水域。其他来自东西方的雇佣军既有基督徒也有异教徒，他们的行为都降低了帝国的行政管理能力，并且增加了皇帝对金钱的需求。随之而来的就是一系列的货币成色下降，结果很快拜占庭人就越来越倾向于使用威尼斯杜卡特作为更可靠的交易货币。

皇帝同样因为被从君士坦丁堡驱逐而受到影响。尽管政治阴谋、异见和内部清洗之前对君士坦丁堡的统治而言是地方性的，但这些趋势在贵族开始互相争夺流亡皇帝这一头衔之后的一段时间内不断增长。由于米海尔八世刺瞎其共治皇帝——年幼的约翰四世·拉斯卡利斯的眼睛，其继位也饱受诟病，并且非常不受民众，尤其是教会人士的欢迎。他去世后，东正教在安德罗尼卡二世在位时期（1282—1328年）全面复兴。安德罗尼卡二世的长期执政导致了围绕继位问题的公开内战（1321—1328年）。内战结束时，他被迫退位。其继位者安德罗尼卡三世去世时，再次因继承纠纷而引发内战，其中还夹杂着宗教冲突。在面对东西方夹击的巨大威胁时，拜占庭几乎无法承受这一系列流血冲突的后果。约翰六世·坎塔库泽努斯于1347年加冕为皇帝，在很多人看来，拜占庭在此之前就已经改朝换代，这位新加冕的皇帝作为顾问为帕列奥列格王朝的皇帝服务多年，但是逐渐开始领导一个政治派系反对年轻的皇帝约翰五世。在内战中，坎塔库泽努斯与斯特凡·杜尚和奥特曼土耳其人保持了多年的同盟。前者是新出现的塞尔维亚帝国的皇帝，也是拜占庭新的威胁，而坎塔库泽努斯甚至和后者建立了皇室联姻的关系。尽管历史倾向于将他评价为一个开明且高风亮节的人，但是在他统治期间，这些不同权力间的冲突依然延续，而他本人也于1354年在公众的要求下退位，这一年奥斯曼土耳其占领了加利波利，第一次在欧洲获得了立足之地。

从西欧的角度观察，传统上认为1204年占领君士坦丁堡的事件毫无值得自豪之处。然而一个被忽略的事实就是，这是西欧人在地中海东部一个新的地区持续不断的殖民活动的开始。1204年瓜分巴尔干半岛和地中海东部岛屿领土的有“法兰克人”和意大利人，这一过程持续了两个多世纪。这其中很多都是短命的、领土破碎的政权，它们受制于不断变更的领土、王朝和同盟，对历史学家而言，几乎没有重要性。但它们中一些政权也建立了理智而相对稳定的统治，这其中的一个代表就是法兰克人在伯罗奔尼撒的统治。尽管拜占庭重新占领了这个半岛的一些地区，但是此地依然保持着某种形式的和平，甚至法兰克人的骑士文化也得到建立并有所发展。

14世纪早期这一过程被加泰罗尼亚雇佣军团的到来打断，这些雇佣兵非常残暴，他们在1302年《卡尔塔贝洛塔和约》签订之后在意大利南部地区无所事事。在占领并控制雅典之前，加泰罗尼亚人在希腊土地上造成了难以计数的破坏。大约1380年，加泰罗尼亚人被纳瓦尔人赶走，而后者又被内里·阿恰约利领导的佛罗伦萨人驱逐。重点是，1204年的这一波“浪潮”有后来者和生力军；这些小贵族希望能够为自己建立一个小国家，或者至少获得一个贵族头衔，而且他们并不是很关心这样一个现实：这些冒险者最终取得的成就几乎很少能满足他们最初的野心。

这些殖民主义的野心当然在很多方面都是征服圣地活动的替代或延续。但以这种方式从拜占庭方面获取利益，是十字军运动衰落的主要原因。这种常见的说法是有道理的。那些伯罗奔尼撒和爱琴海岛屿上小块却富饶的土地，在领主们看来当然比在海外领地的事业更有吸引力。但是圣地的十字军运动衰落的原因并非这么简单。一方面，十字军的热情在前三次十字军东征之后并未衰退。真正使十字军热情消退的是十字军运动的扩散或滥用，以及人们越来越认识到十字军取得的胜利是如此之少。第四次十字军东征只不过是一系列从未到达耶路撒冷、甚至未曾计划到达耶路撒冷的远征行动的第一次。这之后很快就是1208年的阿尔比十字军，这次十字军运动是针对法国南部的清洁派异端的。后来又是一系列上述提到过的“政治”十字军运动。十字军可以像对抗异教徒一样，针对异端、教会的敌人发动战争，这样的原则很快就付诸实践了。那些针对异教徒的十字军运动更加频繁，但是计划不周密。第五次十字军运动是由匈牙利国王安德鲁领导的，1217年出发前往巴勒斯坦的阿卡，到了那里之后却决定转而攻打埃及的杜姆亚特。在经过长时间的围城之后，他攻下了这座城市，但是在试图攻打开罗的时候对方更胜一筹，最终把杜姆亚特也丢了。作为自身野心过度膨胀的受害者，十字军并没有听取在拉丁东方的殖民者的建议，并且拒绝了穆斯林用耶路撒冷交换杜姆亚特的提案。腓特烈二世在1228—1229年和1239—1241年的两次十字军运动中通过小聪明赢得的短暂胜利，更多是出于偶然而非有计划的行动。而13世纪真正的十字军的代表是法国国王路易九世。1244年耶路撒冷的陷落刺激他发动一场更加传统且令人印象深刻的前往埃及的远征。这次行动组织得很好而且资金充足，但以和第五次十字军东征相同的方式搁浅，而且犯了同样的战略错误。国王被俘，在支付大笔赎金后才重获自由。1270年，路易最后一次发动十字军运动，攻打突尼斯——这完全是由之前被俘的经历激励的——试图消除他1248年失败的负罪感。这次战争中，法国国王死于突尼斯城外，这次远征也就此停止。

随着前往圣地的十字军基本消失，穆斯林军队不断逼近基督徒在圣地的领地。13世纪上半叶十字军国家时来运转，穆斯林世界则相对混乱。由萨拉丁建立的开罗的阿尤布王朝和十字军国家进行外交交往的经验十分丰富。尽管双方之间冲突不断，但依然可以从双方的根本利益出发达成共识，这样的情况反复出现。阿尤布王朝以埃及为核心，没有强大的中央集权，而更像联邦国家。这种情况造成的不团结给了十字军可以利用的机会。巴格达的阿拔斯王朝更加没落；暴力而不羁的阿萨辛极端主义者在十字军国家边界出现，对穆斯林和基督徒而言这些极端主义者都是需要打击的对象。不仅如此，穆斯林世界还受到蒙古人入侵的极大影响。13世纪20年代，蒙古人的军队摧毁了花剌子模，并且占领了布尔哈拉和撒马尔罕，近东的各个国家就此成了蒙古人扩张的前线。1241年蒙古大军横扫东南欧，打垮了匈牙利王国并且到达达尔马提亚海岸，各种关于他们如何残暴的传说成为其军队入侵时的“先锋”。两年之后，他们攻击了小亚细亚。这两次战争中，蒙古人的撤退和他们的入侵一样突然。西方的基督教世界，受到了长老约翰关于东方的国王乐意帮助西方打击穆斯林的传说的影响，试图使蒙古人皈依基督教，至少与蒙古人结盟压制穆斯林国家。尽管双方保持着良好的关系，但是利用蒙古人打击穆斯林的想法只有极小的价值。1250年，就在路易九世在尼罗河三角洲被打败之后不久，一支埃及军队发生兵变，苏丹被暗杀，阿尤布王朝被马穆鲁克王朝取代。五年之后蒙古军队卷土重来，于1258年攻下巴格达并且推翻阿拔斯王朝，并在基督徒的帮助下于1260年3月占领大马士革。同年9月，蒙古军队在巴勒斯坦的艾因札鲁特与马穆鲁克军队交战，遭到决定性的失败。此事件导致后者很快就控制了叙利亚并在穆斯林世界确立了自己的地位。

从这时起，拉丁国家就在劫难逃了。新苏丹巴伊巴尔斯是一名狂热的将领，他接连攻击十字军国家的城镇和要塞，并且逐个摧毁。1265年他攻下恺撒里亚、海法和艾尔苏夫；1266年攻下采法特和加利利；1268年攻下雅法和贝鲁特，占领北方要塞安条克，并且俘获其国王；1271年占领医院骑士团的克拉克城堡和阿卡尔。随后他提出休战十年并且被基督徒接受。1281年他的继任者卡拉万延长了这一休战条约，但这仅仅是战略性休战，当卡拉万觉得自己足够强大之后就撕毁了这一条约，并且于1289年占领的黎波里。两年以后，随着阿卡的陷落以及从其他要塞和城镇的撤离，基督徒在海外领地的统治走到了尽头。

海外领地的陷落原因直白明显，就是因为对手的军事力量更为强大。腓特烈二世在取得耶路撒冷的王冠后马上返回意大利；军事修会以及无处不在的威尼斯人和热那亚人，相互之间争执不断并且经常公开交战，这些行为于十字军国家毫无助益。而且十字军也并没有建立社会和谐的国家，他们一直和当地人处于隔离状态。但是十字军国家并非特别腐朽，只是如果没有西欧来的援军，这些国家即使再团结也于事无补，而公元1270年之后，再也没有进一步的增援。潜在的十字军战士要么被其他冲突纠缠无法脱身，要么正在怀疑他们是否有取得成功的机会。总之，鉴于人们都感觉海外领地挣扎在垂死边缘，西方人决定让其寿终正寝。

穆斯林的复兴敲响了海外领地的丧钟。但是在13世纪的西班牙地区，基督徒正持续不断地侵蚀穆斯林的领土。在精力充沛的国王的领导下，13世纪开始的新一波攻势几乎完成了整个再征服运动。1212年，大批基督徒军队在拉斯纳瓦斯-德-托洛萨战役中击败了阿尔摩哈德人的军队，这场战役发生于进入瓜达基维尔河河谷的必经之路。13世纪30年代卡斯蒂利亚的国王费尔南多三世（1217—1252年在位）在重新统一卡斯蒂利亚和莱昂之后再次发动战争，并且于1236年占领了曾经的哈里发首都科尔多瓦，这给予了穆斯林沉重的心理打击。1243年穆尔西亚向其臣服，1246年哈恩也称臣纳贡，最终于1249年，在长时间的围城之后，塞维利亚投降。阿拉贡国王“征服者”海梅一世（1213—1276年在位）的功绩不在费尔南多三世之下，他于1229年攻占马略卡岛，随后接连攻占了梅诺卡岛和伊维萨岛，并且以此为开始建立了地中海的阿拉贡帝国。1238年他攻占巴伦西亚城，并且于1245年占领了这一地区。与此同时，葡萄牙人向南推进，于1249年占领了半岛南岸的最后几座城市。伊比利亚半岛的再征服运动接近完成，穆斯林的统治被局限于格拉纳达地区最南部的山区。

西班牙的再征服和基督徒在地中海东岸的国家所建立的行政管理的范围和程度皆有所不同，尽管卡斯蒂利亚和阿拉贡所采取的方法各有特色。在卡斯蒂利亚征服的地区，穆斯林被剥夺了土地并被从城市中驱逐，以此保证胜利果实，他们大多逃亡到格拉纳达。征服者将土地奖赏给他的军队。无论在城市还是农村，新领主都缺少穆斯林精细的经济管理智慧。很多土地从耕地变为牧场，并且很多土地持有者在多年的无序经营之后返回北方，将其土地卖给军事修会。这些军事修会很快就就占据了主导地位。卡斯蒂利亚南部地区保留了传统边疆国家的面貌；一套人口分散的畜牧业经济系统，由世代为奴的人充当劳动力，强大的男爵们控制着广大的农业土地，经济上的发展非常少见。这种经济结构随后被卡斯蒂利亚人带到了新大陆。而阿拉贡则以完全不同的方式统治征服地区。在巴伦西亚，穆斯林仍然占人口的大多数，因而驱逐他们是不现实的。穆斯林被允许继续在这些地区生活，无论是乡村还是城市，他们处于基督徒的管理下。基督徒则利用着容许他们存在所带来的经济上的好处。再征服运动之前，这一地区就是穆斯林和基督徒共存的局面，因此在再征服之后不需要有太多的社会调整。毕竟共存是可能的，因为西班牙东海岸是天然的贸易基地，各族在这里有共同的利益。加泰罗尼亚的巴塞罗那可能是西班牙唯一可以和意大利主要城市竞争的商业中心，这里很快就成了整个阿拉贡地区的中心。

尽管程度不同，并且并不一定完全成功，但是阿拉贡和卡斯蒂利亚都是各种族共存的地方。除了穆斯林，这两个国家还都严重依赖犹太人，尽管其犹太社区规模不大，但却非常重要。他们主要在城市地区活动，很多犹太人从事专业的技术活动，尤其是医学、货币借贷（基督徒被禁止从事高利贷活动）和行政工作（尤其是包税人）。尽管事实上犹太人从事的都是基督徒被禁止参与或者不愿意从事的工作，但持续进行这些活动经常使他们成为人们厌恶的对象。无论如何，犹太人都是对这些社会重要的补充，并且某种程度上成为沟通基督教文化和穆斯林文化的媒介。这三者之间的关系可能被破坏，再征服运动后爆发了多次叛乱。但总体上说，这一地区三种文化的共存状况比其他地区更好，并且在随后的几个世纪中，西班牙仍然扮演着三种文化的交汇点的角色。在这一问题上尽管卡斯蒂利亚的“贤者”阿方索十世有些理想化甚至趋于幻想，但是他将自己标榜为“三教之王”这种行为，实际上象征着再征服运动所面临的挑战。

危机与转折

从大约13世纪末到14世纪中期，欧洲很多地区爆发了一系列大规模的危机和倒退，这些危机一起到来并且影响相互叠加，使社会看上去处于危机之中。14世纪被称作“灾难的世纪”，地中海世界和欧洲北部都面临巨大的难题。对于历史学家而言这仍然难以理解，这种情况所有人都能观察到，但是却没有一种简明的解释或者一种解释体系能够阐释其原因。在任何情况下，这会是一种视觉幻象吗？难道这种明显的危机没有像其他危机一样隐藏着积极的发展吗？历史学家有信心做的就是描述这一时期所面临的问题，并且通过逐一审视这些问题来观察其解决方法所带来的变化。

如果要把这种现象归结为一个词，那人们一定会选择黑死病。从某种意义上说，将这种致命的疾病引入欧洲的元凶就是自罗马时代晚期以来西欧人在发展与东方贸易关系上的成功，尤其是与蒙古人的贸易。黑死病起源于远东地区，并且通过跳蚤传播，而跳蚤寄生在老鼠身上，就这样它们通过意大利人的商船将瘟疫传播到了欧洲。到1347年秋季，这场瘟疫传播到了拜占庭、罗得岛、塞浦路斯和西西里的墨西拿；到这年冬天，到达了威尼斯、热那亚和马赛；到1349年春季，瘟疫扩散到了托斯卡纳和中意大利地区。1348—1349年间，瘟疫在地中海地区肆虐，同时也蔓延到了欧洲北部地区。这些黑死病患者被跳蚤叮咬的地方及其附近的淋巴腺发生肿胀，随后会暴发紫色的斑点——也就是疾病名称的由来——并且进一步攻击患者的神经系统，患者死亡率超过一半。肺鼠疫是其变种，会攻击患者的呼吸系统，使肺部功能几乎崩溃，并且还会通过咳嗽传播，传播性很强并且不受气候变化影响。最致命的是罕见的能导致败血症的变种，细菌直接攻击患者的血液系统，在任何明显的症状出现之前患者就会死亡。

这种传染病以其新颖性、症状、横扫欧洲的速度及由其导致的患病死亡人数令当时的人们感到恐惧。锡耶纳的编年史作家阿尼奥罗很好地记录了它所引起的无助感和绝望的气氛：

> “这场瘟疫于5月传入锡耶纳，这是一个恐怖残酷的事件。我不知道如何开始叙述这个残酷的事实：几乎所有见识其残酷的人都被悲伤淹没，几乎无法用人类的语言复述这样的恐怖事实，而没有亲眼见证如此恐惧的人一定是被上帝眷顾的人。患者几乎都是立刻死亡，这些患者的隐私部位和腹股沟发生肿胀，他们在尚能说话的时候就倒下死亡。父亲遗弃了他们的儿子、妻子遗弃了丈夫、兄弟相弃。所有人相互遗弃，因为这种疾病似乎可以通过呼吸和视线传播。患者死亡之后，人们甚至都找不到人手埋葬他们，无论是诉诸金钱还是友谊。人们最多

> 将去世的亲属倾倒在沟渠里，没有神父或者仪式，也没有教堂的丧钟。锡耶纳很多地方，人们开挖深沟以丢弃数量巨大的逝者。每天都有数百人去世，他们被丢进这些巨坑，覆上一抔黄土。死亡人数多到这些巨坑很快被填满，人们为此不得不开挖更多。
>
> 我，阿尼奥罗，被人称为胖子，亲手埋葬了自己的五个孩子。很多死者埋葬之浅，以至于狗都可以将他们挖出来，拖曳着穿过整个城市，并以此为食；没有人为逝者哭泣，因为所有人都在等待死神降临；那么多人离世，人们都认为世界末日到了。”

编年史作家的叙述对于告诉我们确切的死亡人数并无太大帮助。他们所说的人数总是很多，并且喜欢夸大其词，历史学家很难解决这一问题。现在人们的判断是死亡人数至少占当时欧洲总人口的30%；现在的研究表明近东地区的死亡率大概相似。尽管死亡率大致相等，但是在意大利城市地区的死亡率要高一些，正如很多研究表明的那样，在托斯卡纳地区也高一些，但是米兰地区情况稍好一些，很有可能是因为迅速的防疫措施；阿拉贡和卡斯蒂利亚的情况则完全不同，卡斯蒂利亚地区稠密的人口使其承受了更大的损失。

很明显这场瘟疫对欧洲人造成了深刻的心理影响，但是历史学家发现很难确切地描述这种影响。在很多地方观察到的人们的第一反应是放弃旧的价值观和道德束缚，在享乐主义中放纵。从长期来看，研究者将其与这样一些问题联系起来：对权威和宗教真理的质疑、平等意识及对贫贱身份的满足、随后几十年中四处发生的起义，甚至是新的探究精神和对新的医学知识的兴趣的发展。与此同时，一些人指出新的信仰形式、忏悔运动和更为昏暗的绘画风格的发展，就像在托斯卡纳地区一样。但所有这些都难以归结到黑死病身上，甚至是1347—1350年的瘟疫身上。疾病带来的真正的影响更为漫长而微妙。在接下来的一百三十年中又暴发了多次大规模的瘟疫。接下来的几代人经历了这些，并且明白瘟疫是不可预知但随时可能暴发的威胁，不安全感开始根植于人们心中并且使得人们的态度发生改变。

评估瘟疫造成的经济损失也同样困难，历史学家已经否定了将整个14世纪的经济衰退视作其影响的观点。这些后果中和瘟疫最相关的就是某些地区的人口减少。在西班牙和葡萄牙、意大利中部和南部的很多地区，和欧洲其他地方一样都发生了土地危机；劳动力短缺，劳动力价格上涨，土地持有者处于相对劣势的地位。政府尝试通过立法阻止劳动力流动，以缓解这种趋势。在很多地区，已经存在的将农田转变为需要劳动力更少的牧场的进程得到了加速。很多地主采用土地短租，或是采用其他的一些方式应对改变了的局势，他们很快就恢复了自己的地位。同时四处都出现了向城市移民的浪潮，农民抛弃了他们的土地，甚至一些村子都全部荒芜了。他们强烈希望在城市找到一份工作，或者至少在城市中试试自己的运气。但是这种趋势，甚至是人口减少的趋势早在黑死病暴发之前就开始了，而且在黑死病暴发后又延续了很长时间，瘟疫仅仅是对14世纪经济运行状况产生影响的众多因素中的一个。同样，经济“危机”并不总像其表现的那样。当然，地中海很多港口的贸易量有大幅度的下降。不过，在很多城市、工业与贸易商路衰退的同时，另一些则在兴起。14世纪的地中海世界并非清一色地处于危机之中，许多可以说是转折，这种转折一直持续到15世纪。

这其中的一个转折是由另一种“来自东方的瘟疫”引起的。13世纪，拜占庭不得不在其东部边界和很多突厥人部落战斗。13世纪早期突厥的一支奥斯曼土耳其异军突起，这个部落是以其首任领袖奥斯曼的名字命名的。奥斯曼的崛起非常迅速。1302年奥斯曼在比提尼亚（今安纳托利亚西北部）打败拜占庭军队，这时他看上去仅仅是众多部落中普通的一支。1326年他的儿子奥尔汗占领了布尔萨，该地与君士坦丁堡之间只隔着马尔马拉海。1329年奥尔汗在尼科米底亚附近两次打败拜占庭军队。1331年尼西亚陷落，1337年尼科米底亚也落入奥斯曼手中。在非常短的时间内，拜占庭丧失了在小亚细亚的全部领土。1333年拜占庭和奥尔汗的条约规定，拜占庭甚至不得不每年向奥斯曼进贡。但奥斯曼的力量才崭露头角。在1354年占领加利波利之前，奥斯曼已经卷入了与西欧的军事对抗中，对方经常与拜占庭结盟。接下来，所有这些军事成果都被奥尔汗的继任者穆拉德一世巩固。亚得里亚堡被占领了，并且土耳其人将宫廷建在那里。1371年，土耳其人在马里查河打败了塞尔维亚人，1387年他们占领了拜占庭第二大城市塞萨洛尼基。穆拉德一世在1389年的科索沃战役中去世，但是他们打败了塞尔维亚人，并且彻底包围了塞尔维亚。1394年，巴耶塞特一世开始攻打君士坦丁堡。

在加利波利被占领之后，防止被奥斯曼人吞并就成了拜占庭皇帝的首要任务。约翰五世是首位放下身段前往西方寻求帮助的皇帝，在他之后还有很多皇帝追随他的脚步。但是他仅仅获得了零星的回应。只有在君士坦丁堡面临直接威胁的时候，西方人才有所行动，他们派遣了一支人数众多、装备精良的远征军，以勃艮第公爵的儿子约翰为将领。结果于1396年在尼科波利斯遭遇惨败之后，西方人彻底失去了信心。1444年另一支军队在瓦尔纳遭遇了类似的结局，而这之前西方都未曾增援过拜占庭。君士坦丁堡可以坚持到15世纪中期主要是因为帖木儿蒙古在小亚细亚的迅速扩张，他们在1402年打败并俘虏了巴耶塞特一世。14世纪晚期以后，塞尔维亚人成为抵抗奥斯曼人、保卫欧洲和基督教世界的主要力量。拜占庭成为奥斯曼的附庸，他们除了等待亡国的命运外别无他法。东欧人的活力体现在希腊人重新征服以米斯特拉斯为中心的伯罗奔尼撒地区。在这里，晚期拜占庭文化得到了复兴。在面对政治困境的时候，文化的鼎盛繁荣成了他们的主要焦点。

相反奥斯曼正呈现出一个组织良好的国家的特征。他们占领了巴尔干地区，并且在这里殖民。他们同化了被征服的人们，并且向他们征税，在他们中间征兵组建军队。他们轻而易举地就使一部分地区屈服。除了他们令人惊异的军事战斗力，奥斯曼政府组织精密且社会稳定，实行宗教宽容政策，这种大棒加胡萝卜的统治手段相对于拜占庭四分五裂的局势和效率低下的统治，对很多人更有吸引力。奥斯曼进攻的真正影响出现在下个世纪，他们的威胁不断扩张，并且威胁到西欧在东方的利益，甚至是意大利本土。但是穆斯林在欧洲立足的基础是在14世纪确立的，地中海世界已经开始感受到这种状况的影响。

西班牙诸王国在这一时期同样出现了危机。13世纪早期再征服运动中吞并的大量领土给他们带来了特有的问题。同时，西班牙诸王国越来越多地登上国际舞台，例如在地中海或是在北方与他们接壤的法国。从此以后，他们就很容易卷入欧洲的大事件中，例如百年战争。在国际层面，阿拉贡尤其典型。到13世纪末，阿拉贡建立了一个包括西西里和撒丁尼亚在内的大帝国，并且在法国南部保有很多利益。纵观中世纪晚期，阿拉贡各个国王的国际政策都和其国内的需求相冲突。如果过度关注外交事务，国内就常常会产生反动或骚乱。不仅如此，很多西班牙地区的国王性格软弱，喜欢将个人野心和个人喜好置于国家利益之上。并且由于经常出现私生子，使得这些国家常常陷入关于继承问题的严重冲突。这些问题中最具破坏性的是1350年卡斯蒂利亚的阿方索十一世（他是欧洲唯一死于瘟疫的统治者）死后引发的长时间内战，这场内战中他的私生子特拉斯塔马拉的恩里克最终击败了他的合法继承人“残忍的佩德罗”，并且于1369年获得王位。阿拉贡的内战虽然规模小，但是更为频繁，而且贵族在继承问题危机中扮演着重要角色。阿拉贡的贵族建立了一个代表性的议会，这一引领潮流的发明使他们和其他社会阶层在政治生活中扮演着重要的角色，尽管我们不能认为它总是能纠正国王的弊端。很多历史学家将这种国王和封臣之间的关系称为“契约关系”，并且给予这种发展积极的评价。

西班牙地区的各个王国之间也会相互攻打。这些王室经常相互通婚，许多王国试图吞并邻国，甚至统一半岛。从14世纪中期开始，特拉斯塔马拉家族的野心就导致了很多冲突。1369年，他们获得了卡斯蒂利亚的王位；1383年试图继承葡萄牙，但却引发了葡萄牙全国性的叛乱并且最终使得葡萄牙建立了阿维什家族的统治；1412年它们继承了阿拉贡。这些举动最后结出了良好的果实，卡斯蒂利亚和阿拉贡的王室在15世纪晚期联合在一起。但在当时，这些举动成为不断引发混乱的根源。

政治冲突和经济社会问题紧密相连，事实上，经济社会问题经常是政治冲突的根源。黑死病流行期间，法律和秩序的崩溃是一个前奏。14世纪晚期和15世纪早期，加泰罗尼亚地区的贸易大规模衰退，巴塞罗那受影响尤甚。在整个西班牙东海岸，银行破产。由于出口量减少，整个国家都陷入硬通货外流的困境中。由于阿拉贡和卡斯蒂利亚的君主都想以省事的方式摆脱其财政困境，两个国家的货币都遭到了反复的、毁灭性的贬值。在瘟疫暴发后的农村地区，无论是贵族还是教会都缩减开支，并且坚持对佃户和农奴的传统权利，这些措施都引起了农奴的反抗。这种反抗令西班牙北部烽烟四起，并且酿成地方性的起义，而且在15世纪后期还成为爆发内战的导火索。但是在这种农民骚乱爆发前很久，社会就开始通过针对犹太人的骚乱来宣泄压力。1391年始于塞维利亚的大屠杀浪潮在短短两个月内就席卷全国。犹太人是社会不满情绪的现成标靶。社会所有成员，包括国王都开始推波助澜。这是他们对非基督徒态度变得冷酷的里程碑事件。这种趋势在15世纪末开始的以武力驱逐或迫使异教徒皈依中达到了顶点。

但无论如何以全面否定的态度评价14世纪是错误的。西班牙仍然是前途光明的地区。虽然加泰罗尼亚承受着经济衰退的打击，但卡斯蒂利亚正经历着牧羊业和羊毛出口的巨大增长。百年战争对卡斯蒂利亚是福音，因为这严重地打击了英格兰的羊毛贸易。伴随着羊毛贸易的发展，与羊毛有关的手工业也迅速发展，卡斯蒂利亚的港口（桑坦德和塞维利亚）以及造船业都有了长足的发展，而这又促进了卡斯蒂利亚其他产品在大西洋贸易中的发展。这和其他方面一样，都预示着卡斯蒂利亚已经为新时代的到来做好了准备。

意大利长久以来都为政治冲突所困扰，人们似乎难以觉察危机的到来。但是同样存在着征兆，这些征兆相比于当时的评论家关于他们国家所处的困境所表现的极度痛苦更具实质性内容。在瘟疫最早暴发之前，就有迹象表明当时意大利出现了人口减少和经济问题，14世纪40年代巴尔迪和佩鲁齐银行的大规模倒闭就是预兆。意大利遭受了特别频繁的瘟疫和饥荒，有时两者同时出现，有时则相继侵袭。在黑死病暴发后的大约一个世纪中，有迹象显示数座城市的贸易和工业都出现了衰退，尤其是佛罗伦萨和热那亚。但并非所有的证据都指向同一个方向，经济衰退的图景同威尼斯人的贸易形成了鲜明对比。威尼斯很快就适应了土耳其人的出现，一方面是通过和土耳其人建立贸易关系，另一方面是寻找新的近东商路，使他们与东方的联系不致中断；伦巴德的贸易也并未陷入萧条，他们和欧洲北部的贸易不断改善，出现了丝绸和大米这样新的贸易商品。证据再次指向了贸易性质的变化和地理中心的迁移，各种具体的危机或许只是这些变化的表象。

无论意大利的经济是否出现衰退，14世纪的意大利半岛已经不堪其政治问题的重负，这一点已显露无疑。归尔夫同盟面临着巨大的压力。教宗并不在意大利，但他必须保证回到罗马的道路是安全的，因为这里是他权力的源泉。在那不勒斯，安茹的罗贝尔之死使整个国家陷入了超过一个世纪持续不断的社会动荡，因为贵族和外来者为了对一系列羸弱的国王和女王施加影响而相互征战。而归尔夫同盟中的另一个重要国家佛罗伦萨也承受着日益沉重的负担，并且对教宗国的政治泥潭所产生的花费和混乱感到厌烦。奇怪的是，正是教宗不在教宗国期间，在枢机主教和团长希尔·阿尔沃诺斯的任期内，他才迈出了平定这些小国的重要的第一步。和平条约被签订之后，这一地区一些专制者的野心随着代牧区的建立而获得承认。代牧区是一种有用的发明。然而这种绥靖的举措很快就遇到了瓶颈，其弱点就是北方边境的国家，尤其是战略要地博洛尼亚，佛罗伦萨人和教宗很快就围绕这座城市发生了争吵。在八圣徒之战中，佛罗伦萨被处以宗教仪式禁令的惩罚并且与教宗军队作战，这是双方关系的冰点。这导致了佛罗伦萨一些贫穷手工梳毛工人的起义。他们短时间获得了政治权力，这是欧洲城市社会革命最早期的明显表现之一。意大利北部地区的情况同样不好，这里很多城市都被试图建立王朝的统治者接管。他们与公社时期一样，陷入了永恒的内斗之中。这其中最重要的是米兰的维斯孔蒂家族，他们从14世纪中期开始主导意大利北部地区的政治。14世纪末吉安·加莱亚佐·维斯孔蒂统治时期，米兰的重要性得到巩固。强大的军事和高超的外交技巧使这位精力旺盛的统治者不仅实际上控制了意大利北部全部地区，而且控制了托斯卡纳大片地区和教宗国的一些城镇。被孤立的佛罗伦萨人不得不面对这样一个现实的威胁：意大利可能被统一。但事实上，米兰的霸权完全建立在统治者的个人魅力之上，当他去世时，米兰的霸权也在一夜之间崩塌。

所有这些都是在各个国家间战争和冲突大量减少，国家陷入相互纠缠和相互依靠的背景下发生的。由于战争都是地方性的，因此这种状况也是地方性的。到14世纪，大多数城镇都用雇佣军取代了民兵，并且这种体系已经发展到这种程度：雇佣军在其将军的领导下可以作为一整个作战单位被集体雇佣，省却了城镇进行募兵工作的麻烦。在百年战争的间歇，这种体系得到了不受欢迎的补充。很多被解雇的外国军人进入意大利寻找新的雇主。来自法国、德意志和英格兰的雇佣军将领主导了14世纪晚期的战争，以至于吉安·加莱亚佐·维斯孔蒂可以将其扩张战争打上从外国人手中解放意大利的旗号。像所有的这种军队一样，他们垄断了暴力。随着战争的结束，这些城镇发现在和平时期保留这些军队是符合他们利益的，因为这方能阻止他们反噬自己的雇主——雇佣军成了真正的收保护费的组织。意大利雇佣军取代外籍雇佣军之后情况并未好转，这些雇佣军将领多数起源于教宗国，他们现在为自己寻求领地和权力。他们的野心助长了许多冲突，令总体局面更加混乱。这种情况一直持续到15世纪。而且雇佣军的费用十分高昂，结果就是尽管并非他们的本意，雇佣军使得这些城市国家的内部事务更加恶化。

传统观点认为14世纪是公社体制衰退并被领主制度或者专制统治取代

的时期。这是非常准确的，到14世纪末，只有佛罗伦萨、锡耶纳和威尼斯能够在某种程度上保持共和政体。但是或许这种趋势并没有过去人们认为的那样重要。19世纪的历史学家描述了一幅世纪末危机，即自由对抗专制的图景，而其他人则给出了相反的解释，认为是效率对派系政治的胜利，并将专制政治描述为“对共和政治的实用主义批判”。晚近的历史学家则指出了这两种体制之间的共性：仍然存留的公社逐渐变为寡头政治，并且新的专制政体为了继续执政而依赖于城镇的共识。比政府组织形式更重要的是城市国家数量的减少以及领土国家的发展。14世纪冲突的结果就是适者生存。这使得意大利政治更加容易管理，并且最终使意大利获得了一段时间的和平。

巩固与扩张

到15世纪早期，意大利有五大主要的政治力量。米兰的领土稳定增长，吉安·加莱亚佐·维斯孔蒂的统治昙花一现。维斯孔蒂家族的公爵在15世纪上半叶统治米兰。那不勒斯仍然被各种麻烦困扰，这些问题直到阿拉贡控制王国才得以解决。在佛罗伦萨，作为对执政基础广泛的政府以及羊毛工人的暴动的反动，一个寡头政府出现了。从1434年开始这座城市落入了美第奇家族的控制。他们的统治完全居于幕后，所以在对外时佛罗伦萨仍然可以宣称他们是共和政体，同时又默默地承认其第一公民的重要性。这是一种极其方便而有效的安排。威尼斯在某种意义上，乃是新的闯入者。他们直到14世纪末才真正开始卷入大陆的政治活动中，正是由于这些原因：在奥斯曼的领土扩张下，威尼斯需要保证其粮食供给；而米兰和帕多瓦的入侵则威胁到了其边界安全。现在他们开始作为大陆的政治势力走上前台，但是这和其他政治势力的混乱密切相关。威尼斯的政府与众不同，它是一个共和国，同时还有正式的元首，即总督，这一职位是终身制的。这样的政治体系展现给外部的是一幅社会稳定的模范景象，所有这些都被很多人喜欢并且“神化”。

第五种政治力量就是教宗。在15世纪时，他首先应当被视作一种政治力量；他的处境非常特殊，同时不利于国家稳定。教宗对教宗国的领土依然保有最低程度的控制力。多数国家都是在中心地区控制力强而周边地区控制力弱，但是和这些国家不同，教宗国政治动荡的核心就在教宗身边。西方教会大分裂结束后教宗正式返回罗马，这时的罗马很落后，经济不发达，除了宗教旅游业之外没有经济基础可言；教宗依然很大程度上处于周边土地贵族（包括那不勒斯家族，这个家族和教宗之间相互纠缠）的掌握之中。而教宗权力的本质本身就可能成为其软弱的根源：教宗总有各种国际的、非政治性的考量；更重要的是，教宗选举制度的选举人——枢机主教都是由前任教宗任命的，这就成了不稳定的原因。这在心理层面和其他层面同样重要。教宗总是喜欢建立一个亲属网络，而关于这种裙带关系的做法合理的解释是他们希望其顾问和官员是值得信任的。这一点在15世纪的教宗身上表现得尤为明显。几乎所有教宗，在两三轮选举之后，都会被他的亲属继承，而这些亲属都是由他任命为枢机主教的或者其政治地位是在他的任期内上升的。这意味着教宗比之前都更加呈现出派系特征，而且受到教宗国的外交同盟取向的影响。来自威尼斯、热那亚和锡耶纳的教宗轮番继任印证了这一点。

1423年米兰和佛罗伦萨之间爆发了持续32年[1]之久的战争，他们一直是世仇。佛罗伦萨人请来了威尼斯人，后者却很快与对手签订了休战条约（1427年），并获得了更多的领土。而佛罗伦萨则只能自己吞下将不受欢迎的米兰人引到托斯卡纳的苦果。战争中的很长时间内，主角是两位雇佣军将领，为米兰出战的尼科洛·皮奇尼诺和为佛罗伦萨出战的弗朗切斯科·斯福尔扎。后者并不可靠，他在战争中至少三次转投到米兰军中，并

[1] 英文原版作22年，按1423年开战，1454年和解，应为32年。

且在战争中不断为自己夺取领土。到战争结束的时候，他已经成了一个巨大的威胁，以至于那不勒斯的阿方索都向他进攻，阿方索一直都在为获得领地而战斗。他的卷入又牵动了教宗的利益，因此到15世纪40年代，整个意大利再次陷入战火。1447年米兰的菲利波·维斯孔蒂去世，斯福尔扎作为菲利波的女婿要求继承菲利波的位置，为此和阿方索发生冲突，三年后斯福尔扎取得了最终的胜利。1454年米兰和威尼斯最终达成和解，签订了《洛迪和约》，这为意大利带来了总体上的和平并且促成了意大利同盟的形成。令人惊讶的是，这次和平持续了四十年之久。

有很多理由可以解释这次和约的签订以及和平的维持。这一时期的文献显示，战争导致了普遍的财政枯竭，并且对参与国家的政府造成了严重的压力。在和约签订前的几年，一些更具理性的人登上政治舞台，他们清楚地意识到必须结束战争。这些人中尤其以阿拉贡的阿方索和美第奇家族的科西莫为代表。这时已经可以相对有效地控制雇佣兵将领，而且斯福尔扎在成为米兰公爵、达成其野心之后也更加服从劝导。对于威尼斯和教宗，还有另外一个性质不同的原因：1453年土耳其人终于如愿以偿攻下了君士坦丁堡。尽管当时这一行动只剩下象征意义，但是在心理层面上依然具有重要的作用。对于外部力量干涉的畏惧，无论是来自土耳其人还是其他形式的政权，都成为一股强大的力量，将原来争斗不休的国家组成新的同盟。

还有其他一些不那么现实主义的解释，即这些国家的外交技巧都在进步。中世纪晚期的意大利是现代外交机构的发源地，他们发明了常驻大使、外交豁免条约和收集情报等手段。这一体系已经足够精密以取代，或至少补充战争作为处理外交事务冲突的首要选择。和约可以达成的另一个因素就是这些国家，无论是大国还是小国，都变得越来越相似。他们都是领土国家（尽管教宗国对领土的控制较弱），他们都由王公统治（在外交方面，美第奇家族在佛罗伦萨实际上扮演了王公的角色），它们全都投入越来越多的精力和财力支持宫廷和宫廷文化，这是另一种相互对抗的手段。正如所猜测的那样，封闭的宫廷生活使统治者及其随从从影响他们的压力中解放出来。到15世纪后半期，意大利在国际贸易中的地位已经动摇并且逐渐被超越。著名的美第奇银行的倒闭不仅仅是管理不善的缘故，而且还因为新的强劲竞争者在德意志和其他地区正在出现，并且新的贸易商路也在出现。而贵族仍然在“奢侈品”上花钱如流水：建筑、绘画、支持文学、宴会和炫耀，这些都达到了夸张的地步。人们从土地和税收中收取了越来越多的资金，但是投入经济生产领域的资金却越来越少。

意大利同盟同样起到明显的作用，因为各国之间形成了权力平衡的局面。五大主要的政治力量之间的政治和战略地位相似，并且互相扮演着不可或缺的角色。不过，弱点依然存在。在菲朗特统治期间（1458—1494年），那不勒斯的君主十分具有侵略性。教宗再次面临着来自南部和教宗国内贵族骚乱的双重威胁。这一地区再次打破了意大利半岛的权力平衡，并因臭名昭著的西斯克特四世的主动出击造成了与佛罗伦萨之间的不和，这将所有国家拖入冲突，并第一次对同盟造成了威胁。

和平难以持久或许是不可避免的。1494年这种和平被彻底打破，随后数十年中意大利陷入了欧洲有史以来最严重的战争之中，这很大程度上是其他人的责任：意大利这种混乱局面的背后是西班牙和法国的插手，他们各自都有对意大利的宣称，都为战争做好准备而且都乐于将意大利作为战场。意大利境内的各势力，最多也就是结成貌合神离的同盟，但即便如此也不是这些外来者的对手。法国和西班牙的军队在意大利地区其实象征着一种拥有新军事资源的国家。如果“适者生存”减少了意大利境内国家的数量，那么这一原则正按照其逻辑在得出结论。

西班牙各王国之间的联合差点就不会发生，或是以一种完全不同的形式存在。卡斯蒂利亚的伊莎贝拉曾经为了继承卡斯蒂利亚而与葡萄牙国王的未婚妻乔安娜作战，如果伊莎贝拉失败的话，卡斯蒂利亚和葡萄牙两国将会进行联合统治。卡斯蒂利亚与阿拉贡两国通过联姻的合并，也不意味着西班牙的统一。双方签订条约，两国严格独立并且规定了两个国王行事的范畴。费尔南多单独统治阿拉贡，与伊莎贝拉联合统治卡斯蒂利亚，并且在未经她同意的情况下不得离开卡斯蒂利亚。尽管很长时间以来，历史学家，尤其是西班牙民族主义的历史学家都将这两人视作现代西班牙的建立者，但更多的现代历史学家倾向于强调西班牙各个王国的延续性，以及这对被教宗授予“天主教国王”的统治者的政策对其前任政策的发展。

当时，不仅联合的时机成熟了，卡斯蒂利亚和阿拉贡在很多方面也很好地互补。阿拉贡的利益主要在东方，也就是地中海，而且尽管其经济遭受了一定打击，但是充分利用的话，它在意大利半岛南部的西班牙地区还是有机会的。在外交和国际贸易方面，卡斯蒂利亚的利益则主要在大西洋地区、欧洲北部、大西洋中的岛屿以及更远的地区。双方之间没有明显的利益冲突，并且几乎没有经济竞争。在外交事务上，费尔南多和伊莎贝拉可以很好地利用二元统治带来的益处。

这两位统治者没有统一的计划，而且几乎没有同时应用到两个国家的政策。由于双方面对的最为迫切的问题完全不同，此结果不可避免。在卡斯蒂利亚，国王最为迫切的需求是打压贵族，并重新树立国王的权威。重新征服的很多农村地区仍然在贵族手中，这些地区都人口不足；贵族帮助国王征税，并且截流一部分，而且还从国王那里窃取了其他的特权。国王使用“大棒加胡萝卜”的政策：利用军队以遏制特权的滥用；并且重新建立了城市民兵作为进一步的制衡手段；他继续采用大学训练的专门人才或“莱特拉杜斯”（letrados）[1]担任行政官员，以取代贵族。贵族变成了一群廷臣，依赖于国王。同时统治者同意免除他们的赋税，并且通过间接的方式补偿他们，尤其是通过授予他们加入“梅斯塔”（Mesta）的特权，这是一个包括很多贵族在内的畜牧业者的组织。所有这些政策都使费尔南多留在卡斯蒂利亚，在他在位的三十七年中，只有不到七年的时间待在阿拉贡。尽管他不在，总督和议会继续和政府一起运转，并且推行了一些改革措施，尤其是在加泰罗尼亚地区，费尔南多意识到需要修复内战对这一

[1] 即西班牙的律师。——译者注

地区造成的创伤并且促进经济的复兴。

费尔南多和伊莎贝拉的成就并不体现在具体的行政措施上，而在于其统治期间所展现出的强烈导向。以一场受欢迎的对外战争统一国内意见，这一古老的方法在再征服运动中展现出了特殊的重要性，完成这一过程的时机已经成熟。一次由教宗资助的十字军征服了格拉纳达。这场战争由于格拉纳达的国王进行挑衅而引发，始于1481年并且持续了十年之久。1492年的最终胜利很大程度上是由于穆斯林将领内部的不和，但是宣传者们有意贬低了此原因的重要性。战争结束的同时，自上个世纪以来对犹太人和穆斯林迫害的浪潮也达到了顶点。犹太人在1492年最终被驱逐，这是一次大规模的民众行动，披着基督教信仰的外衣。而从短期效果来看，这也是一次敛财行为，因为犹太人几乎没有机会将其财产带走。格拉纳达的穆斯林的处境则好很多，1492年的和约规定他们可以继续留在那里并且坚持自己的信仰。但在接下来的十年中教会中的强硬分子对此做出了极大的修改，其结果就是1499年格拉纳达的穆斯林被要求皈依基督教或者离开。到1502年，这一政策扩展到卡斯蒂利亚的穆斯林身上。那些选择留下来的穆斯林仍然被隔离，就像犹太人“教友”一样，这是为了保持所谓基督徒血统的纯洁性，同时他们还被禁止担任公职或者其他重要职位。

所有这些都代表向某种程度的统一迈进的共同努力。这种统一并非接下来一个世纪实现的政治统一，而是目的、情感和“西班牙化”的统一。随着征服和皈依而来的是教会的发展。教会实际上在阿拉贡和卡斯蒂利亚已经统一，而且是一个巨大的西班牙机构；“天主教”国王几乎不允许教宗干预其政治，并且他们还控制着教会的人事任免。甚至在西班牙宗教裁判所中，教宗也失去了重要的位置。宗教裁判所分别在阿拉贡和卡斯蒂利亚建立，审查皈依的犹太人的正统性，这两个国家的宗教裁判所于1483年合并，成为第一个权力遍布两国的机构。宗教裁判所并不是，也从来不是传说中的秘密警察，但人们会这么想也不奇怪：在西班牙，教会和国家，宗教和政治的相互联系紧密而独特。

费尔南多和伊莎贝拉的统治并非“绝对君主制”。至于他们的权威，我们会注意到他们总是采用那些受欢迎的政策，例如偏爱再征服运动和“梅斯塔”，驱逐穆斯林和犹太人。其中最重要的是再征服运动，它非常受欢迎，而且他们的成就是他们利用了大众共同参与行动的潮流，以加强王权并且奠定了建立一个统一国家的基础。再征服运动中体现的智慧同样被应用到向新世界殖民的过程中，并且使卡斯蒂利亚在这一进程中保持领先地位。这一进程非常迅速，1504年伊莎贝拉去世前，卡斯蒂利亚已经制定了规范已经存在的和未来殖民地的行为的详细法律。

殖民化的功劳应该归于西班牙，但这功劳主要是殖民化而非发现新大陆。探索大西洋的故事在哥伦布发现新大陆的时候达到顶峰，但探索大西洋的过程很漫长，并且主要是葡萄牙的功劳。探索的三大部分——大西洋中的岛屿、非洲海岸和新世界中的前两项都是葡萄牙人主导的。葡萄牙人探索世界的过程据说是以1415年征服摩尔人的休达开始的，该地位于直布罗陀海峡附近。这个行动激起了葡萄牙人以宗教和商业的名义进行探险的热情。尽管14世纪人们就发现了大西洋中的岛屿，葡萄牙人和卡斯蒂利亚人偶尔会造访加那利群岛，但是15世纪开始，人们重新对这片地区兴趣大增，并且开始相互争夺。最终1479年教宗确认卡斯蒂利亚对这一地区享有权利，这将卡斯蒂利亚拖入了征服当地的关契人的长期战争中。14世纪的人们就知道马德拉群岛和亚速尔群岛，这两个地区分别于1424年和1439年成为葡萄牙的殖民地。佛得角是由葡萄牙人于1462年发现的。很多这样的岛屿成了进一步探险的中转站，但是在当时其重要性是作为殖民地体现的，如甘蔗的种植，这是葡萄牙经济的重要内容。

由于当地人口众多，西非海岸并没有真正被殖民化，但是葡萄牙人寻找到了掠夺的机会，主要是奴隶，其次是贸易。这一点上，发现几内亚的意义尤为重大。这些冒险对人们的吸引力主要来自黄金（欧洲人对财富永远的渴求）、奴隶和非洲传说中的财富。到这时为止，他们在北非海岸的探险只能依靠中间人的帮助。宗教动机同样很重要。他们渴望使异教徒皈依，并且希望知道穆斯林的势力究竟延伸到何处，他们还希望能够和传说中东方的基督教国王约翰取得联系（至迟至1497年，达·伽马在他绕过好望角到达印度的跨时代的航行中，就携带着一封写给约翰的信件）。关于究竟哪一个是推动探索新世界的主导性原因，一直以来都有无尽的争论。此外，葡萄牙扩张的航海活动名义上的领导者，“航海者”亨利的功绩究竟几何也是一直在讨论的问题。但看起来是这些原因的合力使葡萄牙王室赞助了这些探险活动。至少在初始阶段，经济和宗教的动机相互渗透。从这种意义上说这些探险活动完全是“中世纪”的。求知欲的因素随着这些行动的发展（当这些行为产生足够利益，并且能够自给自足）而不断增强，在真正的远程探险中达到顶峰。而哥伦布试图发现一条向西到达印度的航线，这背后的魄力之大则完全是另一个维度。尽管他对地球的大小有错误的观念，这使他对探险过程中遭遇的困难估计不足，但他的计划仍然是迈向未知世界的前所未有的巨大跨越。难怪葡萄牙人会拒绝他的建议。他们的成功建立在一点一滴知识的积累以及和与西非海岸保持联系的基础上；他们在大西洋地区的运气一直不怎么样（加那利群岛刚被西班牙夺走）；哥伦布要求他们赞助其探险的建议与他们长期以来的航海行动的传统背道而驰。尽管最终哥伦布在卡斯蒂利亚的支持下完成航行，但其花费则由热那亚的金融家支付。

发现新大陆的重要性在16世纪随着新发现的不断推进才逐渐显现。但这些探险已经改变了欧洲的贸易状况。尤其在地中海地区，这些探险造成了至关重要的后果，这也是其资助者的初衷。毫无疑问，旧世界的机会正逐渐被新世界的机会替代。

新思想与新方向

哥伦布航海所依据的理论，也就是向西方航行也可以到达中国和印度，是由佛罗伦萨人保罗·托斯卡内利详细阐释的，1474年他写信给葡萄牙国王的忏悔神父的信中提到了这个理论。这是地理学和制图学发展的产物，这两门学问在有航海传统的城市都有悠久的传承，但这也是知识分子团体发展的结果，因为托勒密的《地理学》在1409年被另一位佛罗伦萨人翻译为拉丁语。这仅仅是人文主义运动影响的众多领域中的一个。人文主义运动发端于意大利并且在15世纪上半叶传播到各地。

无论人文主义者和文艺复兴的思想如何具有革命性，它们都深深扎根于中世纪的文化中，以至于很难确切地指出文艺复兴运动的开端。13世纪西欧文化活动的一些方面非常具有国际化的特点，意大利和其他欧洲地中海沿岸地区都全方位地投入到这些文化活动中。其中一个方面就是骑士精神、宫廷爱情和英雄史诗等贵族文化，这些多发端于法国南部地区，并且在中世纪晚期的西班牙、法兰克希腊（Frankish Greece）[1]以及意大利的很多地区（包括城市地区和城市化程度不高的南部地区）都有很大的发展。另一个方面则是文化的宗教本质，它融合了再征服运动与十字军狂热的宗教热情，与骑士精神相辅相成。它还以不同的形式在整个13世纪的知识浪潮中脱颖而出：伴随经院哲学的发展而到达顶峰的神学和哲学、针对异端的知识立场以及布道团体的发展。毫无疑问，巴黎是这场运动的中心，其成就受到西欧国际化的影响（如13世纪巴黎伟大的神学家圣托马斯·阿奎那就是意大利人）。托钵僧对宗教文化的传播做出了突出的贡献。他们的宗教热情，驱使他们遍历包括意大利城镇在内的欧洲。在他们的影响下，宗教观念和宗教教育的大众化取得了很大的进展，这一过程一直持续到中世纪结束的时候。

骑士文化和宗教文化这两部分在文艺复兴的过程中具有基础性的作用，并且一直都非常重要。但是意大利城镇给文艺复兴增加了第三个因素，也就是世俗文化。对专业知识的需求——行政人员、律师、医生和

[1] 法兰克希腊指在第四次十字军东征（1202—1204年）占领君士坦丁堡后，法兰克人在希腊中部和南部征服并统治的原拜占庭帝国领土。

商业人员——促进了世俗教育的发展，事实上，世俗教育自城镇建立开始就一直存在，但是在这一时期扩张迅猛。私人赞助和城镇赞助的学校和主教学校、教堂学校一起发展，但它们比宗教学校重要得多。读写学校、“算盘”学校和语法学校如雨后春笋一般，并且为大学提供生源。从13世纪早期开始，意大利北部城市都建立了大学，重点教授医学以及法律。为城镇的权利辩护，以及法院的管理都需要律师，而且律师也享有很高的声誉。然而相比起律师，对于公证人的需求更大。遍布意大利城市乡村的公证人是公共行政机构和私人商业交易正常运转的润滑剂，事实上所有的法律文件都必须由公证人起草或者“提出”。对公证人的教育同样是非常重要的，尽管我们对此知之甚少，但是我们确实知道13世纪公证人的培训和正式的法律培训一起都有了非常显著的发展，尤其在博洛尼亚。

最后，城市需要修辞学家。这很难纳入“专业知识”的维度，因为这些专业知识的维度毕竟是人为划定的并且有很多重合。但是与公证人培训一起发展的还有中世纪的写作和修辞艺术。这些都是教育的基石，而且影响广泛。修辞技巧在托斯卡纳地区发展尤为迅速，在这里大多数律师、作家和公证人都接受过这些训练，可以说修辞技巧是当时知识分子的象征。对修辞学的研究直接促进了对古典学的兴趣，这几乎是必然的。“人文主义者”这个词，在13世纪之前，就意味着一位对古典文化有兴趣，或是阅读过古典作家作品的人。古典文化从未完全在西欧失传，只是在这一时期人们对古典文化的兴趣在增长。然而历史学家喜欢将“人文主义者”这个术语（由studia humanitatis发展而来，这个术语在15世纪就广泛应用）来描述这样的人：这些人将古典文化的研究视为最重要的学科，或者是目的本身，并且无论其何种方面的活动都受到古典文化的深刻影响。14世纪最杰出的人文主义者就是彼特拉克，他经常被称作“人文主义之父”。彼特拉克是佛罗伦萨人，他出生在父母流放途中并且注定一生中多数时间都生活在阿维尼翁附近。他是新型知识分子的范例，依靠为赞助者写作并且提供建议为生。我们可以称他为当时的自由撰稿人。

彼特拉克的事业汲取了上述提到的很多传统（尽管他坚决拒斥经院哲学）。他的兴趣跨越了很多学科和文学题材。作为一名受过良好训练的律师和文员，他以他的情诗、信件和论文而著名。但是在留给后世的遗产中最重要的是他对古典作品的热爱和追求，对古典作家手稿的搜寻，尤其是对西塞罗的赞赏。彼特拉克的重要性还在于他那高调的个性。他在与各个影响力极大的人物交往中受益，受到权势人物的吸引，而且是自我推广的专家。他的很多举动都为人文主义者的理想形象塑造了典范。14世纪晚期出现了一大批和他竞争的人，并且随着这一群体人数的增长，他们之间开始出现了集体认同。这些人在各个领域都很活跃，他们将这种不断扩展的风尚变为了世俗文化的奠基性活动。

我们应当如何总结这样一场如此无处不在且层次丰富的运动呢？或许最好的方法就是从这场运动的核心开始，也就是对古典文化的兴趣。这种兴趣表现为多种形式。首先就是搜集各种古典遗存，15世纪前期的学者就以此为志向，例如弗拉维奥·比昂多和他关于罗马和意大利地形学和历史的著作，安科纳的西利亚克和他搜集的古典时代的铭文等。搜索的范围同样包括文献。中世纪的修道院文化保留了很多文本，却无法充分发挥其价值。找寻古典文化的另一项工程就是翻译，即将这些文本从希腊文翻译为拉丁文。当然，在翻译过程中，希腊语的知识乃是必备之基础。1396年曼努埃尔·赫里索洛拉斯到达佛罗伦萨大学执教标志着这一工程的起始，这一进程持续了整个15世纪，来自拜占庭或者被拜占庭放逐的学者加入了这一工程。翻译运动使西欧学者能够接触到先前未能被翻译或是翻译错误的亚里士多德的著作。随后15世纪柏拉图的作品也得到了翻译，而亚里士多德和柏拉图的著作又深刻地影响了人文主义者的文化。消化吸收这些文本需要文字学的修养，翻译运动恰巧也把这个学科提到了新的高度，催生了莱昂纳多·布鲁尼（曾任佛罗伦萨大臣）的翻译理论和洛伦佐·瓦拉的翻译理论，后者常被称为现代文字学之父。

古代文本激起了人们对修辞学浓厚的兴趣。波乔·布拉乔利尼重新发现了昆体良的思想和西塞罗的全本《论雄辩家》，这一发现是决定性的。在这些文本中，人文主义者们发现了古典拉丁语修辞学的全部理论基础，这对于更好地理解圆周句的用法提供了强有力的分析和辩护工具。随后的拉丁语“纯洁运动”引发了不同的评价。有人谴责人文主义者坚持使用高水平的语言并且鄙视那些水平略低的通俗语言，这种行为将拉丁语变为了一种死语言。但古典修辞学的重要性远不止此。其根本在于平衡、准确和和谐的原则——事实上这也是审美的原则。通过将这些原则广泛应用于各种学科，人文主义学者将它们结合起来，为视觉艺术和其他学科的发展提供了知识和文字的理论。

在西塞罗的《论雄辩家》最后一部分中，人文主义者将演说者的理想形象刻画成为了建立更好的政府而使用其辩论技能的具有强烈责任感的市民。这同样很重要，并且使我们体会到这样的事实：无论是通过雇佣还是通过成为统治阶级成员的方式，人文主义者仍然和政府有密切的联系。因此他们的学术活动的早期成果集中于有关理想政府和理想的市民行为的新思想。这一点在佛罗伦萨表现得尤为明显，1400年前后维斯孔蒂的威胁造成的政治危机之后的数十年中，“市民意识”的发展和寡头统治阶层的利益休戚相关。这种基于古典时代源泉的市民主义并不是新事物，我们在雷米吉奥（多明我会修士，也是但丁的老师）13世纪晚期的著作中就可以看到，而帕多瓦的马塞利乌斯14世纪提出了共和国政体的观点，或者至少是代议制政府的观点，这种观点对于当时的人们来说是非常现代的。其新意或许在于两点：与其模仿的古典制度的相似程度，以及将公民意识阐释为一整项“计划”，包括将现实活动置于默观之上、对私人行为的规范、对共和国历史角色的定义以及对城市的理想化。所有这些都是一个侧面。古典时代的模型同样可以被用来提高国王的地位，尤其是在14世纪晚期出现的那样。

古典的模式对于历史的书写同样具有深刻影响。人文主义者将其变为一种更加文学化和规范化，同时组织更好且更有洞察力的学科。与此同时，人们可以用一种新的视角洞察历史。据称君士坦丁大帝通过《君士坦丁的赠礼》将其世俗统治的权力赠送给教宗，这是中世纪一份引发很多争论的文献。洛伦佐·瓦拉通过文字学手段最终证明这一文件是伪造的：这一文本中的某些单词和概念在所谓这一文件写作的时期是不可能出现的。时代错乱的意识是对过去认识发展的关键；而这种意识随着学者研究古典文本，同时以过去为模型的研究而不断发展。最后学者们可以很明显地发现，当时的意大利已经不是古罗马或古希腊。然而这极大地增强了人文主义学者的自我意识。越过漫长的古典价值观的传承已所剩无几的时代，人文主义者通过回到古典时期，与刚刚过去的时代决裂。文艺复兴的先锋知道他们正在参与一场复兴运动。正如彼特拉克，他们意识到了自己的重要性，同时为自己的工作而欣喜若狂。这些情绪某种程度上出于一种自我满足。如果我们认为文艺复兴与中世纪之间是一种断裂的话，这可能要追溯到他们自己看待自己的方式上。

人文主义者的活动扩展到很多领域。在大学中，他们正在用其文字学原则影响法学研究。在宫廷中，他们正在适应王公的要求。文艺复兴的文学见证了基于古典模式的骑士史诗文学的新发展（和当时喜剧与悲剧的发展一样）。从长期来看，教育领域受到的影响最大。人文主义的教育计划起初是一种防御手段，以对抗担心古典学的风靡会导致古典异教的死灰复燃而心怀敌意的教士。但这个计划很快就被教师们（诸如威尼斯的维托里诺·达·费尔特和曼图亚宫廷中的瓜里诺·达·维罗纳）付诸实践。这些学校的学生主要是精英阶层，但可以证实的是，人文主义者的计划在学生课堂中传播得非常缓慢，但起到了潜移默化的作用。教育是人文主义者能够越过阿尔卑斯山的首要因素，因为这保证了古典学——人文主义价值观的基本出发点的传播。这是至关重要的。

和这些文人所取得的令人瞩目的成就同时，视觉艺术的成就与之不分伯仲并且最终更为显赫，而且这些成就又主要（尽管不是全部）集中在佛罗伦萨。我们仍然很难明确文艺复兴中这两个领域的确切联系，但它们之间确实有很多相似之处。这两方面的发展都源远流长。如果说15世纪绘画领域具有决定性的变化是透视法的发现，那远在14世纪早期就已有同样重要的发现，那就是乔托所发现的空间表示法和壁画艺术的技巧。城市的装饰进程，在某种程度上被黑死病打断，后来被一系列的新艺术家接管，其中最著名的包括布鲁内莱斯基、多那太罗、吉尔贝蒂、马萨乔和博学者阿尔贝蒂。布鲁内莱斯基为大教堂新建的恢宏的穹顶，这不仅是一项杰出的技术壮举，而且是对和谐最纯粹的表达。多明我会的新圣母教堂和其他教堂都新建了正面外墙，新的建筑拔地而起，如圣灵大教堂和圣洛伦佐大教堂。这里同样还有一批私人赞助者资助教堂的新建筑装饰和之后的私人肖像画。绘画方面则出现了现实主义的发展，色彩、透视和比例的广泛试验，以及古典图像学主题的流行；雕塑方面则重新对运动和比例变得敏感，并且取代了浅浮雕，立体雕塑作品成为常态。

由于所有这些革新，佛罗伦萨声名鹊起，各地的资助者竞相争夺其主要艺术明星。这体现了为所有这些变革而激起的兴奋之情。到15世纪中期，人们关注的中心转移到了罗马，以尼古拉五世为代表的几位教宗在罗马召集了大批博学的学者。这些学者性格鲜明，他们将公然世俗的甚至有伤风化的文化带到了教宗的核心地区。随后几位教宗作为文艺复兴时期的贵族都有突出表现：庇护二世当选教宗前是人文主义者；保罗二世将注意力放在了重建罗马城的建筑上；西斯克特四世，尽管他有好战的名声，也召集了几位人文主义者。但到此时为止，文艺复兴仍然只在意大利地区：威尼斯、米兰和那不勒斯都赞助人文主义者和艺术家为他们工作，文化是小国家（如曼图亚和费拉拉）的领袖可以轻易使大国的统治者黯然失色的领域。

然而文艺复兴时期的意大利最终成了这场很快就超越了国境线的运动的中心。实际上，意大利一直都是中心。自阿维尼翁时期的诸位教宗以来，意大利的艺术作品就对外传播，这里的作家也和阿尔卑斯山以北地区的作家保持联系。教会的大公会议加速了这一过程，宫廷和教廷中的人文主义者都参加了这些会议，并且正是康斯坦茨大公会议决定给予波乔·布拉乔利尼机会去搜寻周边的修道院以取得他的发现。庇护二世在成为教宗前的旅行以及他广泛的联系，都有助于人文主义者活动的传播，罗马教廷的发展为文艺复兴增加了新的中心，并且通过枢机主教和侍臣增加了国际交流。西班牙通过阿拉贡人在那不勒斯的宫廷以及逐渐增多的遍布意大利的西班牙商人和学生，接受了很多新文化。大学也成了德意志人关注的焦点，很多人都来意大利接受高等教育。很快在德意志和一些东欧地区就出现了一种长盛不衰的观点：前往意大利的游历是一个人文化组成的重要部分。当然影响是双向的：意大利在输出文艺复兴的同时也在输入；意大利人文主义者和艺术家在欧洲北部安家的同时，佛兰德斯画家，尤其是音乐家也在意大利找到了安身之处。意大利13—14世纪的艺术和商业的平行霸权并非全部都是想象出来的。如果我们继续使用比喻来说明，14世纪末的战争并未对这种产物和交换造成阻碍。即便意大利的政治独立被摧毁了，经济被破坏了，但在相当长的时间内，它仍被视作欧洲文化的交汇地。

| 第六章 |

北方的宫廷与城市文明，1200—1500年

马尔科姆·韦尔

国王与贵族：理想与现实

教会与世俗君主的关系一直都是中世纪欧洲史的一个重要主题，但是在中世纪晚期，世俗化的重要性更加凸显。教宗控制和神圣化世俗国家的尝试失败了。1500年时欧洲北部的世俗君主比起1200年时的世俗君主，对教会的控制加强了许多。在德意志，世俗君主和贵族对教会的影响是决定性的；在法国，国王对教会人事的任命权和特权都增加了；而在英国则已经出现了“民族”教会，教宗的影响已经变得极其有限。统治者仍然有义务保护和支持其领地内的教会，作为回报，高级教士则认可并且祝圣其统治权力。无论世俗人士还是教会人士都更加重视将世俗权力变得更神圣更强大，而非仅仅依靠残酷的手段或者大众的共识进行统治。但是世俗统治者不再是教会意志的工具或者仆人，因为教会很大程度上被世俗国家吸收。

伴随着教会权力——尤其是教宗权力衰退的是世俗权力的扩张和精致

化。国王的形象正在改变。中世纪晚期的国王同其他人相比鹤立鸡群：他们穿着不同的服饰，手持或者佩戴着特殊的纹章，并且被认为拥有某些国王特有的权力，包括立法、司法功能以及维持和平与秩序的职责。这一时期国王的典礼与仪式则变得更加复杂而精致。这在国王的加冕礼、国王进入主要城市、王室葬礼以及全体的司法会议和代表会议（如法国的最高法院和三级会议、英国的议会和神圣罗马帝国、波兰、匈牙利的等级议会）中表现得尤为明显。如圣人一样，国王可以通过一些特殊的象征物来辨识，最重要的就是王冠、水晶球和权杖。

中世纪晚期王冠的重要性不可低估。尽管一些大贵族宣称自己有佩戴王冠的权利（如法国的布列塔尼公爵和阿尔马涅克伯爵），但这个权力的象征越来越专属于国王。神圣罗马帝国的皇帝主张只有自己可以使用带顶的王冠，因为它与教宗的三重冠相似，但是波希米亚、奥地利、波兰和匈牙利的统治者同样认为自己有权利使用象征绝对君主权的有顶王冠。英国的国王直到亨利八世才开始使用“帝国”王冠；在法国，这种绝对君主权的象征直到1550年以后才出现。水晶球象征着尘世的权力，直到1204年阿拉贡国王使用之前都只有皇帝才可以使用，英国在14世纪以后也开始使用。然而法国国王并不使用水晶球，他们更倾向于两支权杖：长的代表国家，短的代表正义之手，自“美男子”腓力四世（1285—1314年在位）以来，代表着国王作为正义的施予者的形象。卡佩和瓦罗亚王朝的法国国王都很重视他们的礼仪佩剑。这并不是战争才能和军事力量的象征，而是代表着国王的正义。这把名为“快乐”的佩剑代表着自查理曼以来的传承，在国王出席国事活动的时候由法国的警卫长呈递给国王。中世纪末期，象征正义的佩剑和象征仁慈的百合的结合体成为法国国王最重要的形象。

为了强调其与众不同的身份，国王和皇帝会穿特殊的服装：神圣罗马帝国的鹰冠加冕服以及法国国王绣有百合的十字褡。在不太严肃或神圣的场合，他们需要向他们的附庸和其他统治者（或其使者）展示他们的权力。他们打扮得越富贵，他们展示财富越慷慨，人们越认为他们实力强大。然而这种显而易见的炫耀行为并非专属于国王。中世纪晚期国王的主要议题之一——控制大贵族的困难程度非同一般。法国的勃艮第和安茹家族、英国的约克和兰开斯特家族，以及德意志的萨克森和莱茵帕拉丁伯爵（即普法尔茨伯爵）家族，他们都呈现了一种准王权的形象。例如勃艮第公爵“好人”腓力，习惯于向外国君主的代表炫耀其金质或者银质的盘子，以向他们展示他有强大的财力，可以支付战争的花销，并且能够保护同盟的伙伴。英格兰的亨利七世出于同样的目的向外来使节展示他珍藏的珠宝和精美绝伦的手稿。

仪式的精巧化伴随着国王宫廷和王室组织的发展。中世纪早期国王（如英格兰的亨利二世）的巡回宫廷使国王在路上不得不面对各种恶劣的道路状况和天气状况。整个队伍鱼龙混杂，非常混乱，这些巡回宫廷最终被更加正式的宫廷组织取代，其中瓦罗亚时期的勃艮第宫廷（1384—1477年）在这方面达到了顶峰。作为国王私人生活的王室的扩张和发展，宫廷变成了规模更大、花销更大且更奢侈的权力中心。宫廷逐渐修建在城市中，其经济来源——熟练的手工业者和商人（包括金匠、裁缝、武器制造者、挂毯工人、画家、书稿装饰者和奢侈品供应商）使大城市自然而然成为宫廷生活和宫廷文化的理想之地，如巴黎、布鲁塞尔、里尔、图尔、普罗旺斯、因斯布鲁克、布拉格和维也纳。这一时期银行家和放债者提供的贷款，以及首都城市的兴起，都促进了政治权力不断地“城市化”。到1450年，布鲁塞尔成为勃艮第的“好人”腓力最喜欢的居住地，并且将这里的柯登堡宫作为其宫廷所在地；英国的威斯敏斯特在亨利三世在位时（1216—1272年）成为英国王室的首选；波希米亚的查理四世在布拉格修建了卡尔斯坦宫并且修建了新城（1348年），这使这座城市变得更大，并且更漂亮。法国则是一个例外，这时期的政治形势使法国国王在查理七世（1422—1461年在位）和路易十一（1461—1483年在位）时期并未使用巴黎的宫廷（尽管这里在13世纪早期就成了首都），而是将宫廷安置在卢瓦尔河沿岸的城市（图尔、罗切斯、希农和安布瓦茨）。作为法国文艺复兴中心的宫廷，坐落在此区域的原因，可以追溯至百年战争时期。英格兰-勃艮第在1420—1436年间曾长期占领巴黎。在其他地区，随着一些国家重要机构（大法官法庭、王室法庭、财政署、财政法庭等）入驻永久性的建筑，国王行政机构的权力中心现在完全建在了城市中。

这种发展的影响非常深远。西欧国家的贵族发现他们需要亲自或者通过代理人在宫廷中保持自己的存在。对一些贵族而言，在城市中拥有宅邸和在乡村拥有城堡并不矛盾（如佛兰德斯或者荷兰的贵族），但是另一些人则认为为了在宫廷中不被遗忘，必须在城市中有住所。一些大贵族在首都的宅邸（如14世纪末法国的勃艮第公爵、波旁公爵和奥尔良公爵在巴黎的宅邸，冈特的约翰在伦敦的萨伏伊宫等）表明在农村地区的城堡已经不能够保证他们的政治权力。我们不能夸大这种变化的重要性，因为阿图瓦伯爵罗贝尔二世（卒于1302年）在埃丹、巴里公爵让（卒于1416年）位于耶夫尔河畔默安和克伦威尔勋爵拉尔夫（卒于1455年）位于塔特歇尔的壮观的城堡，都表明封建领主的权力仍有很重要的地位。但是贵族涌向统治者的宫廷的向心力，尤其是在农业地租减少并且货币购买力时常严重下跌的时期，是西方很多地区贵族生活的明显趋势。退休金、宫廷侍臣和各种闲职（管家、执面包者、执杯者、执号角者或者雕刻侍从）都为贵族提供了重要的收入（1483年法国的一份退休金名单列出了大约七百个名字），并且是国王控制其贵族的重要手段（如在勃艮第和德意志各公国）。宫廷和侍臣是中世纪晚期留给所谓文艺复兴的“新君主”最为持久的遗产之一。

旧王朝与新王朝

这一时期很多统治家族都出现了男性继承人世系自然断裂或者被其他王朝暴力取代的趋势。1254年霍亨斯陶芬家族的最后一个皇帝康拉德四世被杀，神圣罗马帝国开始皇位空缺时期，这种状况一直持续到1273年哈布斯堡家族的鲁道夫伯爵当选为“罗马人的皇帝”才结束。即便如此，1291年他去世时并未留下孩子，1298年他的继承人拿骚的阿道夫被史无前例地罢免，1308年哈布斯堡的阿尔伯特一世被谋杀，所有这些都导致神圣罗马帝国的王朝动荡不断加剧。最终卢森堡家族成为解决这种过渡时期遗留下来的混乱局面的最好选择，但帝国皇帝的头衔并不能为他们提供权力和支持，他们只能日益依赖他们的波希米亚王国。直到1438年阿尔伯特二世当选为皇帝，他才将匈牙利、波希米亚和德意志的王位统一。1421年阿尔伯特与最后一位卢森堡王朝皇帝，即匈牙利国王西吉斯蒙德（1410—1437年在位）的女继承人结婚，而西吉斯蒙德去世时并未留下男性继承人。这使得奥地利和匈牙利受一位君王联合统治。在哈布斯堡王朝的皇帝腓特烈三世（1452—1493年在位）和马克西米连一世（1493—1519年在位）统治时期实现了（尽管过程并非一帆风顺）两国首次联合。这一重要安排下产生的王朝一直延续到了1806年。

神圣罗马帝国皇帝由七位选帝侯选举产生，其统治者的权力又被1356年的《黄金诏书》限制。然而在其他王朝，我们同样可以观察到与皇帝绝嗣类似的境遇。奥地利旧的统治家族巴奔贝格于1246年因为没有继承人而终结。在波希米亚，普舍美斯王朝家族于1306年因为没有男性继承人而宣告统治终结，该家族只有一位女性继承人伊丽莎白，她和卢森堡家族的约翰（1346年在与法国的克勒西战役中阵亡的盲人统治者）结婚，这保证卢森堡家族继承了波希米亚的王位。在法国，查理四世1328年去世时没有留下直系的男性继承人，这使得建立于987年、始终占据着法国王座的古老卡佩王朝没有继承者。法国的贵族最终同意瓦罗亚伯爵腓力为国王，即腓力六世。这破坏了政治的延续性，并且很快被政治对手利用，为首的就是英格兰的爱德华三世。在波兰，皮雅斯特家族最后一位国王“伟人”卡齐米日在1370年去世时没有儿子，另一个西方的家族——安茹家族通过联姻同时继承了匈牙利和波兰的王位，并且在“伟人”路易（卒于1382年）的统治下，这两个国家完成了临时的统一。但是这种联合统治并未长久，匈牙利和波兰走上了不同的道路，分别由西吉斯蒙德和弗瓦迪斯瓦夫统治，后者是立陶宛的异教徒统治者，他皈依基督教并且保证天主教斯拉夫人的波兰王国的独立，以对抗日耳曼人，尤其是条顿骑士团的侵略。最后，1327—1485年的英格兰经历了四个王朝的暴力更迭：1399年兰开斯特家族推翻了金雀花王朝，取代兰开斯特王朝的约克家族又被都铎王朝推翻，最终由都铎王朝建立了较为长久的统治。将上述现象称为世袭君主制的欧洲性危机是过于夸张的，但是这些令人震惊的事实表明，中世纪晚期的统治家族都是较新的王朝。这些家族通过各种方式取得王位：旧王朝扩大其领土权力，或者不太显赫的家族的地位得以提升。

君主政治的不安全性和不稳定性主要是基于一系列事件不可预料的后果：剥夺头衔、婚姻同盟和男性继承人的出生等，这种不安全性和不稳定性导致了统治者个人和非个人化的职位或王权的尊严这双重属性的分离，这是很重要的转变。围绕王权出现的一些日益庄重的仪式和形象正是基于这种观念出现的，非个人化的“王权”观念不受各种王朝命运起伏的影响，并且将肉身的国王从权力中剔除，这种观念受到了额外的强调。因此，拥有国王或者统治者的纹章就具有非常重要的意义，例如英格兰的爱德华一世获得了象征威尔士国王的王冠和苏格兰国王的来自斯昆的加冕礼基石，马提亚·科尔温（1458—1490年在位）从皇帝腓特烈三世手中买到了象征匈牙利王位的圣斯蒂芬的王冠，勃艮第的“大胆”查理（1467—1477年在位）曾试图获取一顶王冠，但不得不满足于大公爵的头衔。

法兰西和勃艮第

这一时期西欧政治发展的最重要的两个特征就是：法国的卡佩王朝崛起，并且其声望与权力在路易九世（1226—1270年在位）时期达到巅峰；在法国和神圣罗马帝国之间出现了一个新的政治和王朝力量——勃艮第的瓦罗亚家族（1328—1589年）。在腓力二世（1180—1223年在位）统治时期，法国的卡佩王朝将其领土和司法管辖权限扩张到诺曼底地区（1204年），朗格多克大部分地区也更为紧密地依附于卡佩王朝。阿尔比十字军，尤其是路易九世领导的对抗清洁派异端的十字军，不仅使北部的法国人从宗教上控制了南部地区，而且实现了从政治上统治南部地区。图卢兹的雷蒙四世的宫廷曾经统治了朗格多克的大部分地区，但是随着这一宫廷的消失，路易九世在这一地区为他的弟弟普瓦提埃的阿方斯（卒于1271年）建立了强大的属地。在阿方斯去世后，图卢兹伯爵领重新成为国王的领地。路易九世的成功一方面归功于他的个人品质——强烈的献身于宗教的热情，对正义和和平的追求，以及他作为十字军领袖的声望和王权神圣化的典型。人们或许可以将“国王崇拜”的概念起源追溯到他身上，这一概念由腓力四世继承并发扬光大。但是不容忽视的还有为路易九世尽忠职守的他的亲属、逐渐由世俗人士出任的官僚机构以及法国教会。他从霍亨斯陶芬家族的崩溃中也获益良多。越来越多的人将法国国王而非神圣罗马帝国皇帝视作道德领袖、世俗权力神圣化的象征，以及出现争端时公正的仲裁者。

这些主题在“美男子”腓力（1285—1314年在位）统治时期得到了最鲜明的体现。教宗卜尼法斯八世于1297年将路易九世封为圣徒，这是受到来自法国的压力的结果。而教宗为腓力的统治留下了浓重的阴影。腓力和他的顾问们的意见并没有获得普遍的赞同。在1294—1303年间，法国与卜尼法斯八世之间爆发的一次激烈冲突（或者一系列冲突）破坏了圣路易和腓力三世以来的法国和教宗之间和谐的关系。这次冲突的内容是世俗统治者对其王国内的教士征税的问题，而且这个问题并非只在法国爆发，英格兰的爱德华一世在13世纪90年代遇到了类似的问题。然而，法国和教宗的冲突十分激烈，几乎是11世纪末格里高利七世和皇帝亨利四世冲突以来最为严重的一次。教宗卜尼法斯八世对腓力严厉谴责，并且在1302年的《至一至圣教谕》中鲜明地阐述了教宗的观点，“美男子”腓力则攻击教宗的普世统治权、教义正统性以及审判异教徒的能力，双方的这些宣传都表明以往由神圣罗马帝国皇帝扮演的基督教世界世俗统治者和捍卫者的角色已经（至少是暂时地）转移到了法国国王身上。腓力的法律专家们已经不再是教士（如皮埃尔·弗洛特、纪尧姆·德·诺加雷、皮埃尔·迪布瓦，以及纪尧姆·德·普莱西安），并且与教宗没有任何利益纠葛。在他们的建议和教唆下，腓力事实上应当对卜尼法斯的去世以及随后所谓针对他的异端审查负责。1303年，法国和意大利军队在诺加雷和卜尼法斯在枢机主教中的对手科隆纳家族的领导下，武力攻击了教宗位于阿纳尼的宫殿，这一事件直接导致了教宗在几周以后去世。在一个短暂的过渡期之后，新教宗克雷芒五世（1305—1314年在位）的当选开启了法国与教宗关系的新纪元，并且恢复了部分以往双方的和谐关系，当然其代价是教宗很大程度上更加依赖法国国王。尽管这种趋势很容易被夸大，但不可否认的是，中世纪教宗的权力和地位在“美男子”腓力统治时期都受到了严重的威胁和损害。教宗约翰二十二世（1316—1334年在位）在与皇帝维特尔斯巴赫的路易四世（1314—1346年在位）的矛盾中，就发现卜尼法斯八世时期留下的遗产难以逾越。

1328年卡佩家族统治的突然结束终结了一个王朝延续的卓越范例。瓦罗亚家族的腓力六世（1328—1350年在位）的王权很脆弱。他由法国的贵族推选，方式和选举神圣罗马帝国皇帝大同小异，而且面临着其他王位宣称者的反对，英法百年战争（1337—1453年）就与瓦罗亚家族继承了卡佩家族的王位有着直接关系。但是14世纪的法国国王还面临一些重要的内部问题，其中最为重要的是法国境内一些大贵族半独立领地的形成。奥尔良、波旁、布列塔尼和安茹等公爵领，以及富瓦和阿尔马涅克伯爵领都形成了“独立王国”，这是法国国王有争议的继承导致的，同时也是瓦罗亚王朝自身的危机导致的——如1356年国王约翰二世被英格兰的“黑太子”爱德华俘获导致的普瓦提埃的灾难，或者1392年以后查理六世（1380—1422年在位）的疯癫。王权的权力与声望在查理五世（1364—1380年在位）时期开始恢复，并且从他的统治时期开始出现了很多关于国王的政治理论、肖像和仪式等，就像“美男子”腓力时期一样。例如，《查理五世加冕礼》中所记载的隆重的加冕礼或者隆重的入城仪式，都强调国王的戏剧性特征以及独属于国王的公共形象、服装和纹章的重要性。在查理五世时期，法国国王的形象正在经历变革。国王展示给其封臣的形象不再仅仅是传统的半神权、查理曼的直系继承人、拥有治愈诸如结核病等疾病的能力，而且还有受过良好教育、识文断字且精明。在克里斯蒂·德·皮尚死后发表的《查理五世的事实与道德之书》中称他为“贤人”。这标志着这种趋势的发展：查理五世听从顾问的明智意见，认为外交比战争重要；他利用王权是最高权力这点，听取封臣所有针对其贵族及其法庭判决的上诉；他还赞助艺术和文学。因此查理五世有时被视作后来出现的“文艺复兴国王”的原型。但是他统治期间的很大精力都用于建设政府体系，这是继承其前任的工作，还有部分精力用于军事和财政改革以及外交联盟（与神圣罗马帝国和卡斯蒂利亚），这些工作都巩固了国王的根基。

1380年查理五世去世后法国国内形势不断紧张，并且导致了大贵族的分裂，权力也落入瓦罗亚家族的对手手中，这或许并非巧合。1363年“好人”约翰将勃艮第公爵领授予小儿子腓力，这却给约翰造成了未曾预料到的结果。勃艮第公爵领最初很小，并且是法国国王的封地，后来成为一个最终反对法国国王的欧洲权力群体的核心。和历史上其他国家一样，勃艮第通过王室联姻、购买和征服的方式建立了一个勃艮第公国，或者更确切地称之为勃艮第地区或者统治区。“帝国”也许能更恰当地描述1363—1477年间这些领土混合体。1369年勃艮第公爵瓦罗亚的腓力（后来被称作“大胆”腓力）与佛兰德斯和阿图瓦伯爵路易·德·马尔的女儿的联姻对这个家族命运的改变起到了决定性作用。1384年腓力的岳父去世，他继承了佛兰德斯地区的爵位，这是15世纪勃艮第扩张的关键。他同时也成了勃艮第（神圣罗马帝国封土）伯爵，因此他将南北部的领土合并在一起。勃艮第的历史就是德国历史学家称为封建世袭政治的典型代表，即一个公爵在扩张领土和展示财富方面超过了他的邻邦和对手。总之，勃艮第领土和王朝的扩张并没有什么特殊的方法。将瓦罗亚公爵家族与其同时代的人区分开的是他们从尼德兰地区获取的巨大财富。到“好人”腓力统治时期，低地国家的公爵地贡献了他收入的七成多，而原来的勃艮第领地更多的是提供贵族和律师的人才支持，而非经济支持。这一时期，所有大贵族领都出现了自治的趋势，但是只有勃艮第地区能够获得贷款和城市财富，以及低地国家的贸易和商业通行税。没有尼德兰地区的纺织工业、海上贸易、河运和银行家族，勃艮第家族或许无法统治西北欧地区。

尽管勃艮第公爵家族是从法国的瓦罗亚王朝分裂出来的，并且仍然是法国的贵族，但是我们还是可以看到它和它的母国之间的关系越来越疏远。法国王太子查理与勃艮第公爵“无畏者”约翰（1404—1419年在位）在蒙特罗的桥上会面的时候，查理的党羽谋杀了约翰，这使双方的关系更加恶化。约翰的儿子腓力不得不收回所有对太子的效忠。1422年，当查理继承法国王位的时候，勃艮第家族已经转到了反对他的阵营，也就是年轻的英格兰国王亨利六世和他的摄政王贝德福德公爵约翰那一边。勃艮第和英格兰的联盟使得法国的地方贵族更加独立。1435年腓力和王太子（现在已经是查理七世）在阿拉斯和解，但此后，他从未获得他父亲在法国政治中那种核心的地位。虽然他称自己为一个“好的、真正的且忠诚的法国人”，但他的政治热情都投入到了整顿佛兰德斯地区不羁的封臣的政府、在低地国家的扩张以及干涉神圣罗马帝国的政治中。1428—1433年期间，勃艮第先后吞并布拉班特公爵领和埃诺、荷兰、那慕尔和卢森堡伯爵领，这开始了腓力在法兰西和神圣罗马帝国中间地带的一系列扩张活动。腓力的儿子“大胆”查理入侵阿尔萨斯-洛林地区并且试图保持其家族和哈布斯堡家族的联姻，他希望通过后者继承帝国皇位，或者至少在法国和神圣罗马帝国中间开辟自己的国家（东边可以到达莱茵河以东），这将其一系列的扩张冒险活动带到了尽头。

查理的野心和宏伟计划曾有成功的机会，因为一些日耳曼贵族并不反对出现一个勃艮第王国，只要它不干涉他们的独立统治并且自给自足。当时的皇帝腓特烈三世贫穷而又吝啬，与勃艮第形成鲜明对比。但是“大胆”查理没有他父亲的政治技巧和外交才能。他使很多城镇最终疏远了他，而这些城镇是支撑他统治的基础。他迫使洛林的勒内二世与瑞士联邦结盟，这导致了查理1477年在南锡的惨败和去世。他还失去了布鲁日的美第奇银行的支持。重建加洛林时期的“罗退尔吉亚”（Lotheringia）[1]那样的中法兰克王国的行动在15世纪的政治环境中是行不通的。查理面临太多阻碍和反对他的既得利益者，其中最重要的就是法国国王路易十一（1461—1483年在位），还有大城市如斯特拉斯堡及其盟友伯尔尼和瑞士邦联，洛林及其在神圣罗马帝国内的盟友的反对。查理在战斗中去世，他的领地被哈布斯堡家族和法国瓜分。他的女儿玛丽和后来的马克西米连一世联姻，保证了尼德兰地区（这一地区于1477年获得了一定程度的自治权）成为帝国领土，而1482年勃艮第公爵领的南部地区则重新归属于法国国王。尼德兰的联合行省在近代早期欧洲的政治形态和格局中扮演了很重要的角色，而这种形态和格局很大程度上在15世纪的王朝统治期间就已经被决定了。

百年战争

中世纪晚期战争的频繁性已经被很多当代历史学家论述。威尔士边区或法国南部某些主教区（如卡奥尔）的居民几乎一生都处于战乱之中。这一时期地区战争此起彼伏。在德意志很多地区，封建贵族或者城

[1] 意为“罗退尔的领地”，也称“洛林王国”。

市派系之间的私战极其普遍。他们甚至有正式的机构来规范私战，这种频繁的私战逐渐不可避免地走向失控。而与此同时，在法国南部很多地区私人派系之间爆发了持续的争斗，这些争斗通常表现为骑兵劫掠，往往是一个贵族家庭及其追随者针对另一家族发动的。这其中最明显和最持久的私战就是西南部的富瓦和阿尔马涅克两个家族之间的冲突和对抗。双方的对抗从1290年一直持续到15世纪下半期。但是这些私战在欧洲北部大部分贵族中间并不会持续很长时间，无论是14世纪英格兰的“乡绅集团”还是政治权力十分分散且长期不和的地区（如法国的比利牛斯山边区和德意志的威斯特伐利亚地区）。这其中一些冲突表现出更加普遍的意义。14世纪90年代阿尔马涅克-奥尔良家族与勃艮第家族之间的冲突，或者英格兰的约克和兰开斯特家族之间的巨大冲突，都将私战上升到了国家政治的层面。甚至不怎么重要地区的事务也可能发展成普遍的战争，如法国西南部省份阿让奈的和平遭到破坏，导致了1324—1325年英法之间的战争。

历史学家不可避免地专注于这一时期大规模的“民族”冲突，最重要的就是英国和法国1337—1453年之间的百年战争。某种程度上说，这场战争是自诺曼和安茹王朝以来两个王国之间长期冲突的一部分。这是英国国王在欧洲大陆持有封地造成的结果。到1259年，英国国王亨利三世事实上在法国只持有阿基坦公爵领，同年他在和法国国王签署的《巴黎条约》中正式确定了这种状况，并且他成为法国国王的封臣，向法国国王效忠。这代表着他们正式承认，安茹帝国现在比起12世纪时的盛况（包括了诺曼底、曼恩、安茹、普瓦图以及阿基坦）已经大大缩水。有人认为这些条约只会引发战争。如果一个统治者自己就是国王的话，他怎么能够因为他在大陆的领地而成为另一个国王的封臣呢？然而这个问题并非不能通过和平方式解决，并且双方都曾做出不同程度的努力避免战争。尽管1294—1298年和1324—1325年双方两次爆发了短时间的冲突，但是英法之间，为了处理好他们的关系，发展出了一套临时的共存方式：双方统治家族进行联姻，时刻准备以司法和外交方式解决冲突，以及卡佩王朝的国王就英王位于法国西南部领地的效忠方式做出妥协的良好意愿。卡佩王朝的几任国王非常希望解决这些问题。尽管1294年“美男子”腓力和英格兰的爱德华一世因加斯科涅和航海问题进行了一场战争，但是他仍然在1303年与英格兰联姻，使双方达成和解。战争可能耗资巨大，双方在1294—1303年间都耗尽了自己的财富，尤其是在战场扩大，波及佛兰德斯地区和阿基坦地区以后。

1204年，“无地王”约翰失去诺曼底，这是法国国王宣称对这些领地具有统治权的主张从理论向实践转变过程的开始。随着金雀花王朝统治者的活跃区域自然而然地转向英格兰王国，他们在大陆的统治逐渐变得以英格兰为中心。爱德华一世统治时期的阿基坦地区执行英格兰的行政程序，如有责任向英格兰的财政署说明情况，并且在议会中听取来自加斯科涅地区的请愿。而且1289年国王作为阿基坦公爵而实施的行政改革的伟大方案，成了中世纪剩余时间中阿基坦地区行政体系的基础。然而将法国的政策视作持续不断、始终如一地驱逐英格兰在这一地区的影响的观念是错误的。卡佩王朝可能对英格兰的外交事务产生影响，无论这种影响多么微弱，都是非常有利的优势。而且由一位中间领主，如阿基坦公爵，统治那些骚乱频发且难以驾驭的地区，对法国国王而言是最符合其利益的做法。佛兰德斯伯爵领地的情况和这非常相似，这里的大城镇经常与伯爵不和，后者轮番向法国国王和英格兰国王寻求帮助。但是随着1328年卡佩王朝的终结，瓦罗亚家族的腓力六世继承王位，这个问题某种程度上被解决了。爱德华三世的父亲与法国的“美男子”腓力的女儿结婚，因此爱德华主张自己有权继承法国的王位。他的王朝的所有前任国王中从未有过像他那样与法国国王建立密切的亲属关系的。正是卡佩王朝的继承危机给了爱德华机会，他主张继承法国的王位，这得到了他母亲的大力支持。1340年他宣称瓦罗亚家族的腓力为篡位者，并且永久解除英国和法国之间的封建关系。

1326年爱德华三世与法国埃诺伯爵威廉三世的女儿菲利帕订婚，而没有和法国国王家族的公主定亲，这标志着英国对外政策的转变。爱德华一世在1294—1297年间就曾经试图与低地国家和德意志北部地区结盟，现在爱德华三世同样和这些地区结盟，但是这次结盟最重要的基础是爱德华三世对法国王位的主张，而非权利受到腓力六世侵犯的封臣。进攻的方式类似，但是原因却很不同。通过主张对法国王位有继承权，爱德华似乎将英法两国局势紧张的一个源头一笔勾销。他在阿基坦地区的封臣向巴黎最高法院（法国国王的最高上诉法庭）上诉是不合法的，因为任何上诉都是向一个篡位者寻求公正裁决。而1294—1303年战争之前法王“美男子”腓力的政策表明，由于这种上诉方式的鼓励和诱惑，阿基坦地区公爵的权力被逐渐削弱。在法国内部和外部都有爱德华热情的支持者。佛兰德斯人，尤其是根特的市民将1340年爱德华对王位的主张，作为将自己从伯爵那维尔的路易的统治中解放出来的合法理由，因为这位伯爵是支持法国国王的。法国的一些贵族（如纳瓦尔国王“恶人”查理或阿尔马涅克伯爵加斯科涅家族）很欢迎金雀花家族和瓦罗亚家族的冲突，这使得他们对联盟的潜在对象的选择更为丰富。局部地区的冲突可以在一场更大的冲突中以另一种方式继续，富瓦和阿尔马涅克家族分别站队，并从中获益良多。

在法国很多地区以及德意志的某些地区，14世纪是雇佣军集团和强盗式贵族横行的年代。但是将这一时期的法国社会描述为“无政府”或者全面混乱是比较夸张的。14—15世纪的军队并没有很强的破坏和毁灭的能力，百年战争对农村造成的损失都是地区性的，只局限在那些入侵军队经过的干道附近地区。与德意志地区一样，造成更大损害的是私战行为，或者雇佣军、雇佣战帮为了勒索保护费而进行的征伐，他们是这些地区（如布列塔尼、普瓦图和佩里戈尔边区等）居民的实际掠夺者。英法两国之间达成的和平给一些地区造成毁灭性影响：英法《布列塔尼-加莱条约》（1360年）签订之后解散了一些军队，大量失业的雇佣兵被释放到农村地区。对西班牙和意大利的远征部分地解决了这一问题，但是军队的抢劫行为到15世纪发展为盗匪问题，这一问题直到1448年法国国王查理七世建立常备军才得以有效解决。即便到了这一时期，国王发现他仍然不是国家中唯一供养且保持军队的人，贵族集团（如1465年的公众利益联盟）使得国王要彻底控制武装贵族仍旧非常困难。中世纪晚期王权最为强大的国家也无法解决这个问题。将战火蔓延到国外，尤其是1494年查理八世远征意大利的行动，是最有助于法国的贵族及其军队将法国国王视作首要的效忠对象的手段。

瓦罗亚王朝在1453年对英国的战争中节节胜利。15世纪，英王亨利五世（1413—1422年在位）发动的一场掠夺战争使英格兰征服并且占领了一片地区，但是以英国的国力无法彻底控制这些地区。爱德华三世的战争都是短时间的掠夺战争。14世纪英格兰征服（及殖民）的唯一战略要地是1347年占领的加莱城及周边地区。1417年亨利五世的第二次诺曼战役标志着战争进入了一个新的且更具野心的阶段。亨利不仅要征服并控制诺曼底，更要控制整个法国。他还要使查理屈服，后者自称为王太子，1418年后流亡到了布尔日。但事实证明英格兰的兰开斯特家族及其法国-勃艮第盟友并没有足够的实力完成这一伟业。财政破产可以很大程度上解释兰开斯特家族最终失败的原因，在圣女贞德成功夺回兰斯之后，1429年查理七世于此地加冕并且受膏为“法国真正的国王”，由此瓦罗亚家族获得了道德上的制高点。这一点和勃艮第的“好人”腓力于1435年背叛英格兰一样，在任何分析英国失败原因的时候都应当被优先考虑。但是法国恢复的速度是缓慢的，1431年贞德在鲁昂被处决，在这之后二十二年，法国才收回了英格兰在法国的最后一块领土（除加莱之外）。阿基坦地区拒斥法国的主权，人们害怕法国的各种苛捐杂税——帮助金、通行税和盐税等，这些正是查理七世得以收复诺曼底和阿基坦地区的手段。尽管路易十一早年曾经犯过错误并且策划了过于复杂的阴谋，但是他对英格兰的胜利毫无疑问地巩固了他和瓦罗亚家族的国际地位，而且使他可以在他父亲统治的基础上继续前进。从1453年到1500年，法国一系列大贵族的领地都归还法国国王或者被其吞并。通过联姻或征服，法国国王与勃艮第、普罗旺斯和布列塔尼紧密地联系在一起。到15世纪末，法国很大程度上形成了旧制度时期的格局。英法之间的战争某种程度上为近代早期法国的身份认同提供了平台。

如之前所看到的，战争无论在人力还是财力方面都花费巨大。英法1294—1303年的战争耗费了英国36万史他令（sterling），法国则至少花费了173万里弗（livre），相当于43.25万史他令。通货膨胀和货币贬值的时期经常和最激烈的战役重合，如1180—1220年困扰英国金雀花王朝的恶性通货膨胀，或者1290—1310年困扰英法两国的严重的货币贬值问题。军事花费——包括装备、防御工事、战马、武器和后勤供给——在这一时期迅速增长，15世纪将一支军队投入战场或者参与围城，其花费比之前一个世纪大大增加。甲胄的改进、城堡的建造以及火器和火炮的出现是造成军事花费迅速增加的主要原因。1470年法国的路易十一的预算为185.4万里弗，其中传统陆军和火炮的花费就占到了92.8万里弗，而据估测，他父亲在这方面的花销只有这个数字的一半而已。神圣罗马帝国东部的奥斯曼土耳其人在1396年成功地抵御了一次西方的十字军，并且于1453年攻占君士坦丁堡。神圣罗马帝国为了在东部边界防御他们的入侵耗尽了哈布斯堡家族的收入，尤其是在马克西米连一世时期。胡斯战争使欧洲中部很多地区陷入战争泥潭并且遭到破坏，在1434年温和派贵族于利帕尼打败胡斯派极端主义者之前，防御波希米亚异端的狂热教徒军队是皇帝西吉斯蒙德和很多德意志王公首要考虑的问题。欧洲北部很多地区都爆发了局部战争，那些受破坏最严重的地区已经找到了免受战争荼毒的手段，例如德意志地区的“领地和平运动”和法国南部地区的地区休战。战争对农奴造成了致命的打击，却是贵族存在的目的。然而，一些地区（波尔德莱、凯尔西和下诺曼底等）从地区战争的废墟中开始恢复，这是非常引人注目的。农村的重建、农村地区人口的恢复，以及外来劳动者的迁徙定居，都是与15世纪农村极度黑暗的社会图景不协调的靓丽景色。

疾病及其后果

我们还必须考察传染性疾病的灾难性影响和人口的突然变化。欧洲北部人口爆炸性的增长到14世纪早期就结束了。有迹象表明，从1290年开始，欧洲的人口就逐渐减少：农村土地的荒芜、农村佃户的不足、不再有新建设的城镇以及战争都导致了农村人口的减少；欧洲地区农业的歉收和1315—1317年的大饥荒一般被认为标志着经济衰退期的开始。在一些地方经济有所恢复，中世纪晚期人口的危机直到1348—1349年之后才出现，大规模的黑死病攻击了西欧大部分地区，在一些地区造成的死亡人数约占当地总人口的三分之一。有些地区所受影响非常严重，城镇和修士、托钵僧的宗教团体受损尤甚，但是很明显在某些地区影响则小很多，波希米亚王国很幸运地逃脱了黑死病和接下来14世纪60—70年代的大规模传染病。无论这些疾病的影响范围多大，这些致命的传染病都不可避免地对中世纪晚期的社会产生了深远的影响。准确的信息难以获取和解释，但是总体来看，欧洲的死亡率在35%左右，这导致了农村地区人口的大量减少、城市和农村地区劳动力的死亡，以及幸存者财富的重新分配。瘟疫造成的社会空白需要被填补。1350—1400年间欧洲爆发了一系列暴力反抗，反对因传染病而停滞的社会阶层流动。物质生活改善的愿景在召唤着手工业者、农奴或者城市贫民。但是劳工法令的出台以及城市贵族阶层的封闭都导致了这些阶层的人们被囚禁于现在的生活之中，现实与理想的差距导致的挫败感通过这一时期的大起义而爆发。1358年法国的扎克雷农民起义、14世纪80年代法国南部地区的手工工人起义、1381年英格兰的农民大起义，以及1382—1384年佛兰德斯的航海工人起义并非欧洲北部地区被排挤阶层的有组织合作的产物，而是瘟疫之后他们相似的经济社会地位所导致的结果。所有这些起义都被统治阶级镇压了，而且大多非常残忍，只有佛兰德斯地区的社会冲突仍在继续，这是因为以根特为首的三个大城镇在他们新的勃艮第领主面前采取的半独立姿态造成的。

除了最悲惨的社会阶层之外，其他的社会阶层同样受到了瘟疫的影响。人们的无助有不同的表现形式，有一些很极端，如自我鞭笞的出现，与之相伴随的是14世纪50年代赎罪游行的出现；另一些不太极端，如对圣塞巴斯蒂安和圣吉勒斯的崇拜，这两位圣徒被视作使人们免受瘟疫侵袭的保护者。教士阶层遭受重大损失，如图尔奈的圣马丁修道院在1348—1362年间损失了80%的修士。人们必须找到新的圣职候选人填补空缺，14世纪后半期主教的圣职授任名单经常十分冗长。不仅仅是教会，日常生活的方方面面都面临着招募新人的困难。政府发现征召新兵很困难，而且他们的工资大幅上涨，而学徒、木匠和农村劳动力则从技术工人和非技术工人的短缺中获益。军队规模的显著下降，以及政府对军队职业化和专业化的强调或许和瘟疫的后果有某种关联。值得注意的是，百年战争期间英国派往法国最大规模的军队（3.2万人），是瘟疫暴发的前一年（1347年）爱德华三世派遣前去围攻加莱的军队。

到1420年，疾病肆虐最严重的时期结束了，欧洲很多城镇的人口都显著增加，尤其是城镇密布的低地国家地区。例如到1470年荷兰总人口的45%和佛兰德斯地区人口的36%都定居在城市地区，而神圣罗马帝国皇帝统治下（不包括波希米亚和匈牙利）的地区只有10%的人口居住在城市。在勃艮第的瓦罗亚公爵家族的统治下，荷兰地区符合费尔南·布罗代尔“近代资本主义经济”的称号，佛兰德斯地区则不能获得这个称号。黑死病的影响在资本主义早期的发展中扮演着重要的角色，它将以前仅属于投机和冒险商人或金融家（如奥格斯堡的福格尔家族、纽伦堡的施特勒莫尔家族、布鲁日的布莱德林和莫雷尔家族，以及赫尔的德拉波勒斯和金斯林的布劳歇家族）的资源开放给大家。作为破产的巴尔迪和佩鲁齐家族的继承者，美第奇家族在欧洲北部地区并没有垄断借贷行业，地方性的银行家族和金融家，例如加莱的英国羊毛特许商人，占据了这一地区金融市场的很大份额。14世纪中期的危机过后，欧洲北部地区积累了大量的财富，但其分配极其不均。

教宗、异端和托钵僧

教廷曾是充满活力的机构，但中世纪晚期的教廷只是之前教廷的空虚躯壳而已。教宗认为自己是最高普世领袖的主张饱受诟病，而且当时的人们惊讶于教宗和枢机主教的世俗化和财富，因此“中世纪教会的衰落”的说法是很诱人的。但是中世纪晚期的教宗和高级教士与他们在11—12世纪的前辈（如巴约的厄德和拉诺尔夫·弗拉姆巴德）相比，世俗化程度并不特别高。他们当然是受过良好教育的人，精通神学和教会法，而且完全能够胜任他们在政府和权力机构中的职位。教会人员的素养或者性格并没有变得更差，而是教会机构本身的特性正在变糟。作为格里高利教宗改革的后果，教宗有义务将更多的时间投入到行政和司法事务中。教宗的统治权并不仅仅停留在教条里，而是表现在公正的行政机构以及审判和仲裁的过程中。教廷缺乏强制手段，因此高度依赖于世俗权力执行其判决，并且在欧洲的王国和贵族领地内只能通过其代理人维持有效的存在，这样的教会有必要由一位律师–教宗来领导。选举一位圣徒般的隐修士作为教宗的危险性在1294年彻底爆发了，教宗选举会议将隐修士彼得罗·莫罗内选为教宗，称塞莱斯廷五世。他的教宗任期简直就是灾难，在四个月之后他就被迫辞职。

因此，中世纪晚期不问世事的灵修不再是当选为教宗的必要条件。教宗本人或许是禁欲且虔诚的教徒，但是他的公共生活和其他王公贵族并无太大区别。他们的生活比世俗贵族更困难的地方在于教会内部和世俗世界都兴起了对纯粹宗教信仰的崇拜。由于教会作为机构越来越世俗化，要求其更纯洁、更精神化的呼声越来越激烈。英诺森三世任教宗期间（1198—1216年）代表着教宗至上主义的巅峰，1215年第四次拉特兰大公会议规定了教会事务的处理以及教会与世俗政权的关系，这种关系很大程度上决定了中世纪晚期教会的发展。在英诺森四世时期（1243—1254年），教会的财政机构进行改革，大量的圣职授予了教宗和罗马教廷推荐的候选人。由教会的中央机构掌控的商业规模到13世纪末有了迅速的增长，例如教宗财务省；审理上诉案件、外交事务、复查金融账目、任命有圣俸的教职（经常任命亲属）以及获取仲裁的回报等活动构成了教宗和枢机主教活动的很大部分。

因此，出现反对教会组织的机构就不令人惊奇了。某种程度上，12世纪晚期基于教区的清洁派教会的出现就为此准备了条件。清洁派或称为阿尔比派，是一种起源于东方的二元论异端，它主张罗马教会是邪恶力量的产物，而且“真正”虔诚的人是那些被他们称为“完人”的神圣男女们。这些人坚持他们的苦修和神圣的生活，并且和神之外的世界相隔离。这是最早出现的将贫穷作为教义基础的教派之一，并且以不同的形式在西方的基督教世界传播。坚守贫穷被认为是真正圣洁的表现。有人认为基督的教会应当赤脚行走在使徒的道路上，赤贫成了基督教上好的美德之一。与之伴随的还有福音主义。教宗洪诺留三世担任教宗时（1216—1227年）承认了由阿西西的圣方济各（1181—1226年）所建立的托钵僧会，这一事件表明了教会的态度：修士避世的时代已经过去，教会需要一个既可以守贫又可以传道的团体。平信徒（尤其是城市的平信徒）的需求，因为人口迅速增长而大量增加，圣方济各修会的出现满足了这种需求。与西多会等早期修会不同，圣方济各会成员都居住在城市中或者城市附近的住所，强调他们的慈善工作以及传播福音的工作，他们经常在室外从事这些工作。欧洲南部地区有施舍乞丐的风尚，与此相比，在布鲁日、约克或者布拉格的街道上做一名真正的乞丐更加困难。很快，圣方济各会和他们更注重思辨的兄弟圣多明我会，也被称为兄弟布道者，就在整个西欧基督教世界迅速扎根。但人们并不能很好地遵守圣方济各的规章，并且在修会内部爆发了激烈的冲突。冲突双方是传统派和属灵派，前者主张拥有财产的必要性，后者强调在他们托钵僧基础上的绝对的、使徒式的赤贫。圣方济各会内部的这次分裂是更大危机的征兆。

当时的社会经济迅猛发展，教会也从中受益。基督令其使徒将贫穷付诸实施的任务由此更加难以完成。对现代人而言，阿西西的圣方济各作为一名富商的儿子，抛弃所有的世俗财产追随基督的理想，这是非常震撼的。在更富有且最世俗化的城市平信徒之中，对宗教性的贫穷的庇护和崇拜也有长足的发展。因此，托钵僧取得了最初的成功——对圣方济各会而言是对使徒般的贫穷的实践，对圣多明我会而言是布道、教导、演说以及和异端进行斗争。然而圣多明我会并没能在朗格多克地区通过传教消除清洁派异端的影响，一系列以十字军为名迫害异端的行动中的第一次就发生在1220—1240年。这为多明我会宗教裁判所或者宗教法庭的出现奠定了基础，这些机构将主导教会纠正错误信仰和背教的活动。尽管阿尔比十字军极大地破坏了清洁派异端，但是它仍然扎根在朗格多克的社会土壤中。贵族对清洁派信徒的支持，以及其重心在农村地区，诸如帕米耶、纳尔邦和卡尔卡松等主教区，这使得它同中世纪晚期其他大多数异端都不同。其他异端多将重心放在城市。1310年图卢兹的宗教裁判所以异端的名义烧死了皮埃尔·奥捷和他的助手们，这是清洁派异端最后的活动踪迹。该地的宗教裁判所法官是多明我会修士伯纳德·居伊，他写于1320年的《审判手册》为他的同僚们提供了信息、建议和程序指导。某种程度上说，教会自己创造了中世纪晚期的异端——教会自身的一些作为完全可以被视作丑闻，从而引起人们的反对，而且他们以某种固定的形式起草各种指控，宣布那些符合指控的人为异端。宗教裁判所记录的那些受害者所表现出的信仰和实践的统一性表明，正是教会自身的各种假设，将自洽性和逻辑上的连贯性强加于许多混乱而不成熟的信条之上。威逼利诱充斥审讯过程，以使受审讯者交代更多被怀疑的异端，比如他的同伙和邻居。当把这些也纳入我们的视野的时候，宗教裁判的程序被滥用的可能性就显而易见了。政治、物质和其他动机会使宗教裁判所的行动变味，贞德并非宗教法庭目的被曲解的唯一受害者。

教宗、胡斯派与世俗人士的虔诚

14世纪大部分时期教廷另一个受人诟病的缺陷就是其地理位置。意大利的枢机主教及其罗马贵族中的盟友之间的矛盾（以奥尔西尼和科隆纳为首）迫使教宗克雷芒五世（1305—1314年在位）逃往阿维尼翁避难。在那里，教宗希望能够免受贵族派系斗争的影响，这些斗争已经使枢机主教们的教宗选举会议分裂，并且陷入绝境，而倒霉的塞莱斯廷五世就是在这种绝境中当选的。在地理上阿维尼翁和罗马相隔遥远，是教宗在孔塔-弗奈辛领地的一部分，但它不受任何世俗统治者的管辖，而且很适合连接意大利和欧洲北部地区。教宗离开了圣彼得的宗座，现在的教宗是法国人，而且枢机主教大多是他的法国同胞。所以克雷芒五世和他的两个继承者都被贴上了法国温顺的服从者的标签。他在圣殿骑士团事件（1307—1312年）中所扮演的角色并非完全值得称赞，但是他至少保证了在法国国王“美男子”腓力的压力下宣布圣殿骑士团为异端后，将其财产转交给医院骑士团，而非交予法国国王。但克雷芒五世、约翰二十二世（1316—1334年在位）和本笃十二世（1334—1343年在位）原本并不是来自法国北部地区。他们来自法国南部地区：克雷芒是加斯科涅人，约翰来自卡奥尔，本笃来自帕米耶，他们与法国南部的贵族关系密切，而不是和法国国王的宫廷圈子建立关系。1303—1324年和1326—1337年英法两国之间没有大的冲突，这很大程度上归功于阿维尼翁教宗的努力，他们派遣调停者和教宗特使前往他们所熟悉的地区并且热衷于平息冲突和化解争端（尤其是克雷芒）。在克雷芒六世（1342—1352年在位）时期，法国的利益开始主导教宗的政策，这位教宗之前做过鲁昂大主教并且担任法国国王腓力六世的顾问。在法国最需要教宗支持的时候，乌尔班五世（1362—1370年在位）对法国做出了巨大的让步，尤其在财政方面。例如，1369年他批准了“无畏者”腓力与佛兰德斯的玛格丽特的婚姻，而没有同意英王爱德华三世的子嗣与后者联姻，他这样做是为了向英格兰表明教宗已经成了法国国王查理五世的盟友。出于政治原因，基督教世界的很多地方都对法国教宗毫无敬意。

1378年，在教宗格里高利十一世的带领下，教廷迁回罗马，但这并没有解决教宗面临的问题。一部分枢机主教反对教廷离开阿维尼翁，他们选举了一位对立教宗，从此西方天主教世界进入分裂时期，并且分裂状况一直持续到1417年。在这段时间中，教会做出了各种努力解决造成这种局面的问题。最终教会召开一次大公会议并达成一致，选举出教宗马丁五世，以反制他的对手们。大公会议运动产生了一个重要的政治理论，某种程度上这是欧洲整体上向代议制政府发展的一种表达。比萨（1409年）、康斯坦茨（1414—1418年[1]）和巴塞尔（1431—1449年）三次大公会议提出的理论，影响了后来罗马教会的改革运动，但其影响在1440年就耗尽了。教会显然不是民主团体，它并不适合以代表大会的形式进行统治，并且在大公会议主义者内部，无论在理论还是实践中都存在着矛盾，这很大程度上削弱了大公会议的权威。在等级制教会处于混乱的这一段历史中，出现了文艺复兴时的意大利教宗。这很大程度是建立在教宗国的世俗和领土的统治基础之上的。教宗国主要是马丁五世通过武力征服和购买手段恢复的，并且教宗国开始深刻卷入意大利半岛的政治活动中。然而教会在阿维尼翁时期和大分裂时期的苦难还有一些积极的结果。改革的思想正在传播，在英格兰、法国和德意志，改革的圈子在教会内部开始形成，并且具有一定影响。在英格兰，教士的教育水平在主教的支持下不断提高；德意志教区和教省宗教会议都勇敢地试图制衡各种特权滥用；在14世纪晚期的巴黎，人文主义的改革者，如勒费弗尔·德塔普尔，对教会作为多层次的机构的发展做出了贡献，教会涵盖了教士、知识分子和虔诚方式等方面重要的多样性。

在大分裂时期教会经历了两次巨大的震动：英国的威克利夫派，也

[1] 英文原版误作1417年。

就是罗拉德派异端的兴起，以及波希米亚的胡斯派异端的爆发。这两次运动有一些共同的信条，尤其是关于教士在圣礼过程中所担任的角色以及削减教会的财产这两个方面，但是他们最终的结果却大相径庭。当威克利夫派失去统治阶层成员（即所谓罗拉德骑士）的支持时，胡斯派则得到了很多波希米亚贵族的支持和庇护。1414年以前，英国贵族确实曾经庇护和赞助过威克利夫派教士，但在1414年，罗拉德派加入了各种政治暴动，意味着尽管骑士阶层欢迎取消对于教会的财产捐赠的提议，但是他们不得不拒斥罗拉德派。约翰·奥尔德卡斯尔爵士领导的起义剥夺了统治阶级支持的动力，这对罗拉德派作为地下组织的生存而言是致命的，尽管它在社会的中下层人民中非常有影响。罗拉德派教士在教会中的渗透停止了，1401年的教令“关于应被烧死的异端”中规定的严厉惩罚手段授予了英格兰类似于欧洲大陆对抗异端的方式，尽管是英格兰教会和世俗政府而非教宗和多明我会控制着这些手段。胡斯是一名神父和学者，他的思想让波希米亚卷入了一场影响更加深远的运动。自阿维尼翁教宗与法国国王查理四世结盟以满足后者的政治需求和目标以来，波希米亚反对教宗的情绪就一直在强化。波希米亚用捷克的教职回报德意志教会，因此它和西方教会的关系更为密切。这只会煽动波希米亚的民族情绪，这种情绪和布拉格伯利恒教堂进行的布道所激发的宗教热情相结合，在胡斯被康斯坦茨大公会议（1415年）宣布有罪并被处决后以一种极端的形式爆发。胡斯派起义包括很多内容：针对皇帝西吉斯蒙德的政治抵抗，平信徒在圣餐礼上同时获得酒和面包的权利的教条主张以及在教会和国家中对日耳曼移民的民族迫害。它使中欧地区陷入混乱，并且建立了清洁派之后的另一个从罗马脱离的教会，而这两个教会也是16世纪欧洲宗教改革以前欧洲北部仅有的两个。

胡斯派所引发的对罗马教廷的挑战不仅仅局限在波希米亚境内。大批有组织的农民和城市士兵在波希米亚贵族和乡绅（如扬·杰士卡）的领导下，进入了皇帝西吉斯蒙德和其他德意志贵族的领地内。这些胡斯派军队发动了针对奥地利和法兰克尼亚的进攻，并且在所到之处进行抢劫掠夺。

德意志王公所领导的天主教世界十字军败在这些普通军人手中。胡斯派军队装备着手枪、长矛和弩。塔波尔派的极端主义者在塔波尔山建立了自己的社区，直到1434年温和的酒饼同领派（亦称“圣杯派”）贵族打败他们之后，胡斯派的威胁才得以消除。然而剩余的胡斯派军队随时准备受雇于任何需要人力的雇主，他们分散在中欧各地，使整个中欧地区都不再稳定。教宗马丁五世以非常焦虑的心情看着波希米亚暴动的景象。1427年他布道要求发动另一支针对这些异端的十字军，并且要求西方的国王和王公提供人力和财力的支持。教宗对英格兰提出了特别的要求，教宗写道，约翰·威克利夫最早在这里播下了邪恶异端的种子，而且从这里传播到了波希米亚地区。然而西方的国王对他们的军事和财政资源有其他更重要的用途和需求，英国一支本打算用作十字军的军队在1428年被国王派去参加奥尔良的围城战。尽管教宗鼓吹要发动十字军，然而西欧的各个国王各有打算，这在1453年君士坦丁堡沦陷之后尤为明显。欧洲北部民族国家的国王和王公更乐意将外交、军事和财政资源投入到王朝建立和领土的防御与扩张之中，而非攻打波希米亚的异端或者土耳其的异教徒。

除了外部矛盾越来越尖锐，教会内部也不甚团结。中世纪晚期，以圣徒为媒介寻求个人与上帝之间更深刻的联系是一种普遍的风气。在教会眼中，在寻求这种关系的时候，教士在圣礼中作为个人和上帝的中间人具有重要作用，而异端的错误在于经常将教士的这种作用排除，或者极大地弱化。正是通过被祝圣的教士举行的圣礼——洗礼、告解、赦罪和圣餐礼或弥撒，每个有罪的平信徒才能够和基督救赎的力量建立合适的联系。教会的各种正式的礼仪（尤其是弥撒）与个人的宗教热情与虔诚之间存在着一种张力，规范这一张力并非易事。但是在正统教义与异端错误的两个极端中间，有很多更温和的宗教情绪和行动形式。在这些形式中，最重要的一个就是所谓“服事上帝的新途径”，它是从14世纪晚期荷兰的一个小地方发展而来的。受莱茵兰地区虔诚的崇拜和迈斯特·埃克哈特（卒于1327年）关于日常的圣洁的教导影响，一个名叫格哈德·格鲁特（1340—1384年）

的加尔都西修道院新成员在荷兰的德文特建立了一个兄弟社区，他本人于1380年被祝圣为执事。这些被后人称作“共同生活兄弟会”的人们居住在一个社区，接受世俗人士进入他们的居所，并且提供了一个以非异端且实际的方式实践个人虔诚的绝佳榜样。兄弟会最重要的一项产业就是生产书籍。其成员都是抄写员、装订工人和插画师，他们成为生产和传播宗教书籍的名副其实的出版商，这其中荷兰北部兹沃勒的出版商最为知名。很快，在威斯特伐利亚和符腾堡也建立了兄弟会的分会。世俗的虔诚、实际的工作以及以文字书写的福音主义结合起来，使这些弟兄们成为虔诚生活最好的说明，而这种生活是非常现实的。

圣伯纳德的早期西多会那样英雄式修道主义的时代已经过去了。共同生活兄弟会展示了平信徒在教士统治的教会内部积极寻求位置的程度。尽管15世纪后期，居住在这些兄弟会中的人越来越多是教士，但是他们的影响远远超出了他们的围墙。在教会内部，旧的修会也在尝试改革，尤其是伽尔默罗派和西多会，但在中世纪晚期获得最多世俗人支持和捐赠的是加尔都西会的成员。在英格兰，有影响力的新修道院只有位于伦敦的卡尔特修道院（1370年建立）和位于北约克郡的神恩山修道院（1396年建立）。加尔都西会的修士几乎都是隐修士，居住在自己隐修的小房间或者小房子中，但会在某些特定时候举行圣餐礼的聚会。除了祈祷和冥想，他们最主要的工作和“共同生活兄弟会”非常相似：制作和编辑书籍。理查德·罗尔、尼古拉·勒夫或加尔都西修道院修士丹尼斯的作品非常特别，并且在他们的时代广泛传播；卡尔特修道院将平信徒对圣徒般的隐修士的兴趣制度化了。隐修士和隐居者增加，经常在世俗贵族的领地上，他们与世界彻底隔绝的宣言取悦了中世纪晚期的富贵阶层。或许这其中有某种代表禁欲主义或者自我否定的因素——这一时期的赎罪文学可以支持这一观点，这些文字有些是世俗人士写的。兰开斯特公爵亨利在他的《圣医之书》中写出了他这样有钱有势的人物所面临的俗世的各种诱惑和罪恶。救赎这些罪有很多种形式——从个人赎罪的实践到给宗教场所、救济院、贫民院或学校的捐献。中世纪晚期很多世俗人士更加注重实际的表达方式，善功变得越来越重要。有各种方式能够进入天堂以及逃离炼狱的痛苦，如此多的慈善行为的出现表明了世俗人士表达虔诚的方式多种多样的特征。

教宗可能来了又去，宗教会议开了又散，但是欧洲北部绝大多数居民的视野被局限在他们的教区、学院或者主教区中。在这些地区，洗礼是普遍的且必须的，它将男人和女人们集合为一个信仰的集体。该集体在波希米亚之外尚未被宗教改革时出现的教义分歧而撕裂。但是在中世纪末期已经出现了分裂的迹象，因为除非进行改革或是进化，中世纪罗马教会传统的形式和机构已经不足以满足文化程度更高、受教育程度更好的世俗人士的宗教需求和热情愿望了。

文化：视觉艺术

正如历史学家将中世纪晚期的教会描述为衰落或衰亡一样，在12—13世纪文化的春天与盛夏之后，1300—1500年间欧洲北部的文化也被冠以迟暮、过分成熟和开始腐烂的特征。这种描述很大程度上要归因于伟大的荷兰文化史学家约翰·赫伊津哈，他在著作《中世纪的衰落》（1919年）中描述了一幅正在衰落的文化的悲观图景。季节的修辞——文化的春天、夏天和秋天，并没有被后来的历史学家沿用。受黑格尔哲学启发而来的一元论解释不再统治文化史研究的写作。如果我们研究这些主题——对视觉艺术的赞助、世俗文学与藏书，以及宗教情绪和观点变化的影响，我们就可以将这一时段的“文化”视为丰富而又有创造力的。1200—1500年间的世俗人士（包括贵族与非贵族）对艺术与文学的赞助，在文化生产过程中扮演着非常重要的角色。赫伊津哈描述了这种文化，但是并没有进行分析。

任何欧洲北部文化研究的一个中心主题必然是巴黎作为艺术赞助和生产中心的兴起与衰落。圣路易时期，国王在城市和法兰西岛（例如圣夏佩尔）的建筑工程将大批木匠、雕刻家和画家带到这些地方为法国宫廷工作。在书籍生产方面，巴黎或许是欧洲北部最重要的城市：其工坊诞生了伟大的插画师，例如法国皇家档案中记载的巴黎人洪诺雷及其继承者让·波切里。《圣路易圣经》（1250年）是巴黎手稿插画学校的典型作品，这种风格被后来的插画师（如洪诺雷）以一种更具代表性的现实主义所继承。巴黎有繁荣的书籍贸易，这很大程度上是大学及其需求所导致的。至迟到1344年，书籍爱好者达勒姆主教理查·德·巴里仍然将巴黎描述为书籍爱好者的“人间天堂”。装饰这些书籍——《圣经》、诗篇、时祷书和世俗传奇——的艺术家基本都是世俗人士，而不是修士或者教士。这种书籍生产的世俗化极大地决定了其特征，如时祷书中记录了礼拜的时间（如晨祷、晨经、晚祷等），以及各地区（如巴黎、鲁昂、萨勒姆和乌得勒支等）不同的祈祷文和仪式。这些书籍很大程度上摆脱了教会当局的控制和审查，它们由平信徒制，由平信徒享。当然也有许多礼拜用书是为教士使用而生产，并且遵守某些既定的规则，但是世俗贵族的牧师或告解神父对装饰精美的《圣经》和诗篇有一定需求。《勒特雷尔诗篇》（1340年）就是这种书籍的代表，它每一页的底部都画着其赞助者的骑士形象以及乡村生活的景色。但是巴黎作为欧洲北部书籍和其他宗教艺术（如祭坛装饰和组塑）的宝库的首要地位从14世纪晚期开始衰落，这其中有政治因素，但与艺术史的关联更为紧密。

由阿尔马涅克和勃艮第的矛盾所导致的法国高级贵族的分裂对艺术的赞助产生了影响。随着贝里公爵让在1416年的去世，当时最伟大的艺术赞助者从巴黎消失了，并且法国首都还受到随后勃艮第公爵“无畏者”约翰于1419年被谋杀的影响。“好人”腓力和他的父亲不同，他并不经常居住在巴黎，勃艮第对视觉艺术的赞助逐渐转到了他们在尼德兰的领地中。“法国”艺术开始和“勃艮第”艺术分离。虽然英国的贝德福德公爵约翰继续在巴黎工作，但是其他城镇，如兰开斯特家族的法国领地鲁昂，以及瓦罗亚家族的领地图尔或布尔日开始使巴黎作为插画和书籍生产的中心黯然失色。勃艮第领地内的布鲁日、里尔、蒙斯和乌特勒支开始作为装饰精美的书籍的生产地和出口地不断发展。1416年以前，一些最有天赋的画家来自勃艮第的尼德兰及其周边地区（如林堡和盖尔德斯）。布拉格的查理四世的宫廷对艺术的影响塑造了绘画中更大程度的现实主义运动。这种影响从14世纪80年代以后开始显现。奥地利的鲁道夫公爵的肖像油画就展现了这种来自捷克的影响，同时也有查理四世时期意大利和法国风格的渗透。理查二世时期的英格兰和科隆的帕勒家族（他们和阿拉斯的马修共同在布拉格建造了圣维特主教堂）都有波希米亚的画家的存在，他们扮演着中欧、低地国家和法国的中介。1425年一位来自马斯特里赫特的画家扬·凡·爱克为勃艮第的“好人”腓力工作，这是这位公爵赞助新的现实主义油画的开始。这种风格很快就为公爵在尼德兰的附庸和他的意大利债权人所接受。

显然凡·爱克的艺术满足了某种需要和需求。例如他的油画所展示的写实和精确的程度是前所未有的。从为教区或者大主教教堂的私人礼拜堂（或者教堂的附属礼拜堂）所作的多联画（二联画、三联画或多联画）中的捐献者的肖像中发展出了独立的肖像画。如此，纪念个人变为可能。现在这些油画的赞助者可以看到他们自己与圣徒在同一幅油画中一起礼拜圣母和基督。他们与他们的礼拜对象处于同一空间。这是最个体形式的“人格化”虔诚的宗教行为。扬·凡·爱克和罗吉尔·凡·德尔·维登将布鲁日的金融家皮埃尔·弗拉德林或圣多纳提安教堂的受俸神父乔治·凡·德尔·帕勒画进油画中，把他们置于非常靠近基督及圣母的亲密位置。这是他们作为赞助者和信徒所希望看到的，而凡·爱克和凡·德尔·威登满足了他们的需求。将这种情景描述为赫伊津哈所说的“亵渎”，是将主观价值判断带入这个问题。这一时期世俗人士和教士的虔诚表现为亲近圣徒的热切期盼，以及将自己置于基督教历史所叙述的人类历史与悲剧之中的渴望。这在中世纪是前所未有的。这一时期的宗教感情寄托于对圣母的崇拜，通过在《黄金传奇》中收集圣徒的生平、神秘剧和奇迹剧以及家庭的现实主义艺术表现，后者既是观点改变的特征也是原因。这些欧洲北部的艺术家的高度现实主义油画完美地表现了这些贵族和资产阶级赞助人的宗教热情。代表性的现实主义与宗教象征主义相融合，而艺术中的自然主义显示了宗教兴趣的缺乏，这一理论是不堪一击的。如此高质量的艺术作品强化、诠释了教义真理并且激励了虔诚的实践。赫伊津哈认为对神圣事物的熟悉会不可避免地导致对神圣的亵渎，我们有信心拒绝这一观点。

在法国，王太子查理及其宫廷于1418年流亡布尔日，意味着此后艺术的中心将集中在卢瓦尔河流域。在1450年之前有一群画家在图尔为瓦罗亚宫廷工作，这其中最伟大的就是让·富凯，他也满足了其赞助人的愿望。对他们而言，让·富凯的作品比起巴黎或者鲁昂的工坊提供的画作，很明显更新潮而偏离传统。富凯的作品是这一时期意大利或意大利风格影响欧洲北部绘画的最早的证据。他的主要顾客是王室财政官员（如埃蒂安·谢瓦利埃、西蒙·德·瓦里或洛朗·吉拉尔）及司法官员（如纪尧姆·乔文内尔·德斯·乌尔辛）。这些相对新兴的贵族最近才因其为瓦罗亚王室的服务而被提升到这个地位。他们更偏爱富凯这种镀金的半意大利风格的产品，而非他们同时期更传统风格的作品，他们或许通过这种方式来表现他们暴发户的本性。无论如何，意大利风格装饰的作品在欧洲北部其他地区直到很久以后才出现，勃艮第治理下的尼德兰也是如此。即便在法国，只有在1494年查理八世远征意大利之后才将这种晚期文艺复兴的风格带了回来。这一时期德意志地区的绘画也并未受到阿尔卑斯山以南地区的很多影响。在科隆，一所杰出的画家学校创造出了一种比尼德兰地区更修长挺拔且更为纤细的哥特式风格的圣徒和殉教者的形象，尽管他们之间有更多相似的基础。画像在德意志地区非常盛行，到1500年，几乎所有的王公和高级教士都有了艺术家为他们创作的非常写实的肖像。但是15世纪时期，通往阿尔布雷希特·丢勒和汉斯·贺尔拜因的艺术之路已经在低地国家准备好了。

世俗文化：文学与骑士精神

这一时期的世俗文化是由两大因素塑造而成的：普遍且传播广泛的世俗文学以及在文学、艺术和实践活动中表现的对骑士精神的崇拜。尽管1500年时欧洲北部地区识字人口的比例很可能低于同期的意大利地区，但是大学的建立（1347年的布拉格大学、1365年的维也纳大学、1432年的卡昂大学、1441年的波尔多大学、1422年的多尔大学以及1425年的鲁汶大学）和语法学校学生的增加很明显地提升了对各种书籍的需求。世俗读者群早在约翰·谷登堡使用活字印刷之前就已经存在了。抄本生产是非常兴盛的工业，在欧洲北部多数地区从属于行会的规章管理，这些工坊中生产的很多方言书籍都是纸质版，相较羊皮纸卷轴，其生产成本和价格便宜很多。在英格兰、法国、尼德兰和德意志，这满足了很多并不富裕的顾客对廉价书籍的需求，这些书有时甚至都不装订。可获得的书籍和同时期大贵族的偏好左右了世人的品位。威廉·卡克斯顿最早挑选的印刷书籍在贵族的图书馆中都有收藏。事实上，其底本来自同样的地方——勃艮第公爵的图书馆或拉格鲁萨塞勋爵路易·德·布鲁日的丰富藏书。欧洲北部的印刷字体也倾向于模仿15世纪晚期手稿中的字体，尤其是所谓勃艮第“混合体”。新识字的世俗人士对书中记录的传奇、历史、宫廷爱情和骑士精神的阅读需求非常迫切，这些记录经常是由从勃艮第宫廷中流传出的枯燥乏味的版本重新编写而成的。

这种情况是理所当然的。骑士精神的理想依然主导着统治阶层，而城市的贵族和商人则模仿贵族，上演他们自己的骑士精神戏剧。然而，中世纪晚期崇拜的骑士精神非常肤浅，徒有过去作为鲜活且富有活力的军事和社会行为准则的外壳，过于强调中世纪盛期的理想（事实上骑士精神只存在于理论层面），而罔顾其于中世纪晚期已没落的现实。骑士精神与对骑士的崇拜在12世纪受到了宗教热情和理想主义的激励，但是其本质上是一种世俗的意识形态。例如教会抵制比武大会，因为这可能造成暴力、放纵、流血以及纵欲等问题。这种反感情绪直到14世纪才渐渐消除，因为其中一些较容易致命的元素都已经被逐渐禁止了。但是即便在1350—1500年间，骑士比武仍然非常危险，有时出现的意外会导致比武者死亡。在德意志地区使用尖锐的长矛而非圆滑的长矛比武仍然是贵族解决他们私人恩怨时非常流行的活动。无论比武大会多么精致、虚假或者具有戏剧感，它都可以作为贵族暴力的安全阀。或许勃艮第的“大胆”查理和哈布斯堡家族的马克西米连一世在赞助骑士比武时意识到了这样的事实：在有家族仇恨的时候，这些比武会变得非常激烈。

13世纪以后中世纪的比武大会，无论是集体特征的混战比武还是个人特征的长枪比武，都被认为具有戏剧化的特征。到1230年，亚瑟王的传说因为一些著作而非常流行（如法国的克雷蒂安·德·特鲁亚和德意志的施特拉斯堡的戈特弗雷德，或者《莫里斯·冯·克劳恩》一书的佚名作者），这为比武大会提供了适合夸张地重现的主题。亚瑟王的圆桌由一群骑士围绕，而比武大会，例如1278年在法国北部的勒·海姆举办的比武大会上就诞生了这样一个故事：在亚瑟及其骑士的庇护下，也曾有一次比武大会被举办。在这些场合中，贵族妇女享有殊荣。虽然混杂着展现武力的求爱行为是教会明令禁止的，但这却使得年轻的贵族非常兴奋。然而到了1316年，教宗约翰二十二世缓和了以往教宗对比武大会的反对态度，14—15世纪教宗承认了新的世俗骑士团（如嘉德、星室、克雷森蒂以及金羊毛），这是教宗态度转变的表现。这些骑士团在教堂中聚会并举办分部会议，如圣乔治教堂、温莎教堂、布鲁日的圣母大教堂以及昂热的圣莫里斯大教堂，并且为了这些严肃的场合他们还发明了一种礼拜仪式。在忠诚并非绝对，尤其是以金钱为其前提的时代，为了强调贵族对自己的义务，王公们发现这些骑士团具有政治价值。勃艮第的“好人”腓力将对其忠诚作为加入金羊毛骑士团（建立于1430年）的前提条件。混杂的勃艮第领土没有英格兰式的议会贵族，骑士团将贵族团结到一起。哈布斯堡家族在继承勃艮第的尼德兰地区之后也利用这一组织，瓦罗亚公爵家族对马克西米连位于因斯布鲁克和维也纳的宫廷文化的影响深远。英格兰的爱德华四世（1461—1483年在位）也受到了类似的影响，15世纪佛兰德斯、布拉班特、埃诺和荷兰地区的文学、音乐以及视觉艺术的繁荣使低地国家成为其他地区（甚至是意大利地区）效仿的文化范式的来源。

然而如我们所见，勃艮第的宫廷和佛兰德斯地区“原始”的艺术并不是从一次断裂中出现的。尽管到14世纪中期布拉班特的以尼德兰语为书面语的宫廷文化一度非常繁荣，然而法语作为尼德兰地区书面语言的统治地位已经在1300年就确立了，即便在以尼德兰语为口语的地区。在勃艮第以前的时期，法语是宫廷社会的语言。阿图瓦、佛兰德斯和埃诺的王室都积极推动世俗文学的发展。来自埃诺的让·弗尔瓦萨尔或许是中世纪晚期最著名且影响最大的战争和骑士编年史作家，在他之后是15世纪中期勃艮第宫廷的乔治·夏特兰。弗尔瓦萨尔是一名教士，他被授予希迈教堂的一个受俸教士的职位，但他是最后一批获得这种职位的教士之一，他的作品既有诗歌也有散文，并且极具世俗特征。15世纪勃艮第人喜欢的不仅仅有乏味的传奇和历史，而且有说教式的著作，这些著作本质上经常是斯多葛主义的，用古代（尤其是罗马时期）的历史作为鼓励或者警示的例证。这些都是由宫廷贵族写就的，例如吉耶贝尔·德·拉诺耶。他们为其贵族同胞提供能够说服别人或者对别人施加影响的艺术工具。勃艮第和德意志地区的大学同样在入学的时候接受了很多贵族学生。现在为王公服务的是受教育程度更好且文化程度更高的贵族，他们要努力模仿国王的教会和法律顾问的雄辩口才和修辞技艺。

然而他们使用的语言并非教会或者法律拉丁语，而是方言。公元1250年以后英格兰、法国北部和低地国家都有一种不断增长的趋势：使用方言起草文件和记录内容。与此同时的是宫廷中方言文学的发展和兄弟会的流行，德意志的这些机构中还开展了诗歌竞赛。勃艮第统治地区的大修辞学家，例如夏特兰和莫利内就是这种发展的部分硕果。在14世纪的英格兰地区，中世纪英语作为一种书面语言出现，并且被说法语（或盎格鲁-诺曼）的贵族接受。这很大程度归功于法语的形式和影响，在乔叟的诗歌中体现最为明显。到了1500年，英格兰宫廷中的语言不再是法语，尽管掌握这门语言被视作成为贵族的必要技能。几乎毫无疑问，这一时期的很多王公贵族都掌握了多种语言——安茹的勒内精通五种语言，而皇帝查理四世于1356年颁布法令，要求神圣罗马帝国的贵族都要学习母语之外的语言。但是到1500年方言的兴起已经开始威胁到中世纪晚期占统治地位的法语宫廷文化。以法语为灵感的主题和文化形式仍然受到广泛的喜爱和改编，它们逐渐被这样一些人使用和吸收：他们将法语视作一种后天获得的技能而非天生的技能。

欧洲北部中世纪晚期的文明有其独特的特征，任何将其从更早时期或者更晚时期的文明中剥离而进行评论的做法都是不可取的。一种“高级而强壮的文化”（赫伊津哈语）用文化现实主义、方言文学、平信徒的虔诚表现自己，而骑士精神的高峰仍占据统治地位。当然新事物在诞生，但在它们身上，中世纪前身的印记显而易见。

编者后记

我们选择1500年作为这本书的终点。到这时中世纪欧洲文明的全盛期与1000—1300年间人口大爆炸的盛世一起远去，正如我们距离法国大革命之前旧制度时期的人们一样遥远。中世纪文明扩张时期最直接的影响就是在欧洲西部创造了一个社会，在这个社会中有强大的内部统一和对共同目标的追求。例如我们在十字军运动中可以看到这一现象，十字军始于1095年[1]并且延续到13世纪晚期，其间激烈程度和成功程度都不尽相同。十字军军队从英格兰、法国北部和德意志地区的骑士贵族中征召。他们还使用了意大利商业城市的船只以及来自西西里和加泰罗尼亚的军队。13世纪中期，在解放圣地、攻击穆罕默德的激励下，一些国王（如英国的爱德华一世和法国的圣路易）横跨地中海亲自参加十字军。

如果我们更深入地观察公元1300年以前文明的内部结构的话，那么我们会发现一些广泛的迹象，这些迹象表明一种共同文化、一种共同理想的趋势乃至中央集权化的现象正在出现，尤其是在宗教领域。一种观点认为教宗制度是中世纪最引人注意的创造。到13世纪中期，希腊东正教以西地

[1] 英文原版误作1094年。

区，遍布于此的教士都乐于接受罗马在教义、涉及圣职纠纷的司法权力、任命主教人选甚至是征收沉重赋税方面的权力。教宗的权力当然并非不受限制，他们受到国王和贵族的挑战，国王希望控制自己领地内的教会，贵族则希望任命亲属掌管其领地内的教会。某种程度上，教宗权力依赖于世俗权威的存在，因为教士们发现罗马的宗教领域在权力能够帮助他们，保护他们免受更加迫在眉睫的威胁。毕竟，正是教宗的权力让英诺森三世成功地与英格兰国王约翰进行外交斗争、怂恿卜尼法斯八世凌驾于法国国王腓力四世之上，从而导致了灾难性的后果。凭着权力，教宗可以长久地在遥远的欧洲北部征收财富，为他在意大利进行战争提供财政基础，并且可以成功地干涉苏格兰和爱尔兰的教职任命问题。

教宗权力的中央集权化与12—13世纪出现的大规模的修会关系密切。中世纪早期的本笃会修道院对欧洲的殖民运动和教育做出了巨大贡献，他们都遵守圣本笃修道院规章，这也是中世纪最重要的文献之一，但是这些修道院都是单独建立存在的，并没有共同的组织。12世纪出现的新的修道组织，例如西多会，他们对统一的行政机构有很强的归属感。13世纪出现的托钵僧修会——圣方济各会和圣多明我会——在服从教宗制度的路上走得更远，他们接受了教宗的特许状，这使得他们免受地方主教的控制，并且教宗还会出现在他们每年一度的代表大会上，这些代表来自欧洲各地的分会。托钵僧修会某种程度上是对教会的统一最圆满的诠释。

在思想世界中，教宗同样扮演着重要角色。13世纪的巴黎大学在哲学和神学领域拥有非同凡响的名望和影响，现代欧洲的任何一所教育机构的名望和影响都难以望其项背。当然还有一些其他重要的学校，但它们都是巴黎大学统治的思想世界的延伸，例如帕多瓦大学和牛津大学。其他的思想家或许不同意大阿尔伯特或者托马斯·阿奎那得出的结论，但是他们都卷入了相同的问题和困境，这些问题是由亚里士多德的作品被翻译为拉丁语所引发的，而难题则是由调和《圣经》的启示和异教徒科学之间的冲突所导致的。他们所有人都以不规范的拉丁语著书立说、与人辩论，他们追求语言的精确而不注重优美，他们使拉丁语成为中世纪欧洲的共同语言。在各地，通晓拉丁语将知识分子和使用未经修饰的方言的人区分开来。

世俗世界在某些方面与教会不同，但是在这里我们同样可以发现共同的文化迹象。12世纪最引人瞩目的发明之一就是传奇故事诗歌的出现。13世纪亚瑟王的故事、查理曼的故事以及特里斯坦的故事在欧洲各国广泛流传。英格兰和西西里的骑士阶层贵族使用法语，导致了法语在文学上的统治地位。经过法语传奇小说作家润色的故事同样被其他语言传诵。传奇在文学中的统治地位受到了骑士制度和骑士精神流行的影响，同样部分源于法语但在中世纪世界广泛传播。骑士可以在欧洲任何地方认出与他地位相同的人，正如教士或者主教可以在欧洲任何地区辨识出同类一样。

全欧洲在文化形式上的扩张最明显——且存留至今——的表现就是哥特式建筑。现代任何旅行者在参观索尔兹伯里大教堂或者佛罗伦萨大教堂时都能发现总体上的建筑风格与哥特风格的代表性杰作巴黎圣母院和沙特尔教堂相似。12世纪中期法国出现哥特式建筑后，这种建筑风格以极快的速度传播到欧洲各地，并且取代了更有地方特色的罗马式建筑。位于意大利的阿西西的圣方济各大教堂是13世纪中期仿照法国建筑原型建造的哥特式教堂，这座教堂建立在方济各的坟墓之上，他的修会在教宗的庇护下遍布欧洲西部地区，将这座教堂视作中世纪中期欧洲统一的视觉象征并非毫无道理。

1300—1500年中世纪世界的最后几个世纪中，随着十字军运动的衰落、1378—1415年天主教会大分裂期间教宗权威的崩坏以及巴黎学术盛世的消失，欧洲的统一也被很大程度地削弱了。要指出造成这一巨大现象的具体原因非常困难，但是我们仍然可以认为人口的减少以及低地国家商业城市的兴起所造成的封建土地所有制度的破坏是部分原因。中世纪晚期的欧洲并非贫穷的社会。相反，我们在各处都发现了证据表明当地高收入、更为舒适的家庭生活与艺术品位的绝妙融合以及在经济和审美方面的巨大活力。同时，欧洲的人口因瘟疫大幅减少，但生存下来的人精力充沛，正是这样的欧洲开始了对欧洲以外世界的征服活动，如达·伽马和哥伦布的探险。

正如第五章和第六章中提到的，当我们观察分析文明的发展的时候，必须要注意到不同的地理区域的发展，尽管这些地区之间是有联系的，但是它们展现出了不同的文化特征。例如，当我们观察重要的地方文化流派的时候，如14世纪早期威尔士和诺维奇的大教堂的装饰风格与一般的哥特式建筑传统并不相同，再如乔叟在《特罗伊勒斯和克莱西德》中对骑士文学的发展以及文艺复兴中佛罗伦萨古典主义对修辞学家理想的发展，在所有这些例证中，我们都会发现很多内容都是全新的创造，但是又和中世纪的传统有紧密的联系。尽管如此，中世纪晚期世界的标志是格外的富裕以及生活方式的多样化，这使得欧洲文明比以前更为复杂，并且预示着现代欧洲的创造性。

新的多样性中最主要的一点就是重要著作中使用的语言的多样性。拉丁语和法语曾经统治12—13世纪，但现在不得不让路给意大利语、英语、佛兰德斯语、加泰罗尼亚语以及捷克语。这一运动的源头在某些方面是神秘的，但是其结果是明显且突出的。14世纪末在乔叟、朗格兰和威克利夫的著作中，英语作为一种书面语言突然出现的同时，普通人更多使用英语作为私人通信语言。1300年前后，但丁及后来的薄伽丘推动了意大利语从晦涩走向准确，成为商业文书的正式语言。在波希米亚，14世纪早期胡斯推动的改革的成功很大程度上是由于被翻译为捷克语的《圣经》、赞美诗以及其他宗教著作的吸引力，这些翻译的宗教著作使得普通人也可以理解这些著作。宗教改革家、商人和诗人推动了方言的发展，这些人都打破了拉丁语的束缚。文艺复兴时期彼特拉克以及后来15世纪的意大利人文主义者所使用的拉丁语实际上是一种新语言，而且无疑是一种来自更下层人士所使用的方言的不幸的学术转向，但仍然是一种新式的具有吸引力的语言。

如我们在前面几章中看到的，15世纪的文明包含了大量的区域性文化，这些文化用不同的语言竞争，以期获得更大的影响。同一时期的文明还包括不同的社会形式，从英格兰乡绅的广大乡村社会到威尼斯和热那亚的高度发展的城市资本主义。我们同样可以看到，宫廷世界、仍然十分盛行的骑士制度和比武大会、城市生活中的大教堂分会和修道院、商人以及工业无产阶级之间的错综复杂的相互渗透。14世纪英国议会出现，它包括了来自贵族、教士、乡绅和市民的代表，是中世纪晚期世界的一个缩影。无论我们如何寻找这一时期最重要的成就，我们都可以在城市发展最发达的两个区域——意大利北部和欧洲西北部找到它们。

中世纪晚期欧洲最富裕的城市很可能就是散布在巴黎和斯特拉斯堡西北部地区的众多城市：布鲁日、安特卫普、科隆。我们在那里可以发现印刷业、挂毯制造业以及机器制造（如起重机）业等最重要的工业的发展。在使世俗生活更加丰富多彩的技术发明中，包括凡·爱克和梅姆林等人的绘画技术，他们的艺术成就在更精确地展示人的面貌以及自然风景等方面达到了新的高度。15世纪的佛兰德斯人和布拉班特人是伦勃朗时代荷兰商业文明的先驱。

文艺复兴早期的意大利在工业创新上略逊一筹，但其令人吃惊的艺术运动在公元1500年以前孕育了达·芬奇和米开朗基罗以及波提切利的精致的古典主义，这和思想领域的高度活跃创新关系密切。这些城市的人文主义者创造了一种新的政治思想，并且以此评判共和自由主义和专制统治的效率。即便马基雅维利在1500年尚未开始写作《君主论》，但他这时肯定已经有了其中的一些思想。同时，罗伦佐·瓦拉对《圣经·新约》文本的研究，以及马尔西利奥·菲奇诺对柏拉图作品的翻译催生了大量杰出成就，这影响了接下来数个世纪欧洲思想界的进程。

当我们观察1500年的欧洲世界的时候，我们发现这一时期的世界和我们本书开始的年代（一千年之前）时的欧洲已经完全不同。欧洲已经走出了世界帝国的时代并且创造了一种完全不同的文明。新的文明积累了巨大的财富，并且它是建立在高度成功的农业与工业的基础之上的。但是，如果没有数以百计的政治文化中心为了成功而相互竞争，那么就不可能有未来扩张的跳跃性发展。欧洲政治的混乱分裂是我们祖先文化繁荣的肥沃土壤。

大事年表

395	狄奥多西一世去世，他的两个儿子分裂帝国。
402	西罗马帝国定都拉韦纳。
406—407	汪达尔人、苏维汇人和勃艮第人渡过莱茵河。
410	由阿拉里克率领的西哥特人洗劫罗马；霍诺留皇帝从不列颠撤军。
410年左右	马赛和雷汗分别由约翰·卡西安和霍诺拉图斯建立修道院。
425年左右	圣奥古斯丁的《上帝之城》成书。
429	汪达尔人入侵罗马阿非利加行省。
431	教会禁止聂斯托利派异端，一性论异端兴起。
443	勃艮第人在萨伏伊定居。
450年左右	不列颠人向罗马将军埃提乌斯求援，以对抗撒克逊人。
451	阿提拉与匈人在卡塔隆尼平原被击败；卡尔西顿大公会议总结形成了正统的基督论教义。
452	阿提拉带领匈人入侵意大利北部。
454	罗马将军埃提乌斯被谋杀。
456	狄奥多里克二世建立了西哥特人在西班牙地区的霸权地位。

471	阿兰人将军阿斯帕尔被刺杀；在东方，蛮族的影响力下降。
476	西罗马皇帝罗慕路斯·奥古斯都路斯被废。
481—482	法兰克国王希尔德里克去世，克洛维登基。
493	东哥特国王西奥多里克控制意大利。
496?	法兰克国王克洛维皈依基督教。
506	西哥特人阿拉里克二世编纂罗马法的法典。
507	法兰克人征服高卢西南地区的西哥特王国。
511	克洛维死后法兰克王国一分为四。
524	波伊提乌斯在等待处决时编写了《哲学的慰藉》。
525年左右	圣本笃建立卡西诺山修道院，并编写修道规章。
527—565	斯拉夫各部落逐渐进入巴尔干半岛。
529	查士丁尼编纂了第一版新罗马法《查士丁尼法典》；雅典学院被关闭。
532	君士坦丁堡发生大规模反抗查士丁尼的暴动（尼卡起义）。
533	贝利撒留将军重新征服汪达尔人统治下的阿非利加。
534	法兰克人征服勃艮第王国，拜占庭占据西西里岛。
535	拜占庭入侵意大利本土。
540	拜占庭占领拉韦纳；波斯入侵叙利亚地区，劫掠安条克。
551年左右	拜占庭占领卡塔赫纳与西班牙东南部。
554	东哥特人停止在意大利的有组织抵抗。
568	伦巴德人入侵意大利。
572—591	拜占庭与波斯之间的战争再度打响。
582	锡尔米乌姆陷落，阿瓦尔人和他们的斯拉夫盟友入侵巴尔干。
585	西班牙地区西南部的苏维汇王国由西哥特人国王利奥维吉德接管。
587	西哥特国王里卡雷德皈依基督教。

590	爱尔兰修士科伦巴努斯与他的同伴一起抵达高卢。
597	坎特伯雷的奥古斯丁开始在肯特传教。
603	波斯开始在安纳托利亚进行一系列毁灭性的劫掠；拜占庭和伦巴德在意大利停战。
613	爱尔兰修士科伦巴努斯建立博比奥修道院。
622	穆罕默德从麦加逃亡至麦地那（徙志），穆斯林的时代开启。
626	阿瓦尔–斯拉夫联军围攻君士坦丁堡失败。
627	拜占庭皇帝希拉克略在尼尼微附近击败波斯军队；诺森布里亚的埃德温由圣保利努斯施洗皈依基督教。
627?	东盎格利亚王国的雷德沃尔德去世，葬于萨顿胡。
633年左右	塞维利亚的伊西多尔完成《语源》。
635	爱尔兰修士圣艾丹抵达林迪斯法恩。
637	波斯帝国被阿拉伯人击败。
639	阿拉伯人攻陷耶路撒冷；法兰克国王达戈贝尔去世。
642	阿拉伯人攻陷亚历山大里亚。
643	伦巴德国王罗塔里编纂《伦巴德法典》。
649年左右	阿拉伯人在穆阿维亚组建舰队。
654	西哥特国王雷塞斯温德编纂《西哥特法典》。
661	倭马亚王朝定都大马士革。
663	拜占庭皇帝君士坦斯二世入侵南意大利。
664	惠特比会议召开，平息了诺森布里亚教会中罗马派和爱尔兰人的争论。
670年左右	第一个保加尔人政权在巴尔干建立。
672	伦巴德在国王佩克塔里克的带领下皈依基督教。
674—678	阿拉伯海军封锁君士坦丁堡。
680年左右	拜占庭帝国签约，承认伦巴德王国。

685	诺森布里亚国王埃克弗里思率领的军队在内希坦斯梅尔被皮克特人打败。
687	泰特里战役标志着加洛林在高卢北部霸权的形成。
698	阿拉伯人占领迦太基。
711	伊斯兰势力开始征服西班牙地区。
713—735	伦巴德国王利乌特普兰的立法工程。
717—718	拜占庭皇帝利奥三世打破阿拉伯人对君士坦丁堡的陆海包围。
718	基督教王国阿斯图里亚斯成立。
726	拜占庭皇帝利奥三世编纂法典《选编》，还可能颁布了第一道圣像破坏谕令。
727	拜占庭统治下的意大利发生暴乱；威尼斯选举第一任独立的总督。
727—743	伦巴德国王利乌特普兰进攻拜占庭在意大利的领土。
732	查理·马特在普瓦提埃击败阿拉伯军队。
735	“可敬者”比德去世。
740	拜占庭帝国于阿克洛伊农取得对阿拉伯人的重大胜利。
750	倭马亚王朝被阿拔斯王朝取代。
751	丕平三世废黜最后一位墨洛温王朝国王，开创法兰克王国的加洛林王朝；伦巴德国王艾斯杜尔夫攻陷拉韦纳。
754	英格兰传教士圣卜尼法斯于弗里西亚殉教；教宗斯蒂芬二世与法兰克国王丕平三世会面，并结成联盟。
754—755	拜占庭皇帝君士坦丁五世强硬推行圣像破坏运动。
756	倭马亚君主拉赫曼于西班牙地区建立独立的国家。
760年左右	伪造的《君士坦丁的赠礼》文件成书，该文件声称记录了皇帝赠与教宗大量土地以及相关权力的行为。
762	阿拔斯王朝定都巴格达。
768年左右	法兰克人最终征服阿基坦地区。

772	查理曼第一次进攻萨克森人。
774	法兰克国王查理曼接管伦巴德王国。
778	巴斯克人于隆斯瓦击败查理曼的军队。
783	拜占庭开始夺回伯罗奔尼撒半岛。
787	第七次大公会议于尼西亚召开；圣像破坏运动暂时终结。
793	林迪斯法恩遭到维京人劫掠。
799	狄奥多尔院长于位于君士坦丁堡的斯图迪昂修道院建立学术中心。
800	查理曼于罗马加冕为皇帝。
801	法兰克人在西班牙地区东北部建立西班牙边区。
811	拜占庭皇帝尼基弗鲁斯一世被保加尔人击败。
812	拜占庭帝国承认查理曼的皇帝头衔。
813—915年左右	阿拉伯海军频繁劫掠第勒尼安海与亚得里亚海沿岸地区。
814	“虔诚者”路易继位为皇帝。
814—821	阿尼亚内的圣本笃进行修道运动改革。
815—843	拜占庭帝国的第二波圣像破坏运动。
823	穆斯林海盗从西班牙人手中夺取克里特岛。
824	西班牙独立的潘普洛纳王国成立。
827	阿拉伯人入侵西西里。
838	阿拉伯人大规模入侵安纳托利亚地区，劫掠了阿摩利姆。
840	维京人在都柏林定居。
843	《凡尔登条约》分割加洛林王朝；拜占庭帝国圣像破坏运动结束。
846	阿拉伯海盗劫掠梵蒂冈。
849	伦巴德大公国贝内文托分裂。
850年左右	《伪伊西多尔教令集》开始传播，大大加强了教宗的权威。

860	基辅的维京人（罗斯人）第一次进攻君士坦丁堡。
863—879	东西方教会分裂时期。
864	保加利亚汗王鲍里斯一世皈依东正教。
865	维京“大军”从法兰克抵达英格兰。
867	拜占庭的马其顿王朝开始。
870年左右	维京人发现冰岛。
876	拜占庭开始重新征服南意大利。
878	维京人进攻韦塞克斯王国失败；阿拉伯人占领锡拉库萨，拜占庭统治下的西西里的首都。
879	路易二世去世后意大利王国政治碎片化。
886—1025年左右	拜占庭帝国的“马其顿文艺复兴”。
888	巴黎伯爵厄德登基为西法兰克国王。
888—890	勃艮第和普罗旺斯地区出现独立的诸王国。
894	保加利亚汗王西蒙入侵拜占庭。
899	匈牙利人劫掠意大利。
900年左右	拜占庭帝国重新恢复在巴尔干半岛和安纳托利亚地区的权威。
906	马扎尔人毁灭摩拉维亚王国，从此几乎每年都前往西欧劫掠。
910[1]	阿基坦公爵“虔诚者”威廉创立克吕尼修会。
911[2]	西法兰克国王查理三世（“天真汉”查理）将鲁昂周边领土赐予维京人领袖罗洛，这就是诺曼底公爵领的由来。
915	阿拉伯掠夺者在意大利的加里利亚诺河口被驱逐。
922	纽斯特利亚的罗贝尔发起针对查理三世的叛乱，并夺得法兰克王位。
923	罗贝尔去世，勃艮第大公拉乌尔登基称王；查理三世被韦芒杜瓦的埃贝尔二世囚禁，929年死于狱中。

[1] 英文原版误作909年。

[2] 英文原版误作909年。

933	德意志的亨利一世在里亚德击败马扎尔人。
939—942	纽斯特利亚的罗贝尔之子“伟人”休，以及他的女婿韦芒杜瓦的埃贝尔二世，针对法王路易四世发起反叛。
948	德意志的奥托一世于勃兰登堡、哈维尔堡、里伯、奥尔胡斯、石勒苏益格设立传教主教区。
953	士瓦本公爵柳多尔夫以及其他公爵共同发动对奥托一世的叛乱。
955	奥托一世于莱希菲尔德击败马扎尔人，终结了他们的劫掠。
961	拜占庭重新夺回克里特岛。
962	奥托一世由教宗约翰十二世加冕，称“罗马人的皇帝”。
963	圣阿塔纳修于阿索斯山建立大拉夫拉修道院；奥托一世击败波兰的梅什科一世，强迫其纳贡。
965	拜占庭重夺塞浦路斯；丹麦国王“蓝牙王”哈拉尔受洗。
966	波兰大公梅什科一世皈依基督教。
968	奥托一世设立马格德堡大主教区；波兰在波兹南设立第一个主教区。
978	法王罗退尔[1]与神圣罗马帝国皇帝奥托二世互相攻杀。
982	奥托二世于南意大利被穆斯林击败。
982—983	斯拉夫人反抗德意志的统治，恢复了他们位于易北河以东的大部分传统领土。
987	路易五世，最后一位加洛林国王去世；国王罗贝尔的孙子，休·卡佩继位。
988	洛林的查理与休·卡佩争夺王位，他首先占领了拉昂，随后是兰斯；991年他遭到背叛，次年死于狱中。
989	在沙鲁，首次宣布“上帝的和平”。
997	布拉格的圣阿达尔贝特于波美拉尼亚殉教。
999—1003	教宗西尔维斯特二世在位。

[1] 英文原版作“罗退尔五世”，实则他的称呼应是罗退尔三世或罗退尔四世。

1000	瑞典国王奥拉夫引进基督教。
1002—1018	神圣罗马帝国皇帝亨利二世与波兰大公波列斯瓦夫·切伯里互相攻伐。
1007	亨利二世创设班贝格主教区。
1009	奎尔富特的圣布鲁诺殉教。
1016	丹麦的克努特登基成为英格兰国王，1019年又登基为丹麦国王，1029—1035年间兼任挪威国王；诺曼人首次在南意大利出现。
1016—1017	亚美尼亚首次出现突厥掠夺者。
1025	波列斯瓦夫·切伯里登基成为波兰国王。
1032—1033	神圣罗马帝国皇帝康拉德二世在勃艮第国王鲁道夫三世绝嗣的情况下，在他去世后接管勃艮第王国。
1036年左右	意大利的瓦隆布罗萨建立修道院。
1037	康拉德二世颁布“封地法令”。
1049	教宗利奥九世在兰斯大公会议与美因茨大公会议上禁止买卖圣职。
1046—1056	德意志的亨利四世尚未成年；皇室土地大量流失。
1054	君士坦丁堡牧首与罗马教会公开决裂，东正教与天主教裂教的关键节点。
1055	塞尔柱突厥人攻占巴格达。
1056—1075	米兰出现帕塔里尼异端。
1059—1061	教宗尼古拉二世在位。
1059	教宗的任命采用选举制；诺曼人罗贝尔·吉斯卡尔成为阿普利亚和卡拉布里亚公爵。
1061	“大伯爵”罗杰一世入侵西西里。
1066	挪威的哈拉尔三世入侵英格兰，在斯坦福桥被打败，本人被杀；诺曼底公爵威廉在黑斯廷斯击败英格兰国王哈罗德，取得王位。

1071	对抗神圣罗马帝国皇帝亨利四世的第一次萨克森叛乱发生；曼济科特战役：拜占庭被土耳其人打败；巴里被诺曼人攻占。
1073—1085	教宗格里高利七世在位。
1075	亨利四世于温斯特鲁特之战击败叛乱者。
1076	亨利四世与德意志主教于沃尔姆斯帝国议会上拒绝承认格里高利七世；格里高利绝罚亨利，号召他的封臣叛乱。
1077	由于受到被罢黜的威胁，亨利四世与格里高利和好，但是叛乱者选举莱茵费尔登的鲁道夫为国王，内战继续。
1080	亨利四世再次与格里高利七世决裂，再次被绝罚。
1081	神圣罗马帝国承认比萨的习惯法。
1082	拜占庭科穆宁王朝的阿莱克修斯一世给予威尼斯贸易特权。
1085	基督徒攻占托莱多，抵达塔古斯河；格里高利七世被亨利四世赶出罗马，死于萨勒诺。
1088	位于克吕尼的第三座，也是最大的一座教堂开始动工。
1088—1099	教宗乌尔班二世在位。
1092	科穆宁王朝的阿莱克修斯一世改革拜占庭币制。
1093	亨利四世之子康拉德叛乱。
1095	教宗乌尔班二世于克勒芒号召发起第一次十字军东征。
1098	十字军围攻安条克；挪威的马格努斯夺取奥克尼、设得兰、马恩诸岛屿；莫莱斯姆的罗贝尔创立西多会。
1099	十字军攻占耶路撒冷，洛林的鲍德温被推举为统治者。
1106	在其父亨利四世被强迫退位并去世后，亨利五世继承了神圣罗马帝国的皇位；英格兰的亨利一世于坦什布赖击败其兄弟罗贝尔，获得诺曼底公爵领。
1107	亨利一世同意不为主教授职，并尊重他们的领地，但是他依然坚持主教需要臣服，并且国王应在主教选举中保持影响力。
1111	亨利五世加冕为皇帝，并被逼在圣职授受（主教叙任权）问题上对教宗帕斯卡二世做出让步；君士坦丁堡的贸易权利被授予比萨人。

1112	拉昂居民宣布成立公社，谋杀了当地主教。
1113	皮埃尔·阿贝拉尔在巴黎开办学校。
1121	皮埃尔·阿贝拉尔在苏瓦松大公会议上遭到谴责，被判为异端。
1122	亨利五世与教宗卡利克斯特二世签订《沃尔姆斯宗教协定》：亨利可以赐予德意志主教土地，接受他们的效忠，出席他们的选举，但他必须放弃授予他们圣职的权力。
1124	亨利五世入侵法兰西，支持其岳父英王亨利一世，然而当大多数法国大贵族聚集在路易六世的旗下时，他撤退了。
1125—1130	克吕尼教堂的正厅应用飞拱进行结构加强。
1127—1128	佛兰德斯地区的爵位继承问题导致佛兰德斯伯爵查理被谋杀，亨利一世与路易六世都进行干涉，然而都未成功，佛莱芒人最终接受阿尔萨斯的梯叶里的统治。
1127	霍亨斯陶芬家族的康拉德三世被推选为神圣罗马帝国皇帝罗退尔三世的对立国王，这场叛乱持续到1135年。
1128	英王亨利一世的女儿玛蒂尔达嫁给安茹的乔佛里。
1130	罗杰二世加冕为西西里国王。
1137	法王路易七世与阿基坦公爵领的女继承人埃莉诺结婚；絮热院长开始按哥特式风格建造圣德尼修道院。
1140	阿贝拉尔在桑斯大公会议上再次遭到谴责。
1140年左右	格拉蒂安完成了教会法集成的编纂。
1144	安茹的乔佛里在亨利一世去世后爆发的一场内战中保住了诺曼底公爵领；埃德萨被穆斯林攻占。
1145	“修士”亨利于法国南部宣传异端思想。
1146	圣伯纳德为第二次十字军东征进行布道，法王路易七世和德意志的康拉德三世参与。
1147	第二次十字军东征。
1148	教宗谕令，鼓励圣战者前往西班牙地区。
1150年左右	加泰罗尼亚地区颁布《加泰罗尼亚习惯法》。

1150	拜占庭军队试图重新征服意大利。
1152	路易七世与阿基坦的埃莉诺离婚，后者立刻与安茹的乔佛里的继承人亨利成婚。
1154	亨利登基为英格兰国王，称亨利二世。
1155	“红胡子”腓特烈一世加冕为皇帝；挪威与瑞典之间开始爆发几乎不间断的内战，持续到1230年左右。
1156	“红胡子”腓特烈一世将巴伐利亚交还于萨克森公爵“狮子”亨利，原巴伐利亚领主亨利·加索米尔格特得到奥地利作为补偿。
1158	《隆卡利亚谕令》颁布。
1159	索尔兹伯里的约翰出版《论政府原理》，此书是对政治活动的观察，引用了大量古典作家的作品。
1160	拉昂的第一座哥特式教堂动工；1163年巴黎圣母院开始动工。
1166	斯特凡·尼马内亚领导的塞尔维亚起义爆发。
1167	伦巴德同盟形成。
1168	“狮子”亨利与英王亨利二世的女儿玛蒂尔达结婚。
1169	在《蒙米拉伊和约》中，法王路易七世坚持英王亨利二世必须在诸王子之间平分领土。
1171	开罗的法蒂玛王朝开始衰落。
1176	路易七世支持亨利二世之子亨利叛乱。
1180	“狮子”亨利的领地遭到剥夺，本人在次年遭到流放。
1182	君士坦丁堡发生拉丁大屠杀。
1185	通过《博沃条约》，腓力·奥古斯都以损害佛兰德斯伯爵腓力的利益的方式，大大增加了法国王室的土地；彼得·阿森和伊凡·阿森领导的保加利亚人起义；诺曼人劫掠塞萨洛尼基。
1187	哈丁战役，萨拉丁攻占耶路撒冷。
1188	亨利二世子嗣受腓力·奥古斯都的支持，又发起叛乱。
1189—1191	在“红胡子”腓特烈一世参与十字军东征时，“狮子”亨利试图恢复自己的萨克森领地，遭到失败。

1192—1194	参与十字军东征的腓力·奥古斯都提前回国，利用英王理查一世尚未回国并在之后被俘的机会，夺取了位于诺曼底边界的数个要塞；蒙彼利埃与阿拉贡的统治者颁布命令对抗清洁派。
1194	沙特尔大教堂被火灾毁坏大半，哥特式风格的重建工作开始动工；神圣罗马帝国皇帝亨利六世征服西西里。
1196	维尔茨堡帝国议会上，德意志贵族拒绝建立世袭君主制。
1197	英王理查一世完成盖拉德城堡的建造，该城堡被用来防御腓力·奥古斯都对鲁昂的进一步攻击。
1198	在亨利六世死后，不同的德意志贵族推选其兄弟士瓦本的腓力以及不伦瑞克的奥托（“狮子”亨利之子）为王，从而爆发内战。
1204	十字军攻占君士坦丁堡，建立拉丁帝国；腓力·奥古斯都征服诺曼底以及其他金雀花王朝在法国的领地。
1210	圣方济各觐见教宗，获得了教宗对其运动的口头赞许。
1210—1229	教宗发动针对清洁派的阿尔比十字军。
1212	基督徒在西班牙的拉斯纳瓦斯-德-托洛萨取得对阿尔摩哈德人的胜利。
1212—1250	腓特烈二世统治神圣罗马帝国和西西里王国。
1214	腓力·奥古斯都于布汶击败金雀花王朝与神圣罗马帝国联军。
1215	教宗英诺森三世在罗马召开第四次拉特兰大公会议；巴黎大学建立校规。
1216	教宗同意建立道明会（多明我会）。
1217—1221	第五次十字军东征，在埃及攻占杜姆亚特，随后失守。
1220—1222	第一次蒙古入侵，布哈拉与撒马尔罕失守。
1222	帕多瓦大学成立。
1226	皇帝腓特烈二世召开克雷莫纳帝国议会；伦巴德联盟再次成立。
1226—1283	条顿骑士团征服普鲁士。
1228—1229	腓特烈二世参加十字军；与苏丹停战，腓特烈二世取得耶路撒冷王国王位。

1231	腓特烈二世颁布《西西里法典》（《梅尔菲宪法》）。
1236	卡斯蒂利亚人攻占科尔多瓦，穆斯林政权之前的首都。
1239—1241	香槟的西奥巴德与康沃尔的理查参加十字军。
1241	蒙古军队抵达匈牙利和亚得里亚海。
1244	耶路撒冷陷落。
1245	腓特烈二世于里昂大公会议上被罢黜。
1248	塞维利亚向卡斯蒂利亚的费尔南多三世投降。
1248—1250	法王路易九世为十字军统帅，于埃及被俘。
1250	埃及的阿尤布[1]被马穆鲁克王朝推翻。
1252	佛罗伦萨铸佛洛林（florin），标志着欧洲开始重新出现黄金铸币。
1254	康拉德四世，最后一位霍亨斯陶芬王朝的德意志国王去世。
1258	蒙古人攻占巴格达，伊斯兰世界的精神中心。
1259	《巴黎条约》签订，法王路易九世与英王亨利三世建立封君封臣关系，亨利成为路易的封臣；西欧基督教联军在佩拉戈尼亚被尼西亚的拜占庭军队击败。
1260	蒙古人攻占大马士革，但是在艾因札鲁特的决战中被马穆鲁克军队击败；托斯卡纳的归尔夫派在蒙塔佩尔蒂战役中被皇帝的吉贝林派击败。
1261	拜占庭从拉丁人手中夺回君士坦丁堡。
1266	安茹的查理由教宗克雷芒四世加冕为西西里国王，并在贝内文托击败曼弗雷德。
1268	康拉丁，康拉德四世之子[2]，在塔利亚科佐被安茹的查理击败，不久后被斩首。
1270	法王路易九世在针对突尼斯的十字军远征中去世。

[1] 英文原版误作阿拔斯王朝。

[2] 英文原版作“腓特烈二世最后一位存活的儿子”，实则康拉丁为康拉德四世之子，腓特烈二世之孙。

1273	哈布斯堡的鲁道夫被推选为“罗马人的皇帝”，神圣罗马帝国的大空位时期结束。
1277	热那亚开通前往布鲁日和其他英吉利海峡城市的定期航班。
1282	“西西里晚祷”事件；安茹的查理被驱逐出西西里，阿拉贡的佩德罗三世成为西西里国王。
1284	比萨人被热那亚人在梅洛里亚之战打败。
1285—1314	法王“美男子”腓力四世在位。
1291	穆斯林攻陷阿卡，西欧基督徒在中东的统治就此结束。
1293	佛罗伦萨通过《司法条例》，将大贵族排除于政府之外。
1294	英法在加斯科涅爆发战争；“美男子”腓力与教宗卜尼法斯八世的冲突开始。
1297	威尼斯大议会“封闭”（serrata），将席位限制在拥有世袭权力的大家族之中。
1302	卜尼法斯八世发布谕令，从理论上将教宗权力推向高峰；法国在科特赖克被佛莱芒人击败；西西里与那不勒斯王国签订《卡尔塔贝洛塔和约》，停战。
1306	瓦茨拉夫三世去世，波希米亚王国普舍美斯王朝告终。
1307—1312	“美男子”腓力攻击圣殿骑士团，导致克雷芒五世解散骑士团。
1309—1377	教宗成为“阿维尼翁之囚”。
1310—1313	神圣罗马帝国皇帝亨利七世的意大利远征，这是皇帝最后一次对亚平宁半岛进行军事干涉。
1311	加泰罗尼亚雇佣军团控制雅典。
1312	维也纳大公会议。
1315—1317	欧洲农业歉收，导致饥荒。
1321	佛罗伦萨诗人但丁死于拉韦纳。
1321—1328	拜占庭内战。
1323—1328	人民起义，反抗法王与佛兰德斯伯爵，最后于卡塞尔被击败。

1324	帕多瓦的马西利乌斯完成了《和平保卫者》，文中讨论了各种政府形式，并对教宗非议颇多。
1324—1326	由于在加斯科涅边境的争议，英法之间爆发了圣萨尔多斯之战。
1326	奥斯曼人攻占拜占庭城市布尔萨。
1327—1329	神圣罗马帝国皇帝路易四世在意大利作战。
1328	查理四世，法国最后一位卡佩王朝国王去世；腓力六世，第一位瓦罗亚王朝国王登基。
1331	尼西亚被奥斯曼土耳其攻陷。
1333	拜占庭开始向奥斯曼土耳其纳贡。
1337	英法之间爆发百年战争。
1338	《伦塞宣言》发布，七位选帝侯推举的皇帝人选不再需要教宗认可。
1340	英王爱德华三世正式采用法国国王的头衔。
1341—1347	拜占庭“第二次内战”。
1342	布里耶纳的沃尔特成为雅典公爵以及佛罗伦萨的领主。
1342—1346	佩鲁齐、巴尔迪以及其他较小的托斯卡纳银行破产。
1343	马略卡王国与阿拉贡合并。
1346	英军在克勒西击败法军。
1347	英王爱德华三世围攻并占领加莱。
1347—1350	第一波黑死病横扫欧洲，消灭了三分之一的人口。
1348	神圣罗马帝国皇帝、波希米亚国王查理四世建立布拉格大学。
1354	奥斯曼土耳其人占领加利波利，第一次征服位于欧洲的土地。
1355	塞尔维亚统治者斯特凡·杜尚去世，他曾率军抵抗土耳其人。
1356	法军在普瓦提埃附近的莫佩尔蒂被英国-加斯科涅联军打败；《黄金诏书》界定了帝国领主的权力边界。
1358	法国农民起义（扎克雷起义）。

1360	布列塔尼–加莱条约：英王爱德华三世放弃法王头衔。作为交换，阿基坦公爵领得到大幅扩张；条款从未落实。
1361	第二波黑死病袭来。
1365	奥地利公爵鲁道夫创立维也纳大学。
1369	加斯科涅领主针对阿基坦领主“黑太子”申诉后，百年战争再次开打；恩里克·特拉斯塔马拉获得卡斯蒂利亚王位。
1370	“伟人”卡齐米日去世，波兰皮雅斯特王朝告终；安茹的路易一世登基，成为匈牙利和波兰国王。
1371	塞尔维亚人在马里查河被奥斯曼人击败。
1372	英国舰队在拉罗谢尔附近海面被法国–卡斯蒂利亚联合舰队击败。
1374	人文主义的先驱，弗朗切斯科·彼特拉克去世。
1376—1378	教宗国与佛罗伦萨爆发“八圣徒之战”。
1377	教宗格里高利十一世从阿维尼翁回到罗马。
1378	天主教会大分裂开始；佛罗伦萨爆发梳毛工人起义：梳毛工人控制政权长达六个月。
1382	约翰·威克利夫的著作遭禁，本人从牛津被驱逐。
1384	勃艮第公爵“大胆”腓力，继承了佛兰德斯和阿图瓦伯爵的领地。
1386	亚盖洛王朝的弗瓦迪斯瓦夫二世将波兰王国和立陶宛公爵领联合为一。
1387	塞萨洛尼基，拜占庭帝国的第二大城市，被奥斯曼人攻陷。
1389	塞尔维亚人在科索沃被奥斯曼帝国击败，奥斯曼苏丹穆拉德一世也死于此战。
1392—1394	查理六世统治下的法国开始“疯狂之战”：奥尔良与勃艮第的大家族为法兰西内部的权力而争斗。
1396	英法于留林根签订停战协议，停火至1403年；西欧十字军在尼科波利斯的一场大规模战争中遭遇惨败；曼努埃尔·赫里索洛拉斯受佛罗伦萨大学雇佣而教授希腊语。

1397	挪威、瑞典和丹麦由卡尔玛联盟实现联合。
1398	法国教会宣布不再服从分裂的教廷。
1401	吉尔贝蒂赢得了佛罗伦萨第二座洗礼堂的青铜门制作，自此文艺复兴雕塑时代开始。
1402	米兰公爵吉安·加莱亚佐·维斯孔蒂去世，他曾短暂地将意大利中部和北部的大部分地区置于他的统治之下。
1403	布拉格大学的德意志教师谴责威克利夫的著作，遭到捷克教师的反对。
1404	勃艮第公爵“大胆”腓力去世；在其子“无畏者”约翰统治期间，勃艮第在巴黎的影响日增。
1407	勃艮第党人在巴黎刺杀奥尔良公爵路易。
1409	比萨大公会议废黜两位对立教宗，选举新教宗（亚历山大五世）。
1410	教宗亚历山大五世去世，会议推选约翰二十三世为新教宗。
1412	休达妥协：特拉斯塔马拉家族继承阿拉贡。
1414	康斯坦茨大公会议。
1415	英军在阿金库尔战役中击败法军；康斯坦茨大公会议上，威克利夫的学说遭到进一步的谴责；胡斯因异端罪被处以火刑；大公会议废黜约翰二十三世，格里高利十二世亦被迫退位；葡萄牙人攻占位于北非海岸的休达：葡萄牙的扩张开始。
1416	康斯坦茨大公会议对布拉格的哲罗姆处以火刑；神圣罗马帝国皇帝西吉斯蒙德拜访英国和法国，希望双方能够议和。
1417	英王亨利五世第二次入侵诺曼底；康斯坦茨大公会议废黜本笃十三世，选举出马丁五世：天主教会大分裂结束。
1418	康斯坦茨大公会议解散。
1419	勃艮第公爵，“无畏者”约翰被法国王太子查理（后来的查理七世）的支持者刺杀。
1419—1436	胡斯战争。
1420	《特鲁瓦条约》将英格兰-勃艮第对抗王太子党的同盟正式化；教宗马丁五世布道，鼓动对胡斯派发动十字军。

1423	米兰和佛罗伦萨之间爆发战争，持续超过三十年。
1424	葡萄牙人殖民马德拉群岛；对维尔讷伊的征服标志着英国对诺曼底征服的完成。
1427	胡斯派军队开始威胁德意志地区。
1428—1429	贞德出现；王太子党人解奥尔良之围；查理七世在兰斯加冕。
1431—1449	巴塞尔大公会议。
1431	在被支持英格兰-勃艮第政权的法国教士审判之后，贞德被处以火刑；英王亨利六世在巴黎加冕为法王。
1433	巴塞尔大公会议与温和胡斯派和解。
1434	天主教徒与温和胡斯派在利帕尼打败极端胡斯派军队；葡萄牙人绕过西非海岸的博哈多尔角；科西莫·德·美第奇获得佛罗伦萨的统治权。
1435	《阿拉斯条约》：查理七世与勃艮第公爵“好人”腓力和解，英格兰-勃艮第同盟瓦解。
1436	查理七世的军队进入巴黎。
1438	布尔日的国事诏书颁布，法国在教宗和大公会议之间保持中立，国王对法国教会享有部分权力。
1439	巴塞尔大公会议废黜教宗尤金四世，选举萨克森公爵阿马戴乌八世为教宗费利克斯五世：大公会议与教宗之间产生分裂；佛罗伦萨大公会议欲弥合东西方基督教会之间的分裂，未果。
1440	法国贵族党“布拉格党”阴谋反对查理七世，勃艮第公爵可能参与其中。
1442	法国军队攻击加斯科涅，从英国手中夺回了一些领土。
1442—1443	阿拉贡国王，“宽宏者”阿方索获得那不勒斯的控制权，从此他同时统治两国。
1444	十字军在黑海的瓦尔纳遭遇失败；英法之间签订图尔停火协议。
1447	米兰宣布成立安布罗斯共和国，三年之后弗朗切斯科·斯福尔扎受邀统治米兰；法国承认新选举的尼古拉五世为教宗，开始着手让费利克斯五世退位。

1448	英法停战协议延长至1450年4月；巴塞尔大公会议的余党迁至洛桑。
1449	大公会议在洛桑解散，费利克斯五世退位，大公会议时代结束；英国劫掠法国富热尔的要塞，停战状态被打破。
1449—1450	法国从英国手中夺回诺曼底地区。
1451	法国首次夺回加斯科涅地区。
1451—1453	根特与勃艮第公爵之间爆发战争。
1453	奥斯曼土耳其人攻陷君士坦丁堡，定都于此；法国第二次，并最终夺回加斯科涅：英国只占有加莱。
1454—1455	《洛迪和约》带来意大利地区的和平，并促进意大利联盟。
1458	乔治·普第埃布雷迪，一位温和胡斯派贵族，继承波希米亚王位。
1460	奥斯曼土耳其人完全占领伯罗奔尼撒地区。
1461	法王查理七世去世；路易十一继位。
1462	葡萄牙人发现并殖民佛得角。
1465	法国的公众利益联盟战争，许多大贵族，包括未来的勃艮第公爵“大胆”查理，起义反抗路易十一。
1467	勃艮第公爵“好人”腓力去世，“大胆”查理继位。
1468	“大胆”查理在列日反叛之后毁灭该城市；“大胆”查理与英王爱德华四世的妹妹，约克的玛格丽特结婚；反对法国的英格兰-勃艮第同盟再次形成。
1469	阿拉贡的费尔南多与卡斯蒂利亚的伊莎贝拉结婚，为两国的联合铺平了道路。
1470—1471	在亨利六世短暂复位后，英国的爱德华四世逃亡至勃艮第，并在勃艮第的帮助下恢复了王位；勃艮第入侵法国失败。
1475	英国与勃艮第结盟入侵法国北部，被路易十一击败。
1475—1477	“大胆”查理在阿尔萨斯-洛林地区作战。
1477	“大胆”查理在南锡兵败被杀，勃艮第瓦罗亚王朝终结；查理的女儿玛丽与奥地利的马克西米连成婚。

1478	帕齐阴谋：教宗攻击佛罗伦萨的美第奇家族。
1479	卡斯蒂利亚与阿拉贡联合。
1480	土耳其人占领意大利的奥特朗托长达一年。
1481	西班牙发动对格拉纳达的战争。
1482	勃艮第的玛丽去世：依《阿拉斯条约》，法国和神圣罗马帝国瓜分勃艮第。
1483	法王路易十一去世，查理八世继位；阿拉贡裁判所和卡斯蒂利亚裁判所合并，西班牙宗教裁判所成立。
1484	《巴尼奥洛和约》结束意大利的争端。
1487	巴托罗缪·迪亚士绕过好望角。
1490	匈牙利国王马提亚·科尔温去世，亚盖洛家族的乌拉斯洛二世继位。
1492	基督徒攻陷格拉纳达；西班牙王国驱逐犹太人；哥伦布远航，发现新大陆；佛罗伦萨的洛伦佐·美第奇去世。
1494	查理八世时期，法国入侵意大利：意大利战争开始。
1495	马克西米连一世召开沃尔姆斯帝国议会，试图改革帝国。
1497	达·伽马绕过非洲，抵达印度。
1498	吉罗拉莫·萨伏那罗拉，1494年美第奇家族衰落后一位在佛罗伦萨拥有极大影响力的多明我会修士，被处以火刑。
1499	格拉纳达的穆斯林被给予两个选择：皈依基督教或是被驱逐。

读客®

激发个人成长

多年以来，千千万万有经验的读者，都会定期查看熊猫君家的最新书目，挑选满足自己成长需求的新书。

读客图书以“激发个人成长”为使命，在以下三个方面为您精选优质图书：

1. 精神成长

熊猫君家精彩绝伦的小说文库和人文类图书，帮助你成为永远充满梦想、勇气和爱的人！

2. 知识结构成长

熊猫君家的历史类、社科类图书，帮助你了解从宇宙诞生、文明演变直至今日世界之形成的方方面面。

3. 工作技能成长

熊猫君家的经管类、家教类图书，指引你更好地工作、更有效率地生活，减少人生中的烦恼。

每一本读客图书都轻松好读，精彩绝伦，充满无穷阅读乐趣！